Armin Groh

Die blinden Flecken der Demokratie

Bibliografische Information der Deutschen Bibliothek:
Die Deutsche Bibliothek verzeichnet diese Publikation
in der Deutschen Nationalbibliografie.
Detaillierte bibliografische Daten sind im Internet über
http://dnb.ddb.de abrufbar.

Umschlaggestaltung: Stefan Fuhrer

Druck: Prime Rate Kft.
Printed in Hungary
ISBN: 978-3-85371-522-2

Fordern Sie die Kataloge unseres Verlags an:
E-Mail: promedia@mediashop.at
Web: www.mediashop.at
www.verlag-promedia.de

Armin Groh

Die blinden Flecken der Demokratie

Eine Entdeckungsreise in die politische Ideengeschichte

EDITION MAKROSKOP

Über den Autor

Armin Groh, geboren 1973, studierte Philosophie, Geschichte und Musik. Er leitete ein mehrjähriges Projekt zur Förderung des wissenschaftlichen Denkens und Schreibens in den natur- und gesellschaftswissenschaftlichen Fächern mit der Universität Köln. Groh arbeitet als Fachleiter für Philosophie in der LehrerInnenausbildung und ist Mitglied der fachdidaktischen Kommission des rheinland-pfälzischen Bildungsministeriums für das Fach Ethik.

Inhalt

1. Statt einer Einleitung

Lukas: Wie ich zum Philosophen wurde

Leon habe ich an unserem Gartenzaun kennengelernt. Ich war gerade in ein Spiel versunken, das ich wie immer mit großer Sorgfalt aufgebaut hatte. »Möchtest du mal probieren?«, hörte ich da eine leise Stimme neben mir fragen. Ich sah auf. Zwischen den Holzlatten des Gartenzauns schaute eine kleine Hand hervor, die einen Schokoladen-Cookie hielt. Die Hand gehörte einem Jungen, der etwa so alt sein mochte wie ich. Er hatte auffallend große blaue Augen und ziemlich schiefe Zähne. »Möchtest du?«, fragte er noch einmal freundlich. Ich weiß nicht mehr was ich geantwortet habe, aber ich bin mir sicher, dass ich sein Angebot angenommen habe. Wenig später waren wir beste Freunde.

Dabei standen die Chancen für unsere Freundschaft denkbar schlecht. Ein Soziologe hätte sie vermutlich mit der erfolgreichen Paarung einer Eidechse mit einem Meerschweinchen verglichen. Es bedurfte mehrerer glücklicher Umstände, um die Eidechse in ein Meerschweinchen oder das Meerschweinchen in eine Eidechse zu verwandeln. Die Verschiedenartigkeit betraf aber weniger uns selbst als unsere Elternhäuser. Wir waren in zwei unterschiedliche Gattungen des Tierreichs hineingeboren worden.

Der erste glückliche Umstand bestand darin, dass Leon wie ich dem Dinofieber verfallen war. Bei unserer ersten Begegnung erkannte er sofort fachmännisch, dass ich versucht hatte, eine Gruppe pflanzenfressender Brachiosaurier hinter einem Rosenstrauch vor einem blutrünstigen Spinosaurus zu verstecken, während zwischen Grashalmen die Brutstätte eines Tyrannosaurus Rex von einer Phalanx flinker Raptoren bedroht wurde.

Er drehte sich um, rannte in seine Wohnung und kam postwendend mit einem Triceratops zurück. »Der hat Riesenhörner«, rief er eifrig, »mit dem kannst du den Spinosaurus wieder vertreiben!« Ich war beeindruckt. In meiner Kitagruppe gab es niemanden, der etwas von Dinos verstand. Andere Kinder warfen einfach meine Figuren um oder machten etwas vollkommen Sinnloses, ließen einen Brachiosaurus durch die Luft fliegen oder Feuer speien. Deshalb spielte ich oft lieber alleine. Dieser Junge wusste aber offenbar, worum es ging. Also forderte ich ihn auf, herüberzukommen und zeigte ihm die Stelle, wo er in unseren Garten schlüpfen konnte.

Seither spielten wir oft zusammen im Garten. Wir legten Nester an, gruben Wasserstellen aus, steckten Reviere ab und schütteten Vulkane auf. Wir ließen Herden friedliebender Pflanzenfresser an den Wasserstellen trinken. Wir ermutigten sie, zusammenzurücken und sich mit ihren riesigen Schwänzen gegen furchterregende Räuber zu verteidigen. In den Wäldern warteten Aasfresser auf den Ausgang des Kampfes, die sich alsbald im Streit um die zurückgelassenen Kadaver gegenseitig zerfleischten. Flugsaurier stürzten sich in die zu Meeren verwandelten Wasserstellen, um Fische zu fangen, wo sie unversehens von riesenhaften Wasserungeheuern verschlungen wurden.

Irgendwann war der Kampf der Giganten freilich ausgereizt, unser Schöpfungsdrang hielt uns aber noch lange in Atem. Auf den ehemals urzeitlichen Landschaften breiteten sich die »echten« Tiere der afrikanischen Savanne aus, gefolgt von Rittern, Burgfräulein, Königen und ihren Bauernvölkern, die wiederum Weltraumgleitern, Raumstationen und Erkundungsfahrzeugen weichen mussten.

Wenn schlechtes Wetter war, verlegten wir unsere Schauplätze nach innen. Meistens gingen wir zu mir, oft aber auch zu Leon. Dort wurde mir immer deutlicher bewusst, dass Leons Familie anders war, einer anderen »Tierart« angehören musste, die von meiner grundverschieden war. Tatsächlich habe ich als Kind einige Bilder gemalt, die beide Familien als verschiedene Tierarten darstellen.

Ein Bild zeigt Leons Vater als Kaninchen, das über eine Wiese hoppelt, meinen Vater dagegen als Bären, der aus einer Höhle hervorschaut. Leons Vater hatte einen Gelenkschaden und da er sich kein Auto leisten konnte, humpelte er immer zu Fuß zur Arbeit. Das Auf und Ab seiner Schritte hat mich wohl an das Hoppeln eines Kaninchens erinnert. Oft schien er aber keine Arbeit zu haben. Wenn ich bei Leon spielte, sah ich ihn dann manchmal am Esstisch sitzen, wo er mit Papieren beschäftigt war. Dabei klebte er kleine Fotos von sich in blaue Mappen, die er dann in einen großen Briefumschlag steckte. Wenn er mit einem Briefumschlag fertig war, humpelte er auf den Balkon und rauchte eine Zigarette. Er starrte dabei in die Leere und schnitt schiefe Grimassen, als hätte er gerade in eine Zitrone gebissen. Er schien überhaupt immer nervös und zugleich sehr müde zu sein. Manchmal kam er zu mir herüber, lächelte, strich mir durch die Haare und sagte: »Du hast eine große Zukunft Lukas, eine ganz große Zukunft.«

Mein Vater dagegen legte den täglichen Kilometer in seine Kanzlei meist in seinem Sport-SUV zurück. Zu besonderen Anlässen nahm er aber die Limousine. Natürlich hatten wir auch einen E-Kleinwagen, in den hätte er sich aber niemals hineingesetzt, denn das war das Terrain meiner Mutter. Wenn mein Vater von der Arbeit zurückkam, war es oft schon dunkel. Eigentlich ist das erste, was mir zu meinem Vater einfällt, dass er weg war. Ich zeichnete ihn vermutlich als Bären, weil er mir wie ein Riese erschien, aber vielleicht auch, weil der Braunbär im Zoo immer weg war, wenn man vor seinem Gehege stand. Einmal schrie ich meine Mutter an: »Papa ist in die Arbeit verliebt.« Sie schwieg eine Weile und erklärte mir dann, in seiner Stellung könne er es sich einfach nicht leisten, weniger zu arbeiten. Damit konnte ich natürlich nichts anfangen. Ich hätte bestimmt nichts dagegen gehabt, wenn er auch mal wie Leons Vater eine Weile zu Hause geblieben wäre und kleine Fotos in blaue Mappen geklebt hätte.

Da er viel am Schreibtisch saß, hatte sein SUV in den Vordersitzen eine Massagefunktion. Wenn ich vorne neben ihm saß, schaltete er sie manchmal plötzlich ein, weil ich dann zwangsläufig einen Lachanfall bekam. Der Wagen machte mir in der Garage aber auch immer ein wenig Angst. Er sah aus wie ein Panther, der jeden Moment losspringen konnte, um ein wehrloses Tier anzufallen.

Auch die unterschiedliche Ernährung der beiden »Tierarten« konnte mir nicht verborgen bleiben. Leons Familie zeichnete ich als Wildschweine, die in der Erde nach Zwiebeln graben. Seine Mutter schnitt beim Kochen oft faule Stellen vom Obst und Gemüse ab. Das war kein Wunder, denn sie kaufte häufig aussortierte Waren in der Tafel oder suchte die Restekisten im Supermarkt ab.

Das Essen bei Leon war nicht schlecht, nur gab es immer sehr viele Zwiebeln. »Zwiebeln bringen Geschmack«, sagte Leons Mutter manchmal leise und bestimmt. Einmal hatte Leons Vater einen »Fehler« gemacht und jemand wollte plötzlich viel Geld von ihm. Da gab es dann noch mehr Zwiebeln. Die Zwiebeln waren für mich anfangs auch eine Erklärung, warum Leons Mutter so geblinzelt hat. Sie hat wirklich sehr viele Zwiebeln geschnitten. Aber als ich sie im Garten oder an der Bushaltestelle traf, blinzelte sie auch. Sie blinzelte überhaupt immer. Ich mutmaßte dann, das Blinzeln müsse von innen kommen, von den vielen Zwiebeln, die sie schon gegessen hatte.

Meine Mutter dagegen kaufte immer im Bioladen ein. Sie stand oft lange vor einem Regal und las sich das Kleingedruckte genau durch. Wenn ich selbst etwas aus dem Regal zog, sagte sie manchmal, das gäbe es auch mit einem besseren Biostandard. Mein Vater kaufte zwar nicht oft ein, aber wenn, dann brachte er die Lebensmittel kistenweise nach Hause. Zweifellos wollte er meiner Mutter damit eine Freude machen. Allerdings kannte er die Rezeptwünsche meiner Mutter nicht, sondern beförderte alles in den Einkaufswagen, das er für »verwertbar« hielt. Dann hatten wir noch eine Art »Obst-und-Gemüse-Flatrate« im Internet: Jeden Freitag kam ein großes Paket an, manchmal kam aber auch keines und in der nächsten Woche dafür zwei.

Diese Art der Nahrungssuche ließ unseren Kühlschrank regelmäßig überlaufen. Da meine Mutter Obst wie Gemüse beim leisesten Anzeichen von Fäulnis sofort wegwarf, füllte sich unsere Biotonne mit beachtlichen Mengen an Salatköpfen, Kürbissen, Melonen usw. Aber auch exklusive Drachenfrüchte, Meerfenchel oder violette Süßkartoffeln hätte man darin finden können. Wahrscheinlich habe ich meine Familie deshalb als Nilpferde dargestellt, die mit großen Misthaufen ihre Gebietsgrenzen markieren. Manchmal dachte ich, Leons Mutter hätte es sich sparen können, die Restekisten der Supermärkte abzusuchen – in unserer Biotonne hätte sie ein vielfältigeres und frischeres Angebot vorgefunden. Aber gesagt habe ich nie etwas.

Die Behausung von Leons Familie zeichnete ich als Ameisenhaufen, mein Elternhaus als weitläufiges Gängesystem von Maulwürfen. Leons Eltern wohnten nämlich in einem großen Gebäude, in dem Sozialwohnungen untergebracht waren und eine Menge Leute aus und ein gingen, während ich praktisch das oberste Stockwerk unseres Hauses alleine regierte. Meistens habe ich mich jedoch auf mein gemütliches Kinderzimmer beschränkt, die anderen großen und weitgehend leeren Räume jagten mir manchmal Angst ein.

Nicht weniger drastisch unterschied sich unser Wanderverhalten. Während Leons Familie wie die ortstreuen Wildkatzen niemals in den Urlaub fuhr, hatte meine Familie die ausdauernden Flügel von Zugvögeln, weshalb meine tapsigen Kleinkindfüßchen bereits alle fünf Kontinente betreten hatten. Kurzum: Leons Familie war arm, während wir reich waren.

Diese Verschiedenartigkeit hätte den freundschaftlichen Kontakt zwischen unseren Familien keineswegs behindern müssen. In der Natur gibt es ja selbst zwischen den entferntesten Arten Symbiosen, wie etwa zwischen den Seeanemonen und den Clownfischen, die sich gegenseitig vor Feinden schützen. Meine Familie schien aber einer Art zuzugehören, die für eine solch fruchtbare Symbiose nicht angelegt war. Veranstalteten meine Eltern eine Feier, so füllte sich unsere Einfahrt stets mit den neuesten Modellen teurer Oberklassewagen. Deren Antlitze schauten alle ähnlich böse wie das meines Vaters Wagen, weshalb sie für mich das Bild eines Rudels gefährlicher Großkatzen abgaben. Ich hätte folglich auch ihre Halter – Juristen, Wirtschaftsprüfer, Manager und Politiker – als gefährliche Großkatzen angesehen, hätten sie meine Mutter und mich nicht immer so freundlich begrüßt.

Leons Eltern hatten nicht oft Besuch und wenn, dann kamen ihre Bekannten zu Fuß oder höchstens mit einem alten Kleinwagen. »Tierarten«, die sich kein Auto leisten konnten, waren bei uns dagegen niemals zu Gast. Dass ich die wohlhabende Schicht, zu der ich gehörte, nicht über Leons stellte, sondern mir die Unterschiede durch mein Tieruniversum erklärte, war der zweite und vielleicht wichtigste der glücklichen Umstände.

Der dritte Umstand hatte mit dem besagten Gartenzaun zu tun, kann aber kaum als »glücklich« bezeichnet werden. Bevor die Sozialwohnungen erbaut wurden, war der

Gartenzaun Schauplatz einer lebenslangen und sorgsam gepflegten Feindschaft gewesen. Die wüsten Schimpftiraden der beiden Streithähne waren berüchtigt und fanden erst ein Ende, als der Erbauer unseres Hauses unter den entfesselten Schlägen seines Nachbarn mit einem Obstpflücker das Zeitliche segnete.

Der uneinsichtige Totschläger wurde dauerhaft in Verwahrung genommen und konnte sich bald weder an seine Tat noch an irgendetwas anderes erinnern und verstarb nach Jahren dumpfen Siechtums in einem Pflegeheim, während sein Haus und Grundstück völlig verwahrlosten. Als ein Gutachter auch noch feststellte, dass der verschrobene Witwer unter der Garage eine Ölverseuchung hinterlassen hatte, blieb die Versteigerung des Hauses – die Nachkommen hatten das Erbe klugerweise ausgeschlagen – ohne Erfolg. Schließlich erbarmte sich die Stadt des unheilvollen Grundstücks, ließ das Haus abreißen und errichtete an dessen Stelle einen Wohnblock mit Sozialwohnungen.

Zu dieser Zeit war das Viertel noch von Menschen unterschiedlichster Einkommensklassen bewohnt worden. Auch in unserer Straße teilten sich Arbeiter und Handwerker mit Ärzten und Juristen einen Bürgersteig. Als die Mieten jedoch immer teurer wurden, zogen oder starben die weniger Begüterten aus. Die alten, aber schönen Häuser wurden aufwendig restauriert und es dauerte kaum sieben Jahre, bis unser Viertel als wiedererstrahltes Juwel unserer Stadt beworben wurde – für die, die es sich leisten konnten. Auch unsere Straße hätten Immobilienmakler ganz ohne Übertreibung als »absolute Toplage« anpreisen können, wären da nicht immer noch die Sozialwohnungen gewesen – sehr zum Unwillen meiner Eltern und der anderen, inzwischen reichen Nachbarn.

Sie hatten darauf gesetzt, dass der Stadtrat seine Ankündigungen wahr macht, das Gebäude zu verkaufen und die Bindung an Sozialmieten aufzuheben. Leider entschieden sich die Bürger der Stadt aber anders. Der neu gewählte Stadtrat wehrte sich gegen eine weitere Gentrifizierung des Viertels und der Bürgermeister äußerte in einem Zeitungsinterview seine Zuversicht auf ein solidarisches Miteinander aller Bürger, welcher Schicht sie auch zugehören mochten.

Unmittelbar danach muss sich das Verhalten unserer armen Nachbarn drastisch verschlechtert haben, denn im Bürgerbüro häuften sich mit einem Mal die Beschwerden der Anwohner über »unhaltbare Beeinträchtigung der Wohnqualität«, Vermüllung oder nächtliche Ruhestörung.

Mein Vater setzte sich an die Spitze der Bewegung, rief mehrmals die Polizei, wenn laute Musik zu uns herüberschallte, und beschwerte sich beim Essen über die »totale Ignoranz« unserer Nachbarn. Er muss dabei unsere opulenten Gartenfeste vergessen haben, die er gerne mit einer Liveband krönte. Deren »dezente Jazzmusik« stellte ohne Zweifel die Gettoblaster des verruchten Nachbarhauses weit in den Schatten. Eine Beschwerde bei der Polizei brauchte er von seinen wohlhabenden Nachbarn nicht zu befürchten, da er sie alle eingeladen hatte, während die Bewohner der Sozialwohnungen offenbar nicht informiert werden mussten. Tatsächlich riefen sie niemals die Polizei, sondern schienen ausgesprochene Liebhaber virtuoser Jazzmusik zu sein.

Ein beliebtes Argument meines Vaters für die Verlegung der Sozialwohnungen lautete, ernste Konflikte würden vermieden, wenn die verschiedenen Milieus unter sich blieben. »Gleich und gleich gesellt sich gerne«, die Weisheit dieses alten Sprichworts könne man nicht ignorieren.

Von »ernsten Konflikten« zu sprechen war jedoch eher eine Übertreibung. Die beiden Streithähne an unserem Gartenzaun hatten sich zwar gehasst, aber sie hatten sich gegenseitig als Feinde doch ernst genommen. Die reiche Nachbarschaft hätte dagegen niemals versucht, ihre Meinungsverschiedenheiten über Parkplätze, Mülltonnen oder Ruhestörungen mit den Sozialhilfeempfängern selbst auszutragen. Sie riefen die Polizei, beschwerten sich beim Sozialamt oder ließen ihre Anwälte Briefe schreiben. Sogar eine Detektei wurde beauftragt, um der »Täter« habhaft zu werden.

Zu diesen Auswüchsen wäre es vermutlich nicht gekommen, hätten die Nachbarn des gegenüberliegenden Hauses nicht eines morgens Müll und zerbrochene Bierflaschen in ihrem Vorgarten aufgefunden. Vom Bürgersteig war ihnen der scharfe Geruch einer Urinlache entgegengeschlagen, die ihren Ausgang vom Türgriff ihres stets blitzblanken Panameras nahm. Auch wenn nie bewiesen werden konnte, ob überhaupt jemand aus den Sozialwohnungen dafür verantwortlich war, ließ der Vorfall diejenigen, die noch »Verständnis zeigen« wollten, kleinlaut werden, und er war Wasser auf den Mühlen meines Vaters, der von Anfang an betont hatte, man müsse »entschlossen vorgehen«.

Der vierte glückliche Umstand war meine Beharrlichkeit, mit der ich für meine Freundschaft mit Leon kämpfte. Meine Mutter schien unser Spiel anfangs bereitwillig zu tolerieren, während mein Vater von meinen Aktivitäten kaum Notiz nahm, solange sie politisch tragbar waren. Kaum hatte der Streit um die Sozialwohnungen jedoch begonnen, wurde ich über die zweifelhafte Natur meiner Bekanntschaft aufgeklärt, wofür Leon meinen Eltern allerdings eine Steilvorlage bot.

Eines Tages bat mich Leon zu sich, wo er mir etwas zeigen wollte. In seinem Zimmer überreichte er mir ein abgerissenes Stück Papier, auf dem ich eine neue Abbildung mit einem Dinokampf vermutete. Das Bild zeigte tatsächlich eine Art Kampf, jedoch zwischen einem Mann und einer Frau, wobei die Frau, die eine Peitsche in der Hand hielt, die Oberhand zu haben schien. Leon erklärte mir, er glaube, der Mann werde bestraft, weil er vergessen hatte, seine Kleider anzuziehen. Der Tobi habe ihm aber gesagt, das auf dem Bild sei »ficken«. Dieses Wort hatte ich in der Kita schon öfter gehört, konnte mir aber keinen Reim darauf machen und war folglich dankbar, mehr darüber zu erfahren. Leon schenkte mir das Bild gewissermaßen im Gegenzug für einige meiner älteren Dinofiguren, die ich ihm überlassen hatte.

Diese Abbildung zog meine Mutter einige Tage später aus der Waschmaschine und auch wenn die Farben von dem Waschgang stark verblasst waren, war das Genre immer noch zweifelsfrei erkennbar. »Stammt das aus deiner Hose?«, fragte meine Mutter mich in überraschend scharfem Ton. Da ich mir keiner Schuld bewusst war, begann ich meiner offenbar verwirrten Mutter unsere Deutung des Bildes zu erklären, wobei sie mich anstarrte, als hätte ich mich soeben in einen gefiederten Raptoren verwandelt. Ich wollte das Papier wieder an mich nehmen, immerhin war es Leons Geschenk. Doch meine Mutter zog ihre Hand zurück und wehrte meinen Arm mit den Worten ab, das sei nichts für mich. Da wurde ich wütend und plötzlich schwirrten zwei scheinbar passende Vokabeln durch meinen Kopf, die Leons älterer Bruder manchmal rief, wenn er sich gegen seinen Bruder wehrte. »Fick dich!«, schrie ich ihr ins Gesicht und stampfte mit dem Fuß auf. Meiner Mutter, die sich von dem ersten Schreck noch nicht erholt hatte, stand der Mund offen, als hätte sie eine Kiefersperre bekommen.

Als sie sich wieder etwas gefasst hatte, faltete sie das Blatt zusammen, nahm mich schroff an der Hand und begann meinen Vater aufzusuchen. Mein freimütiges Geständnis verschonte meinen Vater vermutlich vor einer gehörigen Schrecksekunde, denn nicht lange zuvor hatte ich bei einem Ausflug meines Plesiosaurus in die maritimen Untiefen der väterlichen Aktenordner ein verblüffend ähnliches Bild entdeckt.

Mir dämmerte, dass hier offenbar ein bisher unbekanntes Vergehen vorlag, das meine Bekanntschaft mit Leon gefährden konnte. Doch es war zu spät. Der Vorfall schien von erheblichem Gewicht, denn zu seiner Klärung musste eine »Besprechung« einberufen und ein »Termin« vereinbart werden.

Zur gegebenen Stunde wurde ich an das Kopfende des Esstischs gesetzt, meine Mutter nahm links von mir, mein Vater zu meiner Rechten Platz. Die Verhandlung begann und überraschenderweise entpuppten sich meine Eltern nicht wie sonst üblich als Ankläger und Verteidiger – in diesem Fall schienen sie sich beide auf die Rolle des Anklägers eingeschworen zu haben. Das war zu viel der Übermacht und unter Tränen bekannte ich, die beleidigenden Worte bei Leon gehört zu haben.

Damit war der Fall klar. Meine Eltern begannen in bandwurmartigen Sätzen auf mich einzureden, wobei meine Mutter immer wieder bekräftigend auf das zusammengefaltete Papier deutete, das auf der Mitte des Tischs lag. Mein Vater hingegen würdigte den Corpus Delicti keines Blickes.

Natürlich ging es ihnen kaum um das Bild und die beleidigenden Worte selbst, für die ich nichts konnte, sondern um die Tatsache, dass ich offenbar in zweifelhafte Kreise geraten war, für deren Anrüchigkeit und Unzuverlässigkeit beides ein schlagender Beweis war. Sie hätten mehr erreicht, wenn sie versucht hätten, in einfachen, schmeichelnden Worten meinen Stolz als reichen Anwaltssohn zu wecken, um mich von meinem minderbemittelten Freund zu distanzieren. Da sie aber völlig im Bannkreis des heiß diskutierten Nachbarschaftsproblems standen, unterbrachen sie sich immer wieder gegenseitig oder führten eine offene Frage fort, sodass in ihren Wortschwall all jene Formulierungen einflossen, die sie gegenüber Freunden, Juristen und Politikern verwendeten, die ich aber altersgemäß nicht begreifen konnte.

Auch wenn mir ihre detailreichen Ausführungen über »Leistungsträger« und »Leistungsverweigerer« unverständlich blieben, wurde mir immer deutlicher bewusst, dass es sich bei Leons Familie und den anderen Bewohnern des Nachbarhauses offenbar um eine »Tierart« handelte, die man nicht einfach anderen Tierarten an die Seite stellen konnte. Die Menschen in den Sozialwohnungen mussten offenbar einer Gattung angehören, die ein Missgriff der Natur war, in der ihre Exemplare keinerlei sinnvolle Funktion erfüllten, die also vielleicht am ehesten mit Zecken oder Läusen zu vergleichen waren.

Mein Vater, der gegenüber unseren unwürdigen Nachbarn gerne drastische Maßnahmen befürwortete, verwirklichte daraufhin einen lange gehegten Plan: Er ließ den niedrigen Gartenzaun um den Vorgarten und die hohen Hecken um den Hintergarten entfernen und an deren Stelle eine mannshohe Mauer errichten. Obgleich die Mauer unsere freie Sicht nicht unerheblich beschränkte, schwärmte er von dem »mediterranen Flair« den die Mauer verbreite, die ein preisgekrönter Landschaftsarchitekt für ihn gestaltet hatte. Mein Kontakt mit Leon fand damit vorerst ein Ende.

Um meine absehbare Enttäuschung zu besänftigen, hatte mein Vater auch einen Handwerker bestellt, der sich in meinem Zimmer zu schaffen machte. Als der Spuk vorüber war und ich mein Zimmer wieder betrat, erhob sich an der Wand gegenüber ein riesiger Monitor, unter dem eine schwarz glänzende Spielekonsole stand. Auf der Konsole lagen zwei Spiele: »Jurassic Adventures« und »Krise der Giganten«.

Meine Eltern waren klug genug, zu wissen, dass ein Computer kein adäquater Ersatz für einen Spielkameraden sein konnte und natürlich sollte ich kein weltfremder Spielenerd werden. Also schleifte mich meine Mutter immer wieder zu einer ihrer Freundinnen in der Nachbarschaft mit, die ein großes Modehaus in der Stadt besaß. Dort sollte ich mich mit deren Tochter Zaphira-Ann anfreunden, die genau in meinem Alter war. Aber Zaphira-Ann, die mit ihren zarten sechs Jahren bereits ein Fashionvideo auf YouTube veröffentlicht hatte, wollte von meinen Dinos nichts wissen. Sie saß vor ihrer glanzlackierten rosa Puppenboutique und ließ dürre »Fashiongirls« affektiert über Modetrends tratschen. Wenn Zaphira-Ann danach war (der Doppelname musste unbedingt zusammen ausgesprochen werden), verspotteten mich ihre Fashiongirls in verteilten Rollen wegen meiner »ekelhaften Stinktiere« und meiner wirbligen roten Haare. Von beidem hat mich ihre Verachtung meiner geliebten Dinos erheblich mehr getroffen. Kurz, das Spielen mit Zaphie, wie ich sie protesthalber zu Hause nannte, war eine Qual, die meine Mutter aber nicht sehen wollte.

Mein trübes Schicksal wendete sich jedoch bald zu einem besseren, denn ich wurde eingeschult. Als ich den Klassenraum der 1c der »Grundschule am Hunsrückplatz« betrat, um mir einen Platz zu suchen, wer winkte mir da mit verstohlenem Lächeln aus der dritten Reihe zu? Leon. Es verstand sich von selbst, dass ich mich zu ihm setzte.

Die Eltern meines reichen Viertels hatten es zwar geschafft, ihre Kinder in eine Klasse zu bekommen. So saß in der Reihe vor mir, herausgeputzt wie eine Ballkönigin, Zaphira-Ann. Doch entweder war die Zahl der reichen Kinder zu gering für die Klassenstärke oder die Sekretärin hatte sich vertan. Die kurzen Pausen boten natürlich kaum Gelegenheit, unsere kreativen Abenteuer fortzusetzen, doch die Trennung war erst einmal überwunden.

Die endgültige Niederlage meiner Eltern nahte, als mir meine Mutter zutraute, alleine zur Bushaltestelle zu gehen, denn damit war mein Schulweg unbeaufsichtigt. Da Leons Eltern sich das Busticket nicht leisten konnten und Leon zu Fuß zur Schule ging – warum sollte ich da nicht mit ihm nach Hause zurückgehen? Und wenn ich schon mit ihm durch unsere Straße ging, warum sollte er dann nicht mit zu mir kommen?

So kam es, dass ich, drei Monate nachdem die Mauer fertiggestellt worden war, mit Leon vor der Haustüre stand. Dem erst ungläubigen, dann widerwilligen Blick meiner Mutter rief ich standhaft entgegen: »Heute will ich mit Leon spielen!« Was hätte meine Mutter da sagen sollen? Leon, du bist ein Kind von unzuverlässigen Leistungsverweigerern, geh bitte nach Hause zurück? Das Argument, ich müsse Hausaufgaben machen, war leicht zu entkräften, denn die konnte ich auch mit Leon zusammen machen.

Seit diesem Tag kam Leon wieder oft zu mir nach Hause. Wir aßen zusammen Mittag, machten notgedrungen die Hausaufgaben und setzen unsere Abenteuer im Garten oder meinem Zimmer fort.

Ich vermute, dass meine Mutter ihre Nachgiebigkeit meinem Vater erst bekannte, nachdem der Nachbarschaftsstreit seine Brisanz verloren und die Ankläger sich mit ihrem Misserfolg vorerst abgefunden hatten. Einige Zeit später akzeptierten meine Eltern es sogar, dass ich manchmal bei Leon spielte und als wir auf das Gymnasium wechselten, konnte ich durchsetzen, dass wir in eine gemeinsame Klasse kamen.

Auch danach lief lange alles nach meinem Wunsch. Als ich jedoch in die zehnte Klasse kam, nahm mein Vater einen neuen Anlauf, die Sozialwohnungen aus unserem Stadtviertel zu verbannen. Am Esstisch erläuterte er eines Tages trocken, er habe einen guten Draht zu dem neuen Bürgermeister, der bei Rechtsstreitigkeiten schon mehrfach sein Klient gewesen sei. Zudem habe er einen zahlungskräftigen Interessenten, einen Herrn Rasch, für das Grundstück an der Hand, durch den eine beachtliche Summe in die Kasse der Stadt fließen würde. Ein Gutachter habe die Bausubstanz als marode bewertet, was einen Abriss wahrscheinlich mache. Ich war schockiert. Wie in früheren Fällen würden die meisten Bewohner in Kaltweiler landen, dem Brennpunktviertel unserer Stadt.

»Weißt du, wie weit Leon von Kaltweiler jeden Morgen fahren muss, um an unserer Schule zu bleiben?«, rief ich aufgebracht.

»Hast du oder habe ich dieses Haus gekauft, Lukas?«, entgegnete mein Vater entschieden, jedes Wort betonend. »Es ist schlicht mein Recht, mein Zuhause so zu gestalten, wie ich das für richtig halte. Das lasse ich mir von niemandem nehmen. Verstanden?« Ich verstand gar nichts. »Dann gestalte *dein* Haus und nicht das unserer Nachbarn«, rief ich empört, »Kaltweiler ist ein Drecksloch, das weißt du ganz genau. Da hingesteckt zu werden, haben unsere Nachbarn nicht verdient!« »Verdient«, schnaubte mein Vater, »wer sich in unserer Nachbarschaft verdient gemacht hat, ist leicht zu erkennen, wenn man durch die Straße läuft. Das ist bei den Sozialhilfeempfängern äußerst zweifelhaft. Wenn sie in diesem ›Drecksloch‹ leben, wie du sagst, haben sie vielleicht auch Anreize, sich ein bisschen anzustrengen, von dort wieder weg zu kommen.«

Dazu hätte ich gerne gewusst, welche Verdienste meinem Vater zugekommen wären, hätte er einen Gelenkschaden wie Leons Vater gehabt. Wenn er in einer armen Familie aufgewachsen wäre, die kein Interesse gehabt hätte, seine Bildung zu fördern. Wenn seine Freunde alle Hauptschüler gewesen wären, die ihre trüben Zukunftsaussichten mit Alkohol betäubten.

Leons Vater war kein Faulenzer und seine Mutter genauso wenig. Und was wusste mein Vater über die anderen Bewohner? So gut wie nichts. Aber diese Argumente hätte mein Vater totgeredet. Es gebe immer eine Chance weiterzukommen, wenn man nur dahinter her sei, usw. Deshalb antwortete ich nur, der Bürgermeister könne sich damit nicht durchsetzen, weil seine Partei nicht die Mehrheit im Stadtrat habe. Doch soweit hatte mein Vater natürlich auch gedacht. »Dem Bürgermeister fehlen nur ein paar Stimmen«, antwortete er gelassen. »Und in der K-Partei gibt es ein paar Stadträte, zu denen wir beste Verbindungen haben. Die haben wir praktisch auf unserer Seite. Du wirst sehen, das wird klappen.«

Da begann ich mich zu fragen, ob hier nicht etwas grundlegend falsch lief in unserer Stadt. War das die ›Demokratie‹, die immer so gelobt wurde, wenn mein Vater und seine Freunde sich so einfach durchsetzen konnten, weil sie gute Verbindungen hatten? Die Sozialhilfeempfänger hatten wenige Aussichten, sich gegen diese Entscheidung zu wehren. Ihre Stimme würde kaum wahrgenommen werden.

Hatte mein Vater mehr Macht verdient als andere? Und wer sollte das entscheiden? Und schnitt mein Vater sich nicht ins eigene Fleisch, wenn er sich nur mit seinesgleichen einigelte? Leon hätte ich nie kennengelernt.

All das warf eine Menge Fragen auf. Aber bei diesen Fragen blieb es erst einmal. Ich hätte auch nicht gewusst, wer mir da hätte weiterhelfen können. Auf irgendeine Weise schienen mir meine Eltern und deren Freunde, meine Lehrer, meine Mitschüler, ja die ganze Stadt in einer Blase zu stecken, in der diese Fragen nicht oder nur am Rande gestellt wurden. Die Antworten schienen bereits festzustehen. Sie schienen so festzustehen wie das alltägliche Treiben in unserer Stadt, die Massen, die morgens zur Arbeit fuhren, die Einkäufe, Friseurbesuche, Arztbesuche, Spaziergänge im

Park, Kinobesuche. Die Antwort schien in dieses alltägliche Treiben bereits »einlasiert«. Nicht lange darauf wurde mir das Tor zur Philosophie, an deren Pforte ich bereits stand, jedoch ganz unverhofft von jemandem geöffnet, von dem ich dies nie erwartet hätte.

2. Freiheit und Demokratie

Lukas: Nachhilfe auf ungeahnten Wegen

Jeden Dienstagnachmittag besuchte ich Nachhilfe in Latein. Meine Eltern hatten mich dazu verdonnert, nachdem sich meine grauen Zellen strikt geweigert hatten, auf Vokabeln einer toten Sprache zu reagieren.

Meine Nachhilfe hieß Sophie. Dass ich sie mit Vornamen anreden durfte, empfand ich als etwas eigenartig, denn Sophie war eine pensionierte Lehrerin, die sich in raschelnden Kleidern durch den Raum bewegte. Außerdem war sie streng, wenn auch auf besondere Weise. Weder beschwerte sie sich oder drohte mir, wenn ich nicht gelernt hatte. Dafür war sie sehr entschlossen, arbeitsam und konzentriert und das beeindruckte mich. Ich wollte ihr nicht die Unannehmlichkeit machen, immer wieder von vorne anfangen zu müssen. Vielleicht hatte mein Respekt auch damit zu tun, dass ich bei ihr hinter all den öden Grammatikregeln etwas Größeres erahnte, das diesen Sinn zu geben schien. Jedenfalls – ich begann zu lernen.

Einige Wochen nach der Auseinandersetzung mit meinem Vater erzählte er beim Abendessen, ein Stadtrat von der K-Partei sei sein Mandant geworden und der Verkauf der Sozialwohnungen damit praktisch in trockenen Tüchern. Ich stieß erneut mit ihm zusammen, konnte ihn aber keinen Millimeter von seinem Vorhaben abbringen.

Danach hatte ich wieder Nachhilfe bei Sophie. Meine Gedanken schwirrten jedoch wie ein aufgescheuchter Mückenschwarm und ich befürchtete, keinen vernünftigen Satz übersetzen zu können. In Sophies Gegenwart konnte ich meinen Ärger immerhin soweit beruhigen, dass ich das Thema des Textes erkannte: Er handelte offenbar vom Staat.

Es war ein Dialog, in dem Cicero verschiedene Staatsmänner über die Frage diskutieren ließ, was die beste Verfassung sei: Monarchie, Aristokratie oder Demokratie.

Scipio, übersetzte ich, sei mit keiner der drei gänzlich zufrieden, sondern bevorzuge eine Mischung aus allen dreien. Wenn er aber wählen müsste, würde er sich für die Monarchie entscheiden. Denn ein König, so wie er ihn verstünde, würde für seine Bürger sorgen »wie ein Vater für seine Söhne«. Als ich das gelesen hatte, konnte ich nicht mehr zurückhalten und rief: »Wenn das so ist, möchte ich lieber in einer Monarchie leben!«

»Warum?« Sophie sah mich ebenso verwundert wie scharf an. Da begann ich ihr die ganze Geschichte mit dem Verkauf der Sozialwohnungen zu erzählen und welche Folgen das für Leons Familie haben würde. Ich sagte, dass es für meinen Vater Demokratie gebe, aber nicht für Leon. Für Leons Familie bedeute Demokratie, übergangen zu werden. Deshalb würden seine Eltern die Politik auch nicht mehr ernst nehmen. »Ich habe auch angefangen, mich zu fragen«, schloss ich, »wie ernst ich das mit der Demokratie noch nehmen soll. Ist das denn nicht bloß eine große Schaumschlägerei?«

Sophie legte das Lehrbuch zur Seite und nickte bedachtsam, als wäre ich auf etwas Bedeutendes gestoßen. »Das ist eine wichtige Frage«, begann sie, »vielleicht eine der wichtigsten überhaupt. Auf jeden Fall viel wichtiger als die Fähigkeit, lateinische Texte zu übersetzen. Wenn du mir versprichst, den Text zu Hause fertig zu übersetzen, werde ich dir ein paar Dinge dazu erklären.« Ich war so begierig, mehr zu erfahren, dass ich versprach, jeden Tag fleißig zu lernen.

»Mit dem Wort ›Demokratie‹ ist es wie mit Pralinen im Supermarkt«, sagte sie. »Es gibt unzählige Sorten. Was wirklich drin ist, weiß man erst, wenn man reingebissen hat. Von Demokratie zu sprechen, ist vorteilhaft, weil Demokratie etwas Positives verspricht: Menschen werden nicht unterdrückt, sondern bestimmen ihr politisches Schicksal selbst. Deshalb haben auch Diktatoren wie Hitler und Stalin die Demokratie für sich in Anspruch genommen. Stalin beschrieb sein Regime als ›Volksdemokratie‹, während Hitler behauptete, er habe die Demokratie vereinfacht. Er selbst sei für das Volk zuständig. Die vergangenen und gegenwärtigen Regime, die versucht haben, sich einen demokratischen Anstrich zu geben, sind zahlreich. Leider sind Menschen für eine solche Propaganda sehr anfällig. Deshalb sollte man sich damit auseinandersetzen, was Demokratie bedeutet. Wer keine Vorstellung davon hat, was Demokratie ausmacht, könnte von einem demokratischen Anstrich leicht getäuscht werden.«

»Und was macht Demokratie aus?«

»In der Philosophie gibt es viele, zum Teil gegensätzliche Konzepte. Ein wichtiges Element ist natürlich die Volkssouveränität, denn wie der Name schon sagt, herrscht in einer Demokratie das Volk. Im deutschen Grundgesetz steht entsprechend: ›Alle Staatsgewalt geht vom Volke aus.‹ Zu den weiteren genannten Bedingungen gehören unter anderem ein Rechtsstaat, Gewaltenteilung, Grundrechte und eine demokratische Öffentlichkeit. Außerdem sollten sich die Bürger mit der Demokratie auch identifizieren und an ihr beteiligen. Welchen Stellenwert diese Elemente haben und wie sie ausgestaltet sein sollten, wird aber sehr unterschiedlich beurteilt. Dementsprechend gibt es auch viele verschiedene Modelle. Was dich bewegt, ist dein Eindruck, dass Leons Familie politisch nichts zu sagen hat. Dein Eindruck lässt sich durch Studien belegen: Die sozial Schwachen haben praktisch keinen Einfluss auf politische Entscheidungen.«

»Wie lässt sich dieses Missverhältnis erklären?«

»Dafür gibt es unterschiedliche Erklärungen. Eine Ursache könnten sehr verbreitete Vorstellungen über Demokratie sein: Über das, was sie ausmacht und wie sie funktionieren sollte. Diese Vorstellungen werden häufig mit dem Modell einer ›liberalen Demokratie‹ in Verbindung gebracht, obwohl es sehr unterschiedliche Ansichten darüber gibt, was ›liberal‹ bedeutet.«

»Was macht diese Vorstellungen aus?«

»Dazu gehört die Idee, dass wir eine Demokratie vor uns haben, wenn die typischen Institutionen westlicher Demokratien vorhanden sind: Parteien, freie Wahlen, Parlament, Regierung, Verfassungsgericht usw. Wichtig ist aber nicht zuletzt, auf welche Weise Freiheit gewährleistet werden soll und welche Rolle dabei die Gemeinschaft und der Staat spielen. Denn eines der wichtigsten Versprechen von Demokratie lautet ja Freiheit anstatt Unterdrückung. Fangen wir vielleicht damit an: Was bedeutet es für dich, in einem freien Land zu leben?«

»Dass ich nicht vom Staat unterdrückt werde, wie das in der DDR der Fall war. Ich kann mich frei bewegen oder auch ins Ausland gehen, ohne dass mir das verweigert wird. Ich habe eine Privatsphäre, werde also nicht überwacht. Ich kann den Beruf ausüben, den ich möchte, gleiches gilt für meine Hobbys. Ich kann frei meine Meinung sagen und bin auch frei, eine Religion zu leben, wenn mir danach ist. Ich werde also nicht daran gehindert, mich frei zu entfalten. Natürlich gehören auch freie Wahlen dazu.«

»Deine Antwort passt zu einer politischen Tradition, die mit der ›liberalen Demokratie‹ eng verbunden ist. Hier liegt der Schwerpunkt darauf, frei vor Übergriffen des Staates und der Gemeinschaft zu sein. Der Staat kann meine Freiheit beschränken, indem er von mir z. B. verlangt, einen Beruf zu wählen, den ich nicht will und mich andernfalls bestraft. Auch die Gemeinschaft kann meine Freiheit beschränken, indem sie großen Druck auf mich ausübt, z. B. wenn ich ihre Religion annehmen muss und sie mich andernfalls ausgrenzt.«

»Wie kann man diese Frage noch beantworten?«

»In einem freien Land zu leben bedeutet vor allem, dass die politische Gemeinschaft über sich selbst regiert. Nach dieser Tradition ist die Gemeinschaft weniger eine Gefahr als eine Voraussetzung für Freiheit. Die größte Gefahr geht von Gruppen aus, die über große, unkontrollierte Macht verfügen. Um dies zu verhindern, aber auch weitere Freiheiten zu schaffen, muss die Gemeinschaft über sich regieren. Dafür ist es notwendig, dass sie ein politisch aktives Leben führt. Der Staat ist dann kein autoritäres Gegenüber, sondern ein Instrument demokratischer Selbstregierung. Die erste Antwort steht dem Liberalismus nahe, die zweite Antwort dem Republikanismus und anderen Strömungen. Es gibt aber auch Philosophen, die dem Liberalismus zugerechnet werden, die eher die zweite Antwort für richtig halten.«

»Und wie wird die liberale Sichtweise begründet?«

Lockes liberaler Staat: Schützer von Leben und Eigentum

»Dazu sollten wir uns zuerst die politische Philosophie John Lockes ansehen, der als Begründer des Liberalismus gilt. Locke stellt sich den Menschen zunächst in einer Zeit vor, in der es noch keinen Staat und keine Gesetzbücher gab. Das bezeichnet er als Naturzustand. Der Naturzustand ist nach Locke ›ein Zustand vollkommener Freiheit, innerhalb der Grenzen des Naturgesetzes seine Handlungen zu lenken und über seinen Besitz und seine Person zu verfügen, wie es einem am besten scheint – ohne jemandes Erlaubnis einzuholen und ohne von dem Willen eines anderen abhängig zu sein‹.[1] Diese Freiheit ist ein Naturrecht, die allen grundsätzlich zusteht. Übt jedoch jemand Gewalt gegen einen anderen aus, wird aus dem Naturzustand ein Kriegszustand, in dem es erlaubt ist, sich mit Gewalt zu wehren. Selbstjustiz bedeutet für alle jedoch eine große rechtliche Unsicherheit. Um ihr Eigentum in ›Frieden und Sicherheit‹ genießen zu können, gründen sie den Staat, der ihr unparteiischer Richter sein soll.«

»Warum hat er das Recht dazu?«

»Weil sie dazu einen Vertrag geschlossen haben, mit der Zustimmung aller. Dadurch hat der Staat eine legitime Macht. Ziel des Staates ist für Locke, das Leben und das Eigentum seiner Bürger zu schützen, also das, was im Kriegszustand gefährdet ist. Dazu erlassen sie mit Hilfe eines gewählten Parlaments Gesetze. Verstößt der Staat gegen das Ziel, Leben und Eigentum zu schützen, haben seine Bürgerinnen das Recht, sich gegen den Staat zu erheben und Widerstand zu leisten. Lockes Sichtweise ist typisch für den Liberalismus: Die Freiheit des Einzelnen muss vor unrechtmäßigen Übergriffen der Gemeinschaft aber auch des Staates geschützt werden.«

»Wobei der Schutz des Eigentums für ihn eine zentrale Rolle spielt.«

Freiheit als private Unabhängigkeit – Benjamin Constant und der rechte Libertarismus

»Richtig. Seit der Französischen Revolution gab es im Westen zunehmend Stimmen, die Freiheit auf eine private Freiheit beschränkt sehen wollten. Zu ihnen gehörte beispielsweise der französisch-schweizerische Schriftsteller Benjamin Constant. Constant lehnte den politisch aktiven Bürger an vielen Stellen seiner Schriften weitgehend ab. Die politisierte Gesellschaft hatte aus seiner Sicht zum Terror der Jakobiner geführt, in dem die Französische Revolution endete. Freiheit soll lediglich ›friedliches Vergnügen und private Unabhängigkeit‹ beinhalten. Der Staat soll seine Tätigkeit deshalb auf ein Minimum beschränken. Er schrieb: ›Für das Denken, für die Bildung, für die Industrie sollte das Motto der Regierung sein: *Laissez-faire et laissez passer*.‹ Zu Deutsch: Lassen Sie es geschehen und lassen Sie es durchgehen.[2] Der Staat soll sich darauf beschränken, Freiheit, Leben und Eigentum zu schützen.

Constant wünschte sich also einen Minimalstaat, wie er heute nicht im Liberalismus, sondern im rechten Libertarismus vertreten wird. Der Libertarismus ist eine Steigerung des Liberalismus: Der Staat soll so wenig Aufgaben wie nur möglich haben. Manche Libertäre wollen den Staat sogar ganz abschaffen. Keine öffentliche Macht soll sich in private Angelegenheiten einmischen. Sie sind also Anarchisten. Man spricht von rechten Libertären, weil sie im Unterschied zu linken Libertären nichts gegen private Macht in Form kapitalistischer Unternehmen haben, die autoritär organisiert sind. ›Rechts‹ bedeutet also hier nicht nationalistisch, sondern unternehmerfreundlich.«

»Gibt es denn Parteien, die so einen Minimalstaat wirklich fordern?«

»Ja, sie sind allerdings eine relativ kleine Minderheit. Die größte libertäre Partei ist die ›Libertarian Party‹ in den USA. Sie wird auch von Milliardären unterstützt.«

»Constant hätte heute also gewollt, dass man die Politik weitgehend den Abgeordneten überlässt, anstatt sie aktiv zu gestalten.«

Politische Freiheit? Vertraue den Kaufleuten! – Die Federalists begründen die repräsentative Demokratie

»Ja. Abgeordneten, die allerdings nicht viel entscheiden sollen. Ist die Bevölkerung in der modernen liberalen Demokratie eher ein Zuschauer oder ein Gestalter? Um ihre Rolle einzuordnen, lohnt es sich, den wohl wichtigsten Ursprung der repräsentativen Demokratie anzusehen: Die Verfassung der USA. Wie haben die amerikanischen Gründerväter die Bevölkerung politisch eingeschätzt?

Der Verfassungsentwurf stieß nicht auf ungeteilte Zustimmung. In manchen Bundesstaaten hatten die Bürger bereits deutlich direktere Formen von Demokratie ausgeübt. Besonderen Widerstand gab es im Bundesstaat New York. Alexander Hamilton, James Madison und John Jay veröffentlichten deshalb eine Reihe von Artikeln in New Yorker Zeitungen, in denen sie ihren Verfassungsentwurf verteidigten. Das sind die sogenannten Federalist Papers.

In diesen Artikeln finden sich Argumente, die den Bürgern eine eher passive Rolle zuschreiben, auch wenn die Gründerväter im Unterschied zu Constant durchaus ein politisches Verständnis von Freiheit hatten. Sie verteidigten ein System mit Abgeordneten gegen Forderungen nach einer direkteren Form von Demokratie.

Ein bis heute sehr verbreitetes Argument war Kompetenz. Alexander Hamilton schrieb, einfachere Berufe wie Handwerker und Gewerbetreibende würden den damals wohlhabenderen Kaufleuten ihre Stimme geben, denn ›sie spüren genau, dass ihre Lebensweise ihnen bisher nicht die erworbenen Fähigkeiten mitgibt, ohne die auch die größten Naturtalente in einer beratenden Versammlung weitgehend nutzlos sind.‹ Für Hamilton waren die Kaufleute deren ›natürliche Freunde und Gönner‹ und die ›natürlichen Repräsentanten all dieser Gruppen der Gesellschaft‹.[3] Madison sah die Volksvertreter aber nicht nur als kompetenter, sondern auch als tugendhafter an: Sie sind es, die ›aufgrund ihrer Kenntnisse und Erfahrung das wahre Interesse des Landes am besten erkennen können, und deren Patriotismus und Gerechtigkeitsliebe kaum erwarten lassen, dass sie die momentanen oder parteilichen Überlegungen opfern werden.‹[4]

Zu den Interessen, die dem Gemeinwohl entgegenstehen, zählte Madison unter anderem die ›wilden Forderungen nach Papiergeld, nach Annullierung der Schulden, nach gleicher Eigentumsverteilung‹, die damals in manchen Bundesstaaten kursierten.[5] Die ›vielfältige und ungleiche Eigentumsverteilung‹ war für Madison sogar der Hauptgrund für die Entstehung parteiischer Gruppen.

Ein Mittel, solche parteiischen Forderungen abzuwehren, selbst wenn sie eine Mehrheit haben, waren für Madison nicht nur Volksvertreter, sondern auch ein Großstaat. Durch die Verfassung der Gründerväter wurden ja die einzelnen Bundesstaaten zu den Vereinigten Staaten von Amerika vereint. Ein Großstaat werde nicht so leicht von solchen schädlichen Forderungen befallen wie ein kleinerer Bundesstaat. Ein Großstaat werde aber auch verhindern helfen, dass eine Mehrheit eine Minderheit unterdrückt und gegen deren Rechte verstößt.«

»Madison meinte also: Nach aller Voraussicht werden in das Parlament tugendhafte Experten gewählt, die sich im Zweifelsfall auch über den Willen der Mehrheit hinwegsetzen. Zum Wohle aller.«

»Ja. In der amerikanischen Verfassung gibt aber noch ein weiteres Expertengremium, das in gewisser Hinsicht sogar über dem Parlament steht: das Verfassungsgericht. Das Oberste Gericht kann Gesetze, die der Verfassung widersprechen, für ungültig erklären. Diese Rolle des Obersten Gerichts interpretierte Hamilton aber nicht als Beschränkung des Volkswillens, denn die Verfassung ist aus seiner Sicht selbst der Ausdruck des Volkswillens. Das Oberste Gericht soll also das Volk gegen die Volksvertreter in Schutz nehmen. Die Volksvertreter können allerdings durch Zweidrittelmehrheiten die Verfassung ändern, wobei sie zumindest die Zustimmung von drei Vierteln der Parlamente der Bundesstaaten brauchen. Solche Beschränkungen gibt es in den meisten Staaten. Besonders das Argument der Kompetenz wurde auch später immer wieder für Experten als Träger der Politik angeführt.«

»Von wem?«

Das Volk als verwirrte Herde – Elitismus und Elitendemokratie

»Das gilt besonders für die Vertreter des Elitismus bzw. der Elitendemokratie. Während seit der Französischen Revolution die Forderungen nach politischer Mitbestimmung immer größere Verbreitung fanden, gab es im Westen zugleich eine Strömung, die sich gegen diese Bewegung richtete und als Elitismus bezeichnet wird. Als prominenter Vertreter gilt der Österreicher Joseph Schumpeter.

Seine Demokratietheorie war von erheblichem Einfluss. Sie galt in der Zeit nach dem Zweiten Weltkrieg besonders in den USA sogar als eine Art Standard in der Politikwissenschaft.[6] Nach Schumpeter haben die Bürger in der Lokalpolitik zwar eine ausreichende Kompetenz, die aber umso mehr nachlässt, je stärker sich das Politikfeld vergrößert. Daran kann auch das Sammeln von Erfahrungen mit Fehlentscheidungen nichts ändern. Während Konsumenten beim Kauf von Produkten immer wieder ähnliche Entscheidungen treffen, sind die Entscheidungen in der Politik praktisch immer neu und verhindern deshalb einen Lerneffekt.«

»Wofür Experten mehr Zeit haben.«

»Ja. Ein besonderes Problem ist für Schumpeter auch die Manipulierbarkeit der Wähler. Das Volk ist durch Meinungsführer leicht verführbar. Deshalb ist der Wählerwille auch nicht der authentische Wille der Wähler, sondern ein von Parteiwerbung und Propaganda ›fabrizierter Wille‹. Ähnliches gilt für das Gemeinwohl: In einer pluralistischen Gesellschaft ist es unmöglich, ein Gemeinwohl anzustreben, dem alle Teilgruppen der Gesellschaft zustimmen könnten.«

»Was soll man also tun?«

»Die Lösung für diese Probleme sieht Schumpeter in einer Übertragung ökonomischer Prinzipien auf die Politik. Für ihn ist der charismatische Unternehmer – eine Art Business-Genie – entscheidend für die wirtschaftliche Entwicklung. Was für die Wirtschaft gut ist, sollte auch in der Politik genutzt werden: Die Politik braucht begabte Führungspersönlichkeiten. Auf welchem Weg aber gelangen diese Persönlichkeiten in Führungspositionen? Ähnlich wie in der Wirtschaft sind die Wähler eine Art von Konsumenten, die die Wahl zwischen verschiedenen Politikern bzw. Parteien haben. Die Politiker geraten somit in eine Konkurrenzsituation, in der sich die fähigsten Persönlichkeiten durchsetzen. Die Rolle des Volkes sollte aus der Sicht Schumpeters also darauf beschränkt werden, in bestimmten Perioden wählen zu gehen.«

»Ein Markt, in dem sich Politiker anbieten?«

Freier Markt gleich freie Gesellschaft – der Neoliberalismus

»Ja. Märkte spielen für das verbreitete Bild einer liberalen Demokratie aber auch auf andere Weise eine entscheidende Rolle: Die meisten ihrer Vertreter bekennen sich zur Marktwirtschaft. Viele halten auch deshalb eine Einschränkung der Volkssouveränität für notwendig.«

»Warum?«

»Weil der Markt als Garant von Wohlstand gilt. Staatliche Eingriffe oder gar Planwirtschaft wirken sich negativ auf die Wirtschaft aus. Das ist die Lehre neoklassischer oder neoliberaler Ökonomie. Wie für viele andere Neoliberale war auch für Friedrich August von Hayek der Markt ein Garant von Freiheit. In seinem Einflussreichen Werk *Der Weg zur Knechtschaft* findet sich die vielleicht stärkste Einschränkung der Volkssouveränität im Liberalismus. Für ihn war die unbeschränkte Volkssouveränität eine Gefahr für die Freiheit. Staatliche Planung der Wirtschaft hatte für ihn die Tendenz, in den Totalitarismus zu führen. In einer Demokratie würde die Bevölkerung von der Politik verlangen, sie durch staatliche Maßnahmen gegen die Härten des freien Marktes zu schützen. Dadurch würde der Staat sich immer weiter aufblähen, nach und nach alle Lebensbereiche durchdringen und schließlich zum totalitären Staat werden.

Sein Gegenmittel war die Beschränkung von Demokratie. In *Der Weg zur Knechtschaft* schlägt er vor, jeder Bürger solle nur einmal im Leben wählen dürfen. Die Volksvertreter bleiben darauf fünfzehn Jahre im Amt und können nicht wiedergewählt werden. Sie haben also kaum Anreize, auf Wählerwünsche nach staatlicher Unterstützung einzugehen. Die Rolle des Bürgers sieht Hayek also kaum als Teil einer politisch aktiven Gemeinschaft, sondern primär als Einzelkämpfer, der sich im Markt behaupten muss.«

»Mit seiner Wahlbeschränkung hat er sich wohl nirgends durchsetzen können.«

»Der Neoliberalismus, wie Hayek und andere ihn vertreten haben, geriet dennoch zunehmend zur einflussreichsten politischen Lehre. Seither wurde in sehr vielen Ländern die Tätigkeit des Staates zugunsten der privaten Wirtschaft zurückgefahren und viele öffentliche Unternehmen privatisiert. Gemeinschaftliche Aspekte der Wirtschaft wie Sozialhilfe oder Gewerkschaften wurden beschränkt oder bekämpft. Auch schuf die Politik Gesetze und Institutionen im Sinne des Neoliberalismus, in denen man eine Beschränkung der Volkssouveränität sehen kann.

Die Verträge der Europäischen Union sind vom Neoliberalismus beeinflusst und beschneiden die Gestaltungsmacht ihrer Staaten. Zum Beispiel dürfen sich die Staaten der EU auf Grund des Fiskalpakts nur um einen bestimmten Betrag verschulden. Staatliche Investitionen in Straßen, Schulen oder das Gesundheitswesen werden dadurch beschränkt. Des Weiteren hat ein einzelner Staat der Eurozone praktisch keinen Einfluss mehr auf die Politik der Zentralbank. Dabei benötigt man die Zentralbank nicht zuletzt, um den Staat vor einem Bankrott zu schützen. Die einzelnen Regierungen in der Eurozone können diese Mittel aber nicht mehr individuell für ihr eigenes Land einsetzen.

Gut, damit haben wir eine Reihe von Argumenten zusammen, die mit der heute verbreiteten Verstellung einer liberalen Demokratie sehr häufig einhergehen.«

»Und die folglich in der Bevölkerung verbreitet sind?«

»Ja. Viele verbinden Freiheit vor allem damit, ein Privatleben zu haben und ihre Freizeit gestalten zu können. Das können sie umso besser, je mehr sie verdienen. Wer Freiheiten haben will, muss sich also anstrengen, um einen guten Job zu finden. Politik beschränkt sich für sie darauf, alle paar Jahre wählen zu gehen. Sie halten die Politik zwar nicht für unwichtig, glauben aber, dass der Markt und die Technik viele Probleme lösen werden. Wenn sich alle anstrengen, möglichst gut zu verdienen, werden auch alle etwas davon haben. Der Staat sollte sich besser zurückhalten, nicht in den Markt eingreifen oder den Wettbewerb einschränken. Steuern empfinden sie nicht als Betrag zur Gestaltung der Gesellschaft, mit Steuern wird ihnen vielmehr verdientes Einkommen weggenommen. Sie haben also in etwa eine Vorstellung von Politik, wie sie von rechten Libertären oder Neoliberalen vertreten wird.«

»Dann würden mich die Gegenargumente interessieren.«

Gemeinschaft ist ebenso wichtig wie Freiheit – der Kommunitarismus

»Diese Vorstellungen werden in verschiedenen politischen Strömungen kritisiert. Dazu gehören der Republikanismus, der Kommunitarismus, der Sozialismus, aber auch der Liberalismus selbst. Diese Namen klingen wortgewaltig, die Kritik ist aber nicht schwer zu verstehen. Sie betrifft die Rolle von Gemeinschaft, aber auch das Verständnis von Freiheit. Das rechtslibertäre oder neoliberale Bild von einer freien Gesellschaft unterschlägt demnach die wichtige Bedeutung von Gemeinschaft. Es beruht zudem auf einem falschen Menschenbild.«

»Warum?«

»Auch der Liberalismus und nicht einmal der libertäre Minimalstaat kommen ohne Gemeinschaft aus. Menschen schließen sich demnach zu einer Gemeinschaft zusammen, um den Staat zu gründen. Selbst wenn der Staat nur die Aufgabe hat, Leben und Eigentum zu schützen, müssen sich dessen Bürger unter anderem darauf einigen, wie viel für Polizei und Justiz ausgegeben werden soll. Dafür müssen sie zu gemeinsamer Beschlussfindung und Arbeitsteilung bereit sein. Sie identifizieren sich zu einem gewissen Grad mit ihrer politischen Gemeinschaft.«

»Weil sie sonst wieder zerfällt und der Staat seine Aufgabe nicht mehr erfüllen kann.«

»Ja. Dieses Bild von Gemeinschaft ist nach dieser Kritik aber immer noch realitätsfern. Der Mensch ist kein selbstgenügsames Atom, das sich nur wegen besonderer Gefahren mit anderen zu einer Gesellschaft zusammenschließt. Der Mensch hat immer schon in Gemeinschaften gelebt. Es mag Überlebenskünstler geben, die alleine in der Wildnis zurechtkommen. Aber sie sind dazu erst in der Lage, wenn sie die Erziehung ihrer Eltern genossen haben. Und sie verlieren diese Fähigkeit, wenn sie alt, krank und schwach werden. Im Unterschied zu Bakterien, die sich selbst teilen, ist der Menschen unweigerlich auf Gemeinschaft angewiesen. Der Mensch ist ein Herdentier, das nur in gemeinschaftlich organisierter Arbeit überleben kann.

Die Gemeinschaft ist aber nicht nur für das materielle Überleben wichtig. Der Mensch hat ein natürliches Bedürfnis nach Gemeinschaft. Menschen brauchen Kontakt zu anderen und deren Anerkennung. Bleiben Kontakt und Anerkennung aus, können sie leicht psychisch und auch körperlich krank werden. Die Gemeinschaft mit anderen stiftet Sinn. Familie, Freundschaften und andere Formen von Gemeinschaft sind für viele ein unverzichtbarer Bestandteil eines erfüllten Lebens. Dass der Mensch ein Gemeinschaftswesen ist, hat beispielsweise der antike Philosoph Aristoteles vertreten, der als einer der Urväter des Republikanismus gilt.«

»Muss man das leugnen, wenn man ein neoliberales Bild von Gesellschaft teilt?«

»Niemand wird ernsthaft bestreiten, dass der Mensch auf Gemeinschaft angewiesen ist. Aber dann sollte man die Politik auch entsprechend gestalten. Es stellt sich unter anderem die Frage, was für die Gemeinschaft dabei herauskommt, wenn die Vorstellung verbreitet wird, dass die gesellschaftliche Rolle des Menschen primär darin bestehen soll, sich im Markt zu behaupten und verkündet wird, dass der Mensch sich gesellschaftlich vor allem dadurch auszeichnet, auf berechnende Weise seinen persönlichen Nutzen zu maximieren. Das ist es, was sich in den meistverkauften ökonomischen Lehrbüchern findet. Wie der Mensch ist, so soll er auch handeln: Er soll seinen Profit maximieren – zum Nutzen aller. Das führt nach nach dieser Kritik u. a. in eine Ellenbogengesellschaft, zur Auflösung von Bindungen zwischen Menschen, zu Vertrauensverlust, Ressentiments und Spaltung. Damit wird nicht nur eine Unmoral propagiert, die für die Ethik menschlicher Kulturen und deren Religionen untypisch ist. Der Mensch wird auch unter Wert verkauft. Auch für Adam Smith, der als Verfechter liberaler Freiheit gilt, gehört das Mitgefühl mit anderen zu einem wesentlichen Merkmal des Menschen.«

»Dann sollte also ein anderes Bild vom Menschen in der Gesellschaft verbreitet werden.«

»Indem man betont, welche Bedeutung Gemeinschaft für den Menschen und die Demokratie hat. Aber nicht nur das. Wenn Gemeinschaft so wichtig ist, sollte sie ein wesentliches Ziel der Politik sein und durch kulturelle Institutionen gefördert werden. Dazu gehören beispielsweise Kindergärten, Schulen, Universitäten, Zeitungen, Verlage, Vereine, politische Parteien usw. Für Charles Taylor, ein einflussreicher Kommunitarist, kann sich ohne solche Institutionen gar keine Identität ausbilden, die der Liberalismus voraussetzt: Ein Mensch, der sich in der Gesellschaft als freies und autonomes Wesen sieht, das seine Rechte einfordert. Um das zu lernen, braucht es Kultur. Schon deshalb sollten Gemeinschaft und Freiheit in der Politik den gleichen Rang haben. Weil kulturelle Institutionen aber nicht ohne weiteres von selbst aus dem Boden schießen, muss die Politik sie schaffen oder fördern.

Ein weiteres wichtiges Element von Gemeinschaft ist eine gemeinsame Sprache, die durchaus nicht selbstverständlich ist, sondern gegebenenfalls auch gefördert werden muss. Ein anderer bedeutender Aspekt von Gemeinschaft ist Solidarität. Wenn wir in keiner Ellbogengesellschaft leben wollen, sollten wir füreinander einstehen. Wir sollten insbesondere denen helfen, die sich selbst nicht helfen können, weil sie Behinderungen haben, arm, krank oder alt sind.

Für Michael Sandel, einem anderen einflussreichen Kommunitaristen, ist es auch deshalb wichtig, dass es in der Gesellschaft ein Wir-Gefühl gibt. Menschen sind aus seiner Sicht so gebaut, dass sie ohne ein Wir-Gefühl keine große Neigung haben, anderen etwas von ihrem Einkommen abzugeben. Der Liberalismus konzipiert den Menschen aber als ›ungebundenes Selbst‹, als freie Atome, die sich nach Belieben binden und wieder lösen können. Ein solches Selbstbild wirkt sich auf Gemeinschaft und Solidarität aber zerstörerisch aus.«

»Das bedeutet aber auch, zugunsten von Gemeinschaft auf Freiheiten manchmal zu verzichten. Muss man also einen Verlust von Freiheit in Kauf nehmen?«

»Auf den ersten Blick schon. Wenn man einer alten Frau hilft, die Einkaufstüten nach Hause zu tragen, kann man die Zeit nicht anderweitig nutzen. Das gleiche gilt für finanzielle Hilfen, wie Abgaben für die Sozialhilfe. Aus dieser Sicht ist politische Gemeinschaft aber eine Voraussetzung von Freiheit. Gemeinschaft schafft Freiheit. Auf sich alleine gestellt hat man wenig Freiheiten.

Es ist aber richtig, dass Kommunitaristen es als notwendig ansehen, auch Grundfreiheiten manchmal der Gemeinschaft unterzuordnen. Charles Taylor hat beispielsweise vorgeschlagen, dass im französischsprachigen Teil Kanadas der Besuch einer französischsprachigen Schule verpflichtend sein soll. Ansonsten besteht die Gefahr, dass die Bindung an die gewachsene französischsprachige Gemeinschaft in Quebec verloren geht. Dadurch ist die freie Wahl der Schule natürlich eingeschränkt.

Kommunitaristen haben sich auch viele Gedanken über die globale Bewegungsfreiheit und globale Demokratie gemacht. Es ist möglich, dass die Gemeinschaft und das Wir-

Gefühl und damit auch Freiheiten durch die Globalisierung beeinträchtigt werden. Aber das ist eine große Diskussion, über die wir vielleicht ein anderes Mal genauer sprechen sollten.«

»Eine Einschränkung von Freiheiten werden Liberale sicher ablehnen, außer es geht um Leben und Eigentum.«

Freiheiten müssen verhandelt werden – der Rechtfertigungsliberalismus

»Das ist nicht richtig. Damit kommen wir zu einer Kritik, der im Liberalismus gegen den rechtslibertären Minimalstaat vorgebracht wurde. Das Problem ist, dass Freiheiten sehr leicht miteinander in Konflikt geraten können. Die eine hört gerne den ganzen Tag laute Musik, der andere arbeitet gerne konzentriert an seinen Gedichten. Laute Musik hindert ihn daran. Gesetze, die das Produzieren von Lärm einschränken, widersprechen deshalb nicht dem Liberalismus. Sie sind ein Kompromiss zwischen verschiedenen Freiheiten.

Solche Konflikte gibt es in allen Lebensbereichen. Wenn es keine Ampeln gibt, kann man zu Stoßzeiten auf der Hauptstraße nicht mehr über die Straße gehen. Wenn es keine Umweltgesetze gibt, kann man im Fluss nicht mehr baden, weil er vergiftet ist. Auch das Eigentum ist davon betroffen: Wenn wenige Reiche alles besitzen, haben alle anderen keine Bewegungsfreiheit mehr. Ein Minimalstaat kann ein sehr unfreier Staat sein. Die Frage, wann Privateigentum legitim ist, hat demnach viel mit Freiheit und Demokratie zu tun.«

»Wie soll man dann bestimmen, welche Freiheiten gelten?«

»Viele Liberale wollen dieses Problem durch Verfahren lösen. Es sollen diejenigen Freiheiten gelten, auf die sich alle in Verhandlungen geeinigt haben. Ein einflussreicher Vertreter dieser Idee ist der amerikanische Philosoph John Rawls. Aus seiner Sicht würde sich die Gesellschaft dann nicht nur auf typische Grundfreiheiten westlicher Verfassungen einigen, sie würde auch beschließen, dass Vermögen zugunsten der Schwächsten umverteilt werden soll, sofern diese Politik ihre Lage verbessert. Denn Vermögen ist nicht automatisch auch verdient, sondern hängt auch von Zufällen wie reichen Eltern oder Begabung ab. Steuern zur Umverteilung sind dann also kein Diebstahl, sondern vergrößern Freiheit der Gesellschaftsmitglieder insgesamt.

Das sind Gründe, warum in der Philosophie viele Liberale den libertären Minimalstaat ablehnen. Auch die Ungleichheit muss in der Politik verhandelt werden. Wer für Demokratie ist, muss finanzielle Einschränkungen von Freiheit folglich akzeptieren.«

»Wenn Verhandlungen zwischen allen Gesellschaftsmitgliedern so wichtig sind, dann war Rawls sicher ein Verfechter direkter Demokratie.«

Keine Freiheit ohne politisch aktive Gemeinschaft – der Republikanismus

»Nein, das kann man so nicht sagen. Die Grundfreiheiten, auf die sich die Gesellschaft einigen würde, entwarf Rawls an seinem Schreibtisch. Er hat sich eine Verhandlung vorgestellt, die praktisch undurchführbar ist: Alle Teilnehmenden sind einer zeitweiligen Amnesie ausgesetzt. Sie wissen nicht mehr, welche soziale Stellung sie haben, welche Begabungen, Vorlieben usw. Damit wollte er vermeiden, dass sich jemand mit diesem Wissen in der Verhandlung einen Vorteil verschafft. Das ist ein kluger Gedanke, macht die Verhandlung aber nicht zu einer Verhandlung zwischen realen Menschen, die Rechte besitzen.«

»Welche Freiheiten gelten, soll also von idealisierten Menschen entschieden werden?«

»So kann man das auch ausdrücken. Eine radikale Gegenposition dazu vertritt die deutsche Philosophin Ingeborg Maus: Die Grundlage der Demokratie bilden reale Menschen, die natürliche Rechte haben. Nur sie können folglich der Verfassung und den Gesetzen Legitimität verleihen, wobei Maus Volksvertreter dabei nicht grundsätzlich ablehnt. Sie sollten die Gesetze aber so konkret wie möglich formulieren, ohne Bezug auf abstrakte Freiheitsrechte, wie sie Rawls bestimmt hat. Das nennt man auch Rechtspositivismus. Unbestimmte Gesetze können Regierung, Justiz und andere Expertengremien beliebig auslegen. Sie machen was sie wollen. Rechtsstaat und Volkssouveränität und damit die politische Freiheit der realen Menschen werden untergraben. Das Problem wird verschärft, wenn Verfassungsrichter wie in den USA auf Lebenszeit gewählt werden, die natürlich auch rassistisch und antidemokratisch handeln können.

Maus, die sich auf Jean-Jacques Rousseau und Immanuel Kant beruft, wird wie diese zum Republikanismus gezählt. Damit sind wir beim politischen Verständnis von Freiheit: Ein freies Land ist ein Land, in dem sich die politische Gemeinschaft selbst regiert. Eine wichtige Inspiration dafür ist die athenische Demokratie.«

»Inwiefern?«

»Im antiken Griechenland war ein politisches Verständnis von Freiheit nicht nur verbreitet, sondern wurde auch als Ideal angesehen. Als die Griechen sich gegen das monarchische Persien verteidigten, ging es ihnen nicht nur um ihre Unabhängigkeit. Nach dem griechischen Historiker Herodot wollten sie vor allem ihre politische Freiheit verteidigen. Für ihn waren die Griechen ein ›freies Volk‹. Was unterscheidet aber ein freies Volk von der Monarchie? An einer berühmten Stelle seiner Historien lässt Herodot verschiedene Perser darüber diskutieren, welche Staatsform Persien in Zukunft haben soll. Einer von ihnen, Otanes, verteidigt die Demokratie. Eine Monarchie führe nur dazu, dass die Macht den König korrumpiert – selbst, wenn er die moralischste Person auf der Welt ist. Dieses Problem kann nur in einer Demokratie gelöst werden, denn Demokratie bedeutet ›rechenschaftspflichtige Regierung, die alle ihre Entscheidungen dem gewöhnlichen Volk zuweist‹.[7] Ganz ähnlich äußerte sich der athenische Staatsmann Perikles, den der Historiker Thukydides folgendermaßen zitiert: ›Unsere Verfassung wird Demokratie genannt, weil die Macht nicht in den Händen einer Minderheit, sondern in den Händen des ganzen Volkes liegt ... Niemand, der in der Lage ist, der Polis zu dienen, wird wegen seiner Armut politisch in Bedeutungslosigkeit gehalten ... Hier ist jeder nicht nur an seinen eigenen Angelegenheiten interessiert, sondern ebenso an den Angelegenheiten der Polis.‹[8] Perikles fügt hinzu, dass ein Mann, der sich nicht für Politik interessiert, als jemand angesehen wird, der überhaupt kein Geschäft hat. Damit wird zweierlei deutlich: Ein politisch aktives Leben zu führen war in Athen sozusagen ›in‹. Sich lediglich um die Arbeit und die Freizeit zu kümmern wurde sogar verachtet. Arbeit war etwas für Sklaven, Frauen und Metöken, also Fremde ohne politische Rechte. Darüber hinaus gab es aber auch Institutionen, die politischen Einfluss direkt in die Hände der Bürger legte.«

»Wie kann man sich das vorstellen?«

»Jeder freie Mann hatte in der Volksversammlung das gleiche Stimmrecht und Rederecht, unabhängig von seinem Vermögen. Die Volksversammlung hatte umfassende Kompetenzen: Sie beschloss die Gesetze und entschied unter anderem über Krieg und Frieden, Steuern und die Verleihung von Bürgerrechten. Öffentliche Ämter wurden überwiegend durch das Losverfahren bestimmt, mit dem man unter anderem Korruption und Seilschaften verhindern wollte. Für den Historiker Moses Finley herrschte in Athen das Volk in einem ›buchstäblichen Sinne‹ über sich selbst. Ich will die athenische Demokratie damit natürlich keinesfalls idealisieren. Sklaven, Metöken und Frauen hatten politisch nichts zu sagen. Sie wurden unterdrückt. Was die freien Bürger betrifft, war jedoch in Athen ein vollkommen anderes Verständnis von Freiheit etabliert als Constant es vertrat.«

»Sollen wir folglich also auch Volksabstimmungen und Losverfahren in Deutschland einführen?«

»Es gibt eine Vielfalt unterschiedlicher Vorschläge, wie man die Demokratie direkter machen und Korruption begrenzen kann: Volksabstimmungen, Bürgerräte, Losverfahren, die Möglichkeit eines Misstrauensvotums gegen Abgeordnete, die Begrenzung von Amtszeiten im Parlament, eine digitale Demokratie, in der der das gesamte Volk das Parlament bildet. Das ist eine wichtige Frage, die im Liberalismus wie im Republikanismus diskutiert wird. Mir ging es hier vor allem um das republikanische Selbstverständnis der Bürger: Sie sind die Autoren der Politik. Es ist Teil ihrer Freiheit, ihr Gemeinwesen zu gestalten und sie tun dies nicht nur, indem sie in großen Abständen einen Zettel in einen Kasten werfen.«

»Ich denke, dieses Selbstverständnis dürften die meisten so tatsächlich nicht haben. Entweder sie führen ein Leben für Freizeit und Konsum oder sie sind wie Leons Eltern resigniert. Sie können sich kaum noch vorstellen, dass es anders sein könnte. Auch in der Schule und den Medien wird man kaum dazu motiviert. Ich kenne keine Fernsehserie, in der junge, politische Aktivisten die Hauptpersonen sind, die etwas durchsetzen wollen. Meistens geht es um Liebe oder Verbrechen. Die ›sozialen‹ Netzwerke dienen äußerst selten gemeinsamem politischen Engagement. Sie fördern kurzweilige Unterhaltung und Selbstdarstellung.«

»Das wird als neoliberale Kultur bezeichnet. Dabei war das nicht immer so. Es gab in der Geschichte immer wieder Phasen, in der verschiedene Gesellschaftsschichten politisch aktiv waren und die Idee eines politisch aktiven Lebens propagierten. Zum Beispiel in der römischen Republik, in der Renaissance und Aufklärung, in der Amerikanischen Revolution, in der Französischen Revolution, in der Frauen- und Arbeiterbewegung des 19. und 20. Jahrhunderts, in der Bürgerrechts- und Studentenbewegung der 68er. Während der Studentenbewegung wurden autoritäre Verhältnisse in der Gesellschaft von vielen in Frage gestellt, die aus ihrer Sicht zum Faschismus, zum Kolonialismus und zur Unterdrückung von Schwarzen und anderen Minderheiten geführt hatten. Die Menschen dieser Bewegungen schlossen sich zusammen und gingen auf die Straße, um zu demonstrieren. Die Arbeiterbewegung ist auch insofern interessant, weil sie einen Aspekt politischer Freiheit besonders betonte: die Freiheit, die Wirtschaft zu gestalten.«

»Hat das Hayek nicht als Gefahr für die Demokratie angesehen?«

Keine Freiheit ohne öffentliche Gestaltung der Wirtschaft

»Ja. Für die Arbeiterbewegung war das Heraushalten der Politik aus der Wirtschaft aber das Gegenteil von Freiheit und Demokratie. Die Arbeiter wollten nicht, dass die Reichen über sie herrschen. Mit der Industrialisierung gerieten immer mehr Menschen in die Abhängigkeit von profitorientierten Unternehmen. Das wurde von vielen als eine neue Form der Unfreiheit, ja der Sklaverei angesehen. Sie waren dem Willen der Unternehmer ausgeliefert, was ihre ärmlichen Löhne, die horrend langen Arbeitszeiten und ihren fehlenden Schutz vor Kündigungen betraf. Sie hatten nichts zu sagen, sondern waren lediglich Befehlsempfänger. Das war für sie ein ungekanntes Maß an Abhängigkeit und Unselbstständigkeit, das ihrem Bild als freie Menschen widersprach. Sie begannen gegen wirtschaftliche Unterdrückung zu demonstrieren und sich in Gewerkschaften und Parteien zusammenzuschließen. Politische Freiheit sollte auf die Wirtschaft ausgedehnt werden. Die Wirtschaft mitgestalten zu können, das war für sie Demokratie.«

»Also Unternehmen, in denen nicht nur der Chef oder die Aktionäre etwas zu sagen haben, sondern die wie kleine Demokratien funktionieren?«

»Es gibt verschiedene Modelle demokratischer Unternehmensführung, die auch in die Praxis umgesetzt wurden und werden. Die Forderungen der Arbeiter umfassten aber auch eine demokratische Gestaltung der gesamten Wirtschaft. Ein Grund für ihren Ärger war eine lange Wirtschaftskrise, die große Depression Ende des 19. Jahrhunderts. Sie machten die Politik für ihre üble Lage mitverantwortlich, die entweder untätig geblieben war oder die Interessen reicher Unternehmer bedient hatte. Die Politik sollte in die Wirtschaft eingreifen, um Wirtschaftskrisen abzuwenden und Ungerechtigkeiten auszugleichen. Andere gingen noch weiter und wollten private, profitorientierte Unternehmen vergesellschaften.

Die verschiedenen Gruppen und Strömungen hatten so unterschiedliche Namen wie Progressive, Sozialdemokraten, Sozialisten, Populisten oder Radikale. Für sie war die Freiheit der rechten Liberalen eine falsche Freiheit, ein falsches Wort für die Interessen der reichen Unternehmer. Im Unterschied zu denen war ihr politischer Einfluss verschwindend gering. Die Folgen der Industrialisierung hatten gezeigt, dass Demokratie auf die Wirtschaft ausgedehnt werden musste. Auch forderten sie eine solidarischere Einstellung in der Gesellschaft. ›Wohlstand erlangen und alles außer sich selbst vergessen‹ sei der neue Geist der Epoche, wurde in den USA kritisiert.

Für Sozialisten wie Pierre-Joseph Proudhon oder Karl Marx kam soziale Freiheit überhaupt erst durch eine solidarische Gemeinschaft zustande. Wenn Menschen aneinander Anteil nehmen, ermöglichen sie sich gegenseitig, Freiheit zu verwirklichen. Das hielten sie aber nur in einer vergemeinschafteten Wirtschaft für möglich.«

»Hatte die Arbeiterbewegung mit ihren Forderungen Erfolg?«

»Es gibt nur wenige Fälle, in denen die westliche Politik bereit war, Unternehmen ernsthaft zu demokratisieren, wie die Montanunion in Deutschland nach dem Zweiten Weltkrieg. Allerdings ging die Politik zeitweise auf verschiedene Forderungen ein, um die Arbeitsbedingungen zu verbessern. Eine sehr bekannte Phase staatlicher Eingriffe in die Wirtschaft ist der New Deal unter dem amerikanischen Präsidenten Franklin Delano Roosevelt. Roosevelt reagierte damit auf die Weltwirtschaftskrise von 1929, die zu großen Demonstrationen geführt hatte. Er konnte sich mit seinem Programm gegen die rechten Liberalen durchsetzen.

In einer Rede betonte er, er verwerfe eine Rückkehr zu ›der Definition von Freiheit, unter der für viele Jahre ein freies Volk schrittweise in den Dienst der privilegierten Wenigen gestellt wurde‹ und bevorzuge eine breitere Definition von Freiheit, die zu einer größeren Freiheit führe als es sie in Amerika je gab.[9] Die 1950er- und 1960er-Jahre, in denen viele Maßnahmen Roosevelts Bestand hatten, waren mit erheblichem wirtschaftlichem Wachstum und wirtschaftlicher Stabilität verbunden. Die soziale Ungleichheit wurde verringert.«

»Wie haben rechte Liberale auf den New Deal reagiert?«

»Sie haben versucht, diese Art von Wirtschaftspolitik zurückzudrängen. Unter anderem, indem sie Intellektuelle wie Hayek förderten. Seit den 1970er-Jahren des letzten Jahrhunderts konnten sie sich in der Politik, wie schon gesagt, zunehmend durchsetzen. Ihnen kam entgegen, dass sich in der Sowjetunion eine autoritäre Version das Kommunismus durchgesetzt hatte. Sie setzten den Kommunismus und Sozialismus mit autoritärer Herrschaft oder Stalinismus gleich, obwohl Lenin mit seinem Konzept hierarchischer Parteiherrschaft schon vor seiner Revolution am rechten Rand der sozialistischen Bewegung gestanden hatte. Lenin wurde dafür von Rosa Luxemburg, Karl Kautsky und vielen anderen der sozialistischen Bewegung scharf kritisiert. Auch Karl Marx hätte das sicher getan, der mit der Pariser Kommune sympathisiert hatte.«

»Was ist das?«

»Während des Deutsch-Französischen Krieges etablierte sich in Paris 1871 eine sozialistische Rätedemokratie, die sich allerdings nur für 72 Tage halten konnte und blutig niedergeschlagen wurde. Dabei half sogar die deutsche der französischen Regierung, die eigentlich gegeneinander kämpften. Vielen Sozialistinnen gilt die Pariser Kommune bis heute als eine der wenigen kurzen Phasen der europäischen Geschichte, in denen die wirtschaftlich unterdrückten Gesellschaftsschichten politische Gestaltungsmacht hatten. Das war natürlich auch in Athen nicht der Fall gewesen, dessen Wirtschaft auf der Unterdrückung der Schwachen beruhte.

Doch solche Ideen mussten der Bevölkerung gründlich ausgetrieben werden. Mit der Verteufelung von Sozialdemokratie, Sozialismus, Kommunismus und allem was ›links‹ ist, waren rechte Liberale und Konservative so erfolgreich, dass sich linke Intellektuelle zunehmend davon verabschiedeten, gegen wirtschaftliche Unterdrückung zu kämpfen. Die sogenannte postmoderne Linke machte mehr und mehr die Unterdrückung sexueller und ethnischer Identitäten zu ihrem Hauptthema. In der westlichen Politik verabschiedeten sich sozialdemokratische Parteien von einer sozialdemokratischen Wirtschaftspolitik und wandten sich dem Neoliberalismus zu. Die Unterdrückung der sozial Schwachen, wie Leons Familie, nahm wieder zu. Dabei ist es im Großen und Ganzen geblieben.«

»Ich denke, das kann man auch in meiner Generation noch spüren. Das Wort ›links‹ hat für viele etwas Uncooles, obwohl sie nicht sagen können, was es genau bedeutet. Dass Kommunismus etwas mit Demokratie zu tun haben könnte, klingt geradezu absurd.«

»Über das Verhältnis von Wirtschaft und Demokratie lernt man in der Schule wenig.«

»Aber noch einmal zu einer anderen Frage: Wenn die Bevölkerung die Gestaltungsmacht in der Politik haben soll, wie reagiert man dann auf den Vorwurf mangelnder Kompetenz?«

Eine andere Geschichte von Freiheit und Demokratie

»Mit dieser Frage sollten wir uns vielleicht ein anderes Mal beschäftigen. Die Gegenposition lautet natürlich nicht, dass eine Pflegerin in Umweltfragen genauso kompetent ist wie eine entsprechend studierte Ministerin. Hier geht es insbesondere darum, wie die demokratische Öffentlichkeit, die Medien und die Wissenschaft insgesamt funktionieren und ob Macht und Reichtum einen großen Einfluss darauf haben. Für manche sind die Medien und die Öffentlichkeit sogar das entscheidende Element der Demokratie. Denn wenn der Informationsfluss gestört ist, ist auch alles andere beschädigt. Erinnere dich an das grundlegende Problem von Macht, das Herodot Otanes sagen lässt.«

»Macht korrumpiert selbst den moralischsten Menschen der Welt.«

»Was schon Herodot wusste, ist heute durch viele psychologische Studien belegt. Doch dann werden bei Entscheidungen Machtinteressen und nicht Klugheit den Ausschlag geben. Für Herodot war Demokratie eine Möglichkeit, dieses Problem zu lösen. Sie ist keine perfekte Lösung, aber besser als alle anderen. Dann müssen aber auch die Bürgerinnen und Bürger das Sagen haben. In der Schule wird meistens gelehrt, dass dieses Ziel mit der Amerikanischen Revolution im Großen und Ganzen erreicht wurde. Eine andere Perspektive sollte aber ebenfalls behandelt werden: Die Revolution blieb unvollendet. Es wurden Freiheiten gewährt, die Macht und das Geld der Wenigen spielen in der Politik aber immer noch die entscheidende Rolle.

Die verfassunggebende Versammlung der Gründerväter hatte kein öffentliches, demokratisches Mandat und tagte geheim, hinter verschlossenen Türen und vernagelten Fenstern. Was in den Federalist Papers bereits deutlich wird, bestätigen die Protokolle der Versammlung: Die Gründerväter waren um den Erhalt ihres Status und ihres Eigentums besorgt. Sie hätten mehrheitlich ein vom Vermögen abhängiges Wahlrecht befürwortet, befürchteten aber, die Verfassung würde dann abgelehnt. Madison wollte die Grundeigentümer in der Verfassung so verankern, ›dass die Interessen der Minderheit der Reichen vor der Mehrheit geschützt sind‹. Es gelang ihnen, den Einfluss der breiten Bevölkerung auf die Politik durch die Gestalt ihrer Verfassung zu beschränken. Wenige Jahre nach ihrer Verabschiedung war es Madison selbst, der Thomas Jefferson warnte: ›Die Stockjobber‹ (die heutigen Börsianer) ›werden die Prätorianerbande der Regierung werden, zugleich ihr Werkzeug und ihr Tyrann; bestochen durch ihre Freigebigkeit, und sie einschüchternd, durch Geschrei und Zahlenakrobatik.‹[10]

Dieser ungleiche Einfluss wird heute durch empirische Studien belegt: Die Unter- und Mittelschicht haben in den USA kaum Einfluss auf politische Entscheidungen. Den verhältnismäßig größten Einfluss haben Konzerne. Ähnliches lässt sich für Deutschland sagen. Leider haben sich, wie die republikanische Philosophin Hannah Arendt betonte, die Intellektuellen meistens auf die Seite der Wenigen geschlagen. Das begann bereits in der Antike: Sokrates, Platon und Aristoteles äußerten sich ablehnend bis verächtlich über die Herrschaft des ›Pöbels‹ in Athen.

Der ›Pöbel‹ hat jedoch einige Gegenargumente in der Hand: Die große Politik hat viele der Freiheiten und Sicherheiten, auch für Minderheiten und unterdrückte Völker, die wir heute als selbstverständlich ansehen, nicht freiwillig gewährt, sondern nur unter dem Druck einfacher Menschen. Sie haben in großen sozialen Bewegungen, nicht selten unter dem Einsatz ihres Lebens, dafür gekämpft. Die allermeisten von ihnen sind heute vergessen. Fridays for Future ist ein jüngeres Beispiel dafür.

Um auf Cicero zurückzukommen: Angesichts des geringen Einflusses der Wählerinnen auf die Gewählten ist die Frage verständlich, wie groß in dieser Hinsicht eigentlich der Unterschied zur Monarchie ist. Denn auch ein König kann auf den Willen des Volkes eingehen. Damit haben wir in Europa aber sehr schlechte Erfahrungen gemacht. Die demokratische Antwort lautet, dass die unterdrücken Gesellschaftsschichten für ihre Freiheit genug Druck ausüben müssen – und diejenigen sie dabei unterstützen sollten, die das Unrecht einsehen.«

»Ich habe noch eine Menge Fragen. Mir scheint aber, was du erklärt hast, sollte Leon auf jeden Fall auch hören. Er und seine Familie gehören zu denen, die politisch offensichtlich nicht mehr als das fünfte Rad am Wagen sind. Vielleicht kannst du auch mit ihm sprechen.«

»Wenn er interessiert ist, natürlich. Dann sollte er das Lateinlernen aber ebenfalls verbessern. Am besten mit dir zusammen.«

»Das machen wir! Versprochen!«

Dann gab mir Sophie noch eine Übersicht zum Spektrum möglicher Positionen zur Demokratie. Ich sollte anfangen zu recherchieren, wo die Parteien stehen und wie die Medien dazu Stellung nehmen. Manche ihrer Aufzeichnungen betrafen auch die Demokratie in der Wirtschaft, in der globalisierten Welt und in den Medien. Hier sind zwei davon. Bei der ersten fiel mir auf, dass Leons Familie es sich gar nicht leisten kann, in die Hauptstadt zu fahren, um zu demonstrieren. Wir hingegen könnten das jede Woche, wenn wir wollten. Aber das ist nicht die Art meines Vaters, wenn er etwas politisch durchsetzen will …

Wo stehen Parteien und Medien?

Positionen, Begriffe, Argumente

In der Tradition des **Liberalismus** liegt der Schwerpunkt zum Schutz von Freiheit im Schutz des Einzelnen und seines Eigentums vor dem Staat und der Gemeinschaft. Expertengremien werden zu diesem Schutz einer aktiven Zivilgesellschaft nicht selten vorgezogen. In der Tradition des **Republikanismus** geht die größere Gefahr für die Freiheit von unkontrollierter Macht und ökonomischer Ungleichheit aus. Freiheit wird vielmehr durch die politisch aktive Gemeinschaft, die über sich selbst regiert, erst geschaffen.

Aspekte der liberalen Tradition:

- **John Locke** gilt als Begründer des **Liberalismus**. Nach Locke wird der Staat gegründet, um das Leben und das Eigentum seiner Bürger zu schützen, die ihn durch einen gemeinsamen Vertrag legitimieren. Die Freiheit des Naturzustands beinhaltet die politische Unabhängigkeit von anderen, d. h. einer Gemeinschaft.
- **Benjamin Constant** sprach sich gegen eine politisierte Bevölkerung und für einen Minimalstaat aus. Der auf den Schutz von Leben und Eigentum beschränkte Minimalstaat wird auch im **rechten Libertarismus** befürwortet.
- Nach den **Federalists** – Mitverfasser der amerikanischen Verfassung – sind die Kaufleute die prädestinierten Vertreter anderer Berufe im Parlament. Die Volksvertreter zeichnen sich dadurch aus, dass sie politisch erfahrener, kenntnisreicher, weitsichtiger, tugendhafter und besonnener als die Allgemeinbevölkerung sind. Im Zweifelsfall ist es richtig, wenn sie entgegen dem Mehrheitswillen entscheiden. Da die Verfassung Ausdruck des Volkswillens ist, soll das Oberste Gericht Gesetze der Legislative für ungültig erklären, wenn sie der Verfassung widersprechen. Verfassungsänderungen sollten der Legislative generell erschwert werden.
- Das Modell der **Elitendemokratie** weist der politisch inkompetenten Bevölkerung eine passive Rolle zu. **Josef Schumpeter** zur Folge braucht es in der Politik wie in Unternehmen charismatische Führungspersönlichkeiten. Damit die Fähigsten die Ämter bekommen, sollte Politik wie ein Wettbewerb organisiert werden. Die Rolle der Bevölkerung ist dabei, in bestimmten Perioden wählen zu gehen.
- Nach **Friedrich August von Hayek**, einem Ökonomen der österreichischen Schule bzw. des **Neoliberalismus**, ist der freie Markt Garant einer freien Gesellschaft. Staaten tendieren hingegen dazu, sich aufzublähen und totalitär zu werden. Deshalb sollten die Anreize beschränkt werden, auf die Wünsche der Bevölkerung einzugehen. In *Der Weg zur*

Knechtschaft plädiert er dafür, dass die Bürger nur einmal im Leben zur Wahl gehen dürfen.

- Nach dem **Rechtfertigungsliberalismus**, der u. a. von **John Rawls** vertreten wurde, gelten diejenigen Rechte und Prinzipien, auf die sich die politische Gemeinschaft geeinigt hat. Zu diesen zählt Rawls auch die ökonomische Umverteilung.

Aspekte der republikanischen Tradition:

- Nach dem **Republikanismus** ist der Mensch auf Gemeinschaft angelegt und von Gemeinschaft abhängig. Politische Gemeinschaft führt zu Freiheit, denn erst die Gemeinschaft kann Bedingungen schaffen, die dem Einzelnen Sicherheit und Entfaltungsmöglichkeiten bieten. **Charles Taylor** zur Folge, einem Vertreter des **Kommunitarismus**, muss die Gemeinschaft (der Staat) Institutionen schaffen, die unabdingbare Voraussetzung für die Ausbildung einer demokratischen Identität sind.
- Für **Ingeborg Maus** sind abstrakte Werte, wie sie Rawls formuliert hat, in Gesetzestexten eine Gefahr für die Demokratie, da sie von der Exekutive und Judikative beliebig ausgelegt werden können und damit der Durchgriff der Legislative – des Volkes – auf die gewalthabenden Staatsapparate untergraben wird (**Rechtspositivismus**).
- Eine Inspiration für den Republikanismus ist die **athenische Demokratie**, in der der politisch aktive Bürger angesehen war. Die Gemeinschaft der Freien regierte durch eine Reihe basisdemokratischer Institutionen »in einem buchstäblichen Sinn« über sich selbst. Für Errungenschaften politischer Freiheit und sozialer Gerechtigkeit haben **soziale Bewegungen** wie die Arbeiter-, Studenten- und Bürgerrechtsbewegung die entscheidende Rolle gespielt.
- Mit der Industrialisierung wurden in der **Arbeiterbewegung** politische Forderungen nach Demokratisierung auf die Wirtschaft ausgedehnt. Dies betraf sowohl die demokratische Organisation von Unternehmen als auch die demokratische Gestaltung der Gesamtwirtschaft.
- Nach der Einschätzung republikanisch orientierter Intellektueller ist die Gegenwart durch eine Dominanz des Neoliberalismus und Elitismus geprägt, die mit einer Marginalisierung der Mittelschicht und insbesondere der sozial Schwachen einhergeht.

3. Eigentum und Demokratie

Leon: »Das Geld gehört uns!«

Wir saßen beim Essen, als der Gutachter kam. Nur Alex fehlte noch, aus dem Kinderzimmer drangen die Pings und Pongs unserer Spielkonsole. »Alex, kommst du?«, rief mein Vater, während meine Mutter die Chicken Nuggets auf den Tellern verteilte. Sie gab sich Mühe, allen gleich viel zu geben. Chicken Nuggets mit Pommes war eine Art Festessen für mich, denn meine Mutter war sehr darauf bedacht, uns gesund zu ernähren.

Das war bei unserem äußerst knappen Budget nicht nur schwer, es war unmöglich. Ideal seien mindestens zwanzig verschiedene Früchte und Gemüsesorten pro Woche, hatte Lukas' Mutter einmal erklärt. Meine Mutter hatte interessiert genickt und dabei ihre Scham unterdrückt. Für eine gesunde Ernährung hätten wir uns in der zweiten Hälfte der Woche von der abblätternden Tapete ernähren müssen, die sich bereitwillig anzubieten schien, unsere oftmals leeren Mägen zu füllen. Das Sozialamt war offenbar der Auffassung, Arbeitslose und deren Kinder seien von besonders robuster Gesundheit. Ich wollte mir allerdings nicht vorstellen, dass sie dort der Auffassung waren, uns unser tristes Dasein durch einen früheren Tod erleichtern zu müssen.

Das war aber längst nicht alles. Wenn auch gut gemeint, ließ es sich Lukas' Mutter nicht nehmen, unsere bescheidene Küche in ein noch ungünstigeres Licht zu tauchen: Eine gesunde Ernährung sei auch für die psychische Ausgeglichenheit wichtig. Die hinge nämlich nachweislich mit einer vielfältigen Darmflora zusammen. Was das betrifft, war die strenge Haushaltsführung des Sozialamts zweifellos ein Programm für hart gesottene Masochisten. Ausgaben für Lebensmittel standen in direkter Konkurrenz zu vielen Dingen, die die meisten als selbstverständlich ansehen, um sich als Mensch fühlen zu können.

Wer dies bezweifelt, sollte sich fragen, wie viel von seinem seelischen Gleichgewicht übrig bleibt, wenn die dreißigste Absage auf eine Bewerbung gekommen ist. Wenn die sauer ersparten Rücklagen endgültig aufgebraucht sind. Wenn die Freunde sich immer seltener melden, weil man sich all die Aktivitäten, die früher Gesprächsstoff lieferten, nicht mehr leisten kann. Wenn nach der Spülmaschine auch noch die Waschmaschine kaputtgegangen ist und die Finanzierung einer neuen in unabsehbarer Ferne liegt. Wenn man für alles, was noch Abwechslung in den eintönigen Alltag bringen könnte, jeden Pfennig umdrehen muss. Aber waren Zucker, Fett und Salz in einer solchen Lage nicht ohnehin viel effektiver, das seelische Gleichgewicht zu erhalten? So auch heute.

»Ich wette, die kreuzen hier auf, wenn ich den ersten Bissen im Mund habe«, knurrte mein Vater und hielt meiner Mutter erwartungsvoll den Teller hin. Meine Mutter starrte einen Moment lang aus dem Fenster und zog die Haut über ihrem Hals lang. »Ach komm, wir lassen uns jetzt davon nicht aus der Fassung bringen. Noch ist nichts entschieden«, erwiderte sie leise aufmunternd und hievte ein paar Nuggets auf seinen Teller.

Ping, Ping, Pong, Riäääh, tönte es aus dem Kinderzimmer. »Alex, das Essen steht auf dem Tisch!«, rief mein Vater fordernder, aber immer noch zurückhaltend. Er testete Alex' Gemütszustand, der ihn neulich zum ersten Mal tätlich angegriffen hatte, denn mein Vater hatte der Konsole den Stecker gezogen. Das Spielgerät war ein immerwährender Streitpunkt zwischen ihnen. Mein Vater konnte es nicht mitansehen, wie Alex über der Konsole die Schule völlig vernachlässigte. »Ohne Fleiß, keinen Preis!«, rief er dann immer und mit dem Preis waren auch die Stromkosten der Konsole gemeint. Vierzig bis fünfzig Euro im Jahr klingen vielleicht nicht viel. Aber für uns, die beim Einkaufen auf Centbeträge achteten, um über die Runden zu kommen, war es das. Alex wiederum konnte nicht ohne die Konsole. Sie ermöglichte ihm die Flucht aus einer Welt, in der wir keinen Platz hatten und die uns verachtete. Mein Vater wollte schon wütend auffahren, als Alex mit müdem Gesicht im Wohnzimmer erschien und sich auf seinen Stuhl fallen ließ. Dann klingelte es.

Die Klingel schellte unverkennbar nach Herrn Krupp, dem Hausverwalter, der seine hohe Meinung von uns stets durch ein anhaltendes Warnsignal zum Ausdruck brachte. Als wäre uns der drohende Verkauf nicht Warnung genug gewesen! Wie oft habe ich mir gewünscht, dieser schrille Ton würde durch ein freundlicheres Dingdong ersetzt. Noch lieber wäre es mir aber gewesen, man hätte die Klingel und den Briefkasten ganz entfernt. Denn dort draußen lauerte die ständige Bedrohung, unsere fragile Existenz könnte ganz vernichtet werden.

Meine Mutter führte die Hand zum Hals, während mein Vater wütend das Messer auf den Tisch warf und sich widerwillig von seinem Stuhl erhob. Alex hingegen nahm seinen Teller, häufte noch ein paar Pommes darauf, und rannte ins Kinderzimmer zurück.

Herr Krupp erschien mit zwei Männern, einem Anzugträger mit Lackschuhen, der viel redete, und einem normal gekleideten, der wenig redete, aber alles penibel auf ein Klemmbrett notierte. Der Anzugträger, ein Herr Rasch, schien in ein Gespräch mit Herrn Krupp verwickelt: »Man zeigt nach oben und will es von den Leistungsträgern nehmen«, sagte Rasch bestimmt. »Aber für was der Staat seinen Haushalt rausballert, das ist doch völlig ineffizient. Kinder sind Gottesgeschenke. Und wie werden die Kinder, die hier leben, behandelt? Kein Geld für ein warmes Mittagessen, kein Geld für die Klassenfahrt. Aber Kinder sind unsere Rohstoffe. Das ist das Kapital unserer Gesellschaft. Wenn ich da auf andere Länder schaue, wird mir Angst um Deutschlands Zukunft. Das bekomme ich in meinem Unternehmen zu spüren. Bildung würde von den Privaten effizienter organisiert, da können Sie sich sicher sein.«[11] Er begrüßte mich mit einem »Schönen guten Tag«, aber seine Augen blickten skeptisch, als wäre er sich plötzlich nicht mehr sicher, ob Gott mit meiner Wenigkeit dem deutschen Unternehmertum einen brauchbaren Rohstoff geschenkt hatte.

»Da haben wir den Riss und das bedeutet, das Haus hat ein statisches Problem«, rief er und deutete auf die Wand unter den Fenstern. »Eine Sanierung ist für mich aber, wie gesagt, sowieso keine Option. Ein Neubau lohnt sich an diesem Standort viel mehr. Außerdem soll hier meine Stiftung einziehen und dafür benötige ich eine repräsentative Architektur.«

»Was wirft denn so ein Investitionsobjekt zurzeit an Rendite ab, wenn ich fragen darf?«, fragte Herr Krupp neugierig, wobei er versuchte, sich einen fachmännischen Ton zu geben.

»Wir zahlen an die Aktionäre eine Dividende von zwei Prozent«, erwiderte Rasch und als Herr Krupp ein etwas enttäuschtes Gesicht machte, fügte er hinzu: »Sagen Sie ihren Stadträten, sie sollen die Steuern senken, dann haben Sie mehr davon. Ist ja sowieso Diebstahl. Ich meine, ich bin Unternehmer und arbeite über hundert Stunden die Woche. Da sollte auch ein bisschen was rumkommen, finden Sie nicht?«

»Absolut«, antwortete Krupp beinahe ehrerbietig, der überhaupt vor Dienstbeflissenheit geradezu überzuschäumen schien, obwohl ihm mit dem Verkauf des Hauses ein Arbeitsfeld verloren gehen würde.

Ich vermutete, dass dies an Raschs nagelneuem 911 lag, der auf dem Parkplatz stand und an seiner Armbanduhr, die vermutlich ebenso teuer war. Überhaupt schien jede seiner ebenso entschlossenen wie gelassenen Gesten zu sagen, dass er ein Heer von Anwählen hinter sich hatte, die jederzeit bereit waren, ihn auf den Händen zu tragen. Krupp führte Rasch daraufhin in die anderen Zimmer unserer Wohnung. Mein Vater folgte ihnen mit gehetztem Blick, als wäre ihm eben jenes Anwaltsheer auf den Fersen.

Je länger sie in der Wohnung waren, desto länger wurde die Liste der Mängel, die auf das Klemmbrett notiert wurden: veraltete Stromleitungen, undichte Fenster, Schimmelspuren. Ich stand mit meiner Mutter verloren daneben und es kam mir vor, als würde nicht der Stadtverwaltung, sondern uns ein Zeugnis ausgestellt, unter dem nur ein »nicht versetzt« stehen konnte: Abriss unausweichlich.

In unserem Kinderzimmer begannen sie sich über ein altes Waschbecken zu mokieren, das dort aus nicht mehr nachvollziehbaren Gründen installiert worden war. Mein Vater stand hinter ihnen und versuchte immer wieder, sie auf etwas aufmerksam zu machen. Sie diskutierten jedoch ungerührt über den Grünspan an dem altertümlichen Wasserhahn und beachteten meinen Vater so wenig wie einen kläffenden Hund, was mich sehr empörte. Mein Vater rief noch »Nicht!«, als Herr Rasch mit seinem Rolexarm den Hahn ergriff und ruckartig öffnete. Sofort spritzte ihm eine steile Wasserfontäne entgegen, die sein Jackett beträchtlich benässte. Herr Krupp beeilte sich, den Hahn wieder zu schließen und begann meinem Vater Vorwürfe zu machen, ein solcher Schaden hätte ihm gemeldet werden müssen. Als hätte mein Vater das nicht schon längst getan!

Meine Mutter kam mit einem Föhn ins Zimmer geeilt, während mein Vater Herrn Rasch das Jackett abnahm, um es vorsichtig zu trocknen. Als er fertig war, sprach Herr Rasch ihn zum ersten Mal in einem überraschend interessierten Ton an:

»Ah, vielen Dank. Sagen Sie, habe ich Sie nicht schon mal gesehen?«

»Ich war bei W. B. tätig, zwanzig Jahre lang.«

»Das ist möglich. In diese Firma habe ich zeitweise investiert. Und wo arbeiten Sie jetzt?« Mein Vater verzog das Gesicht. Das war die falsche Frage. »Ich bin auf Arbeitssuche«, antwortete er so selbstverständlich wie möglich. In meiner Brust wurde es eng. Ich wollte stolz auf meinen Vater sein und konnte diese Art von Beichte kaum ertragen. Herr Rasch aber offenbar auch nicht. »Na, dann halten Sie mal die Augen offen«, erwiderte er schon wieder förmlich und wandte sich an Herrn Krupp: »Ich denke, wir sind hier fertig.«

»Hast du das gehört, Eva?«, rief mein Vater verärgert, nachdem die drei die Wohnung wieder verlassen hatten. »Der läuft hier mit meterdicken Scheuklappen durch die Wohnung als wären wir Luft und dann heißt es: ›Dann halten Sie mal die Augen offen.‹ Hab' ich nicht gesagt, die werden uns das Essen verderben? Jetzt hat er auch noch Stromkosten verursacht. Ich hätte das Jackett nicht trocknen sollen.«

»Wir sollten uns deren Unhöflichkeit nicht zu eigen machen, Frank. Aber dass der Gutachter versucht hat, hier alles schlecht zu reden, das war ein Schlag ins Gesicht.«

»Von wegen Gutachter. Der Gutachter war der andere. Herr Rasch ist Investor von Pandom, dem Immobilienunternehmen.«

»Und was hatte der dann hier zu suchen?«

»Das frage ich mich auch die ganze Zeit. Das könnte noch ein Nachspiel haben. Techtelmechtel mit dem Bürgermeister.«

Wir setzten unser inzwischen erkaltetes Mittagessen fort, wobei mein Vater keinen neuen Versuch mehr unternahm, Alex wieder aus dem Kinderzimmer zu locken. Als wir jedoch anfingen, die Teller zusammenzustellen, kam er plötzlich jubelnd raus gerannt und rief: »Schaut mal, was ich gefunden habe!«

In der rechten Hand hielt er ein nagelneues iPhone, in der linken eine luxuriöse Brieftasche.

»Das gehört Herrn Rasch«, rief meine Mutter erschrocken, »lauf und bring sie ihm, der ist bestimmt noch im Haus.«

Aber Alex hörte nicht auf sie. Er öffnete die Brieftasche und zog die Geldscheine heraus. »Lauter Hunderteuroscheine … Mann, sechshundert Euro hat der in der Tasche!« stieß er staunend hervor und hielt die Scheine triumphierend in die Höhe. Für einen Moment hielten wir den Atem an. Die grünen Scheine leuchten durch den Raum. Sie leuchteten nach *Leben*. Nach einem neuen Spiel für die Konsole, mit dem man in der Klasse mitreden konnte. Nach einem neuen Shirt oder einer neuen Hose aus einem gehobeneren Modehaus als dem Discounter. Also danach, sich wieder wohl fühlen zu können in seiner Haut, anstatt scheelen Blicken ausgesetzt zu sein. Nach einem Besuch im neuen Freizeitpark. Nach einem außergewöhnlichen Erlebnis und einem anerkennenden Blick vom Tischnachbarn, dem man etwas Tolles zu erzählen hatte. Nach Restaurantbesuchen mit Freunden. Also danach, sich in einem schönen Ambiente, in dem man bedient wurde, in die Geselligkeit stürzen zu können. Sie leuchteten nach dem befreienden Gefühl, nicht mehr alle Bedürfnisse und Wünsche miteinander verrechnen zu müssen. Sie leuchteten danach, nicht mehr zu denen gehören zu müssen, die in Fernsehshows als menschlicher Trash verspottet wurden. Sie leuchteten nach der Berechtigung, überhaupt da zu sein.

»Steck' die Scheine sofort wieder zurück, man kann dich von draußen sehen!«, rief meine Mutter besorgt. Das war übertrieben, denn über die untere Hälfte der Fenster war ein milchiger Sichtschutz geklebt worden. Aber meine Mutter zeigte selbst einen eigenen Hunderter nur ungern in der Öffentlichkeit. Hunderteuroscheine in den Händen von Sozialhilfeempfängern hatten etwas Verdächtiges.

»Einen können wir behalten«, flehte Alex. »Das merkt der doch sowieso nicht.«

»Von wegen, der wird seine Börse ganz genau durchsuchen, wenn er sie aus unseren Händen zurückbekommt«, rief ich aufgebracht dazwischen. »Außerdem gehört uns das Geld nicht.«

Mein Vater war inzwischen aufgesprungen und hatte ihm das Geld und die Brieftasche entrissen und breitete den Fund auf dem Tisch vor sich aus.

»Alex hat Recht«, begann er entschieden, »wir sollten das behalten. Was ich wegen diesem Rasch alles auszustehen hatte in der Firma. Malocht wie ein Gaul hab' ich für diesen Kerl. Und als wir uns gewehrt haben, war's vorbei. Vor dem Gericht gehört das Geld ihm, aber nicht vor der Moral und die steht höher. Warum sollte ihm das auch gehören? Nur weil er am längeren Hebel sitzt? Ich hatte eine Familie zu ernähren und musste an allem sparen, damit er in Florida die Eier schaukeln lassen kann? Das ist nicht gerecht!«

»Aber Frank, wir können uns doch nicht zu Dieben machen«, warf meine Mutter ein.

»Von wegen Diebe. Wenn einer ein Dieb ist, dann er! Wenn man seine Mitarbeiter so kurzhält, dass man ihrer Gesundheit schadet, dann ist das Diebstahl und nichts Anderes!«

»Aber ... er kann uns die Polizei auf den Hals schicken. Was haben wir davon, wenn du im Gefängnis landest?«

»Die werden hier so wenig finden wie in einem Mülleimer. Also wird er auch nichts in der Hand haben.«

»Und wo willst du das jetzt verstecken?«, fragte meine Mutter besorgt und begann sich schon im Wohnzimmer umzusehen.

»Sagt mal, seid ihr völlig wahnsinnig geworden?« schrie ich, »Herr Rasch kann jede Sekunde vor der Türe stehen.«

Mein Vater war jedoch so in Fahrt, dass er sich davon nicht mehr aufhalten ließ. Er steckte das Geld in die Brieftasche zurück und ließ sie in die Seitentasche seiner Hose fallen. Dabei wurde er immer lauter.

»Der Wahnsinn ist«, schrie er, »dass dieser Kerl uns jetzt auch noch unser Zuhause wegnimmt. Er macht einen auf sozial, aber damit er mit seiner Stiftung unser Geld vor dem Fiskus vergraben kann, werden wir in ein Drecksloch vertrieben oder landen auf der Straße. Und der Bürgermeister hilft ihm dabei. In was für einer Welt leben wir eigentlich? Das ist doch Mafia! Diese Wohnung gehört uns, genauso wie das Geld. Ich lasse mich hier nicht vertreiben und wenn ich mich festketten muss!«

Mein Vater hielt verzweifelt inne. Es war aussichtslos. Wir starrten eine Weile niedergeschlagen durch den Raum. Dann klingelte es an der Türe. Meiner Mutter fielen vor Schreck beinahe die Augen aus dem Kopf. Aber sie nahm sich zusammen, sprang von ihrem Stuhl auf und eilte zur Türe. Es war Herr Krupp.

»Ich wollte nur eben noch darauf hinweisen, dass morgen das Wasser zwischen acht und zwölf Uhr abgestellt wird«, schallte es aus dem Treppenhaus. Wir sahen uns mit großen Augen an. Doch dann hörten wir meine Mutter zögerlich, aber immer fester antworten: »Ach ... Herr Krupp ... ich glaube Herr Rasch hat hier etwas liegen lassen. Einen Geldbeutel und ein Smartphone.«

Mein Vater rollte mit den Augen und zog die Brieftasche wieder aus seiner Hosentasche. Zugleich kam Alex mit dem Smartphone aus dem Kinderzimmer gerannt, in das er sich inzwischen wieder verzogen hatte. Herr Krupp bedankte sich überraschend höflich und versicherte, er werde sie Herrn Rasch zurückgeben. Mir fiel ein riesiger Stein vom Herz.

Meine Mutter machte meinem Vater keine Vorwürfe, die Situation war ihm entglitten. Wir räumten schweigend den Esstisch auf, auch Alex half mit. Dann ging ich in das Kinderzimmer und warf mich auf mein Bett.

In meinem Kopf hingen eine Menge ungelöster Fragen. Warum hatten meine Eltern so wenig Macht über ihr Einkommen, wenn sie überhaupt Arbeit hatten? Warum waren wir Leuten wie Herr Rasch und dem Sozialamt so ausgeliefert? Aber war es wirklich Diebstahl, was Herr Rasch machte? Er würde bestimmt das Gegenteil behaupten: Wir rauben ihm Geld durch die Steuern, die er für die Sozialhilfe bezahlen muss. Und hatte das nicht auch viel mit Demokratie zu tun? Bei den meisten Entscheidungen ging es ums Geld und damit um Eigentum. Auch beim Verkauf der Sozialwohnungen ging es um Eigentum. Da wäre es doch wichtig, zu wissen, wer einen berechtigten Anspruch hat, etwas zu besitzen. Für uns ging es dabei um alles.

Hatten wir in der Schule etwas darüber gelernt? Ich konnte mich an nichts erinnern. Vielleicht war das ein Grund, warum so viele so schlecht dastanden. Weil die meisten kaum die Chance gehabt hatten, tiefer darüber nachzudenken, und die Dinge so hinnahmen, wie sie waren. Ich beschloss, mit Sophie darüber zu sprechen. Noch wichtiger aber war die Frage, ob wir nicht etwas tun konnten gegen diesen Herrn Rasch.

Bei Sophie

Auf dem Weg zu Sophie war ich ein wenig nervös. Würde sie sich Zeit für meine Fragen nehmen? Oder hatte Lukas ihre Bereitschaft, die Nachhilfe zugunsten philosophischer

Fragen aufzuschieben, bereits ausgeschöpft? Ich versuchte, mir ein paar Sätze zurechtzulegen: ›Hat Cicero eigentlich auch etwas zum Thema Eigentum geschrieben?‹ oder ›Was würde Cicero zu Steuern sagen?‹ Das schienen mir halbwegs passende Einleitungen zu sein, die ihre Leidenschaft für alte Sprachen ernst nahmen.

Meine Bedenken erwiesen sich aber als überflüssig. Kaum hatten wir uns an den Tisch gesetzt, schaute sie mich mit ihrem scharfen Blick an, der sonst auf meine sprachlichen Ungenauigkeiten gerichtet war, und fragte zu meiner Überraschung: »Wie steht es um eure Wohnung? Ist schon entschieden, dass ihr ausziehen müsst?«

Da begann ich ihr die ganze Geschichte zu erzählen: Raschs Besuch, sein vergessener Geldbeutel und die Reaktion meines Vaters. »Ich finde das alles sehr ungerecht«, schloss ich. »Trotzdem würde ich gerne mehr darüber wissen. Rasch wird wie die meisten Menschen sagen, dass seine Einnahmen niemand anders als ihm gehören, sofern er nicht betrogen hat. Dasselbe gilt für unsere Wohnung. Er darf sie uns wegnehmen, wenn er nur einen gültigen Kaufvertrag hat. Was lässt sich dazu sagen? Was wurde in der Philosophie darüber geschrieben?«

»Das sind sehr wichtige Fragen«, antwortete Sophie, »über die in der Schule kaum gesprochen wird. Dir sind sie aufgestoßen, weil sie deine Familie besonders bedrängen. Sie betreffen aber alle auf die eine oder andere Weise. Die einen sagen wie dein Vater, dass sie einen zu geringen Lohn haben, die anderen, dass sie zu hohe Steuern für die Sozialausgaben bezahlen müssen. Wann ist der Anspruch, Geld und andere Güter zu besitzen, berechtigt? Das hat in der Tat auch eine Menge mit Demokratie zu tun.« Sie hielt einen Moment inne, als suche sie nach der besten Erklärung.

»Das Wichtigste ist jetzt, dass deiner Familie geholfen wird. Vielleicht lässt sich der Verkauf noch verhindern. Ich hätte da auch die eine oder andere Idee. Ihr könntet politisch aktiv werden. Gerade dafür ist es aber wichtig, Klarheit zu haben, wo man steht. Philosophen haben seit der Antike verschiedene Argumente für oder gegen die Existenz von Eigentumsrechten vorgebracht. Zu ihnen gehören auch die großen Namen wie Platon, Aristoteles, Immanuel Kant oder Karl Marx. Einige dieser Argumente sind uns vertraut, andere weniger und bedürfen einer Erklärung.«

»Das würde mich sehr interessieren.«

Die Rechtfertigung von Privateigentum

»Da wir in einer Gesellschaft leben, in der Privateigentum nicht nur selbstverständlich ist, sondern auch als vorteilhaft gilt, sind uns Argumente für Rechte an privatem Eigentum vertraut. Das verbreitetste und wichtigste hat unter anderen der schottische Philosoph David Hume vorgebracht. Ich habe es bereits genannt: Eigentum ist nützlich. Über Dinge verfügen zu können, ist für uns lebenswichtig. Außerdem freuen sich Menschen darüber, ein Auto oder ein Haus zu besitzen. Eigentumsrechte schaffen zudem Klarheit, wem was gehört, und auf dieser Basis kann Privateigentum geschützt werden. Als besonders nützlich gilt eine Eigentumsordnung in Verbindung mit der Marktwirtschaft. Durch einen Markt entsteht Wettbewerb und Wettbewerb ist effizient: Er setzt die Menschen unter Konkurrenzdruck und verhilft den besten Ideen und Konzepten zur Durchsetzung. Wie effizient die Marktwirtschaft ist, zeigt ihre Überlegenheit über die kommunistischen Planwirtschaften.«

»Ist mir bekannt.«

»Die Nutzentheorie lässt sich zu einer Vertragstheorie erweitern: Es sollen diejenigen Eigentumsrechte gelten, auf die eine Gemeinschaft sich bei der Staatsgründung in einer

Verhandlung geeinigt hat. Über Vertragstheorien habe ich bereits mit Lukas gesprochen.«

»Hat er mir erzählt.«

»Geläufig ist auch das Argument der Erstokkupation: Wer zuerst ein herrenloses Stück Land besetzt, dem soll es auch gehören. Das meinten z. B. die Philosophen Immanuel Kant und Georg Friedrich Wilhelm Hegel. Nicht ganz so bekannt ist vielleicht die Arbeitstheorie des Eigentumserwerbs: Ich gehöre mir selbst und damit ebenso meine Arbeit. Also gehört mir auch das, was sich mit meiner Arbeit vermischt: Die Figur, die ich aus einem Stück Holz geschnitzt habe oder das Land, auf dem ich Kartoffeln gepflanzt habe. Arbeit berechtigt zu Privateigentum. Diese Theorie geht auf John Locke zurück.«

»Klingt vernünftig.«

»Der amerikanische Philosoph Robert Nozick hat ein besonderes Argument gegen Steuern vorgebracht. Vereinfacht gesagt sind Steuern unberechtigt, weil wir nicht danach gefragt wurden und nie einen Vertrag darüber mit dem Staat unterschrieben haben. Da sie uns trotzdem einfach so abgezogen werden, haben wir teilweise umsonst gearbeitet. Steuern sind also nicht nur Diebstahl, sondern bedeuten auch Zwangsarbeit. Außerdem: Wenn ich jemandem Geld für etwas gebe, ist das meine freie Entscheidung und mein Wunsch, dass er es auch bekommt. Er soll die Freiheit haben, damit zu kaufen, was er möchte. Wenn der Staat ihm etwas abzieht, werden wir beide bestohlen und unsere Freiheit beschränkt.«

»Was für uns aber bedeuten würde, dass wir keine Sozialhilfe bekommen. Oder dass sich manche keinen Arzt leisten können.«

»Damit deutest du bereits ein Gegenargument an. Wir sollten aber zunächst fragen, was Eigentum überhaupt bedeutet. Das ist in der Philosophie und Wissenschaft übrigens immer eine äußerst wichtige Überlegung. Wer sich nicht klar macht, was seine Begriffe bedeuten, produziert schnell Unsinn.«

»Und was versteht man unter Eigentum?«

»Nach einer verbreiteten und auch in der Philosophie gebräuchlichen Bedeutung enthält Eigentum einen Anspruch auf vollständige Verfügungsgewalt. Wenn ich eine Uhr mein Eigen nenne, dann beanspruche ich, alles mit ihr machen zu dürfen, was ich will. Ich darf sie sachgerecht verwenden. Ich darf sie aber auch verleihen, verschenken, verkaufen oder zerstören. Außerdem beanspruche ich, dass niemand anders als ich die Uhr benutzen darf, außer ich erlaube dies. Zu all dem bin ich darüber hinaus dauerhaft berechtigt. Mein Recht an der Uhr geht sogar über meinen Tod hinaus: Ich darf den Erben bestimmen. Wenn man sich diese Bedeutung vor Augen hält, wird schnell deutlich, dass Eigentum keineswegs selbstverständlich und unter allen Umständen moralisch richtig ist.«

»Da bin ich wohl nicht schnell genug. Warum?«

»Nimm das Eigentum über einen Menschen. In den USA berechtigte die Verfassung früher dazu, Sklaven zu besitzen. Aber das ist offensichtlich moralisch falsch. Man darf Menschen nicht einfach ihre Freiheit nehmen und ausbeuten. Diese Normen stehen weit höher als das Interesse an rechtlosen Arbeitskräften. Das verdeutlicht einen wichtigen Punkt: Eigentum ist nur solange moralisch gerechtfertigt, als es nicht gegen grundlegendere Normen verstößt. Und der Anspruch auf vollständige Verfügungsgewalt über etwas kann leicht gegen grundlegendere moralische Normen verstoßen. Ein anderes Beispiel sind Tiere. Ist das Eigentum von Tieren moralisch gerechtfertigt?«

»Wenn Eigentum Anspruch auf vollständige Verfügungsgewalt bedeutet, nein. Es ist moralisch falsch, eine Katze zu foltern oder zu quälen. Wir dürfen Tiere nicht behandeln, als wären sie nicht mehr als ein lebloser Gegenstand. Zumindest nicht höhere Tiere wie Katzen. Man könnte aber immer noch einen eingeschränkten Anspruch geltend machen.«

»Tatsächlich sind die Eigentumsrechte, die das Gesetz gewährt, in vielen Fällen beschränkt: Man darf in Deutschland eine Katze kaufen und verkaufen, aber man darf sie nicht foltern. Man darf sie auch nicht verwahrlosen lassen, sondern ist sogar verpflichtet, sie zu erhalten. Offenbar haben auch die Gesetzgeber moralische Normen über die vollständige Verfügungsgewalt gestellt. Bei diesen Einschränkungen handelt es sich um grundlegende negative Pflichten: Wir sind verpflichtet, bestimmte Dinge zu unterlassen wie Folter, Mord, Vergewaltigung, Körperverletzung oder Erpressung. Eigentumsrechte, die dies erlauben, sind offenbar unmoralisch. Viele Menschen sehen die Natur, Tiere, Pflanzen und ihre Ökosysteme als etwas Wertvolles an. Darauf kommen wir noch zu sprechen.«

»Gibt es auch positive Pflichten, die Eigentumsrechte einschränken können?«

Thomas von Aquin: Mein Leben liegt in deinem Konto begraben

»Auf die vielleicht wichtigste positive Pflicht hat Locke selbst aufmerksam gemacht: Die Verpflichtung zur Nothilfe. Stellen wir uns dazu einen reichen Menschen vor, der in einem Staat lebt, wie Nozick sich ihn vorstellt: Es gibt keinerlei staatliche Fürsorge für arme Menschen, denn dafür müsste man Steuern bezahlen und das lehnt Nozick ab. Eines Morgens findet dieser reiche Mensch ein schreiendes Baby vor seiner Haustüre. Niemand ist zu sehen. Seine Bemühungen, die Eltern ausfindig zu machen, scheitern. Wenn er das Kind nicht verhungern und verwahrlosen lassen will, muss er zwangsläufig mit seinem Eigentum für es sorgen. Ein staatliches Waisenhaus gibt es ja nicht, genauso wenig wie Krankenhäuser, die ihre Hilfe kostenlos zur Verfügung stellen. Niemand ist zuständig. Darf der reiche Mann jetzt zu dem Baby sagen: ›Tut mir leid, aber dir zu helfen schränkt meine Freiheit ein. Leider hast auch du keinen Anspruch auf mein Eigentum.‹?«

»Nein. Denn das würde bedeuten, dass das Kind stirbt. Wenn der reiche Mann nicht für es sorgt, begeht er unterlassene Hilfeleistung. Der Wert des Kindes ist viel höher als die Annehmlichkeiten, die das Geld ihm verschaffen könnte, das für das Kind notwendig wäre. Es hilft auch nichts, wenn er die Schuld auf die Eltern schiebt. Auch wenn die Eltern verwerflich gehandelt haben – das Kind kann nichts dafür.«

»Dass Hilfe für Arme nicht nur freiwillige Wohltätigkeit ist, sondern eine Pflicht, war nicht zuletzt in der mittelalterlichen Philosophie ein verbreiteter Gedanke. Thomas von Aquin sprach sich zwar für Eigentumsrechte aus, sie haben bei ihm aber keine unbedingte Geltung. Befindet sich jemand in Not, wird aus dem Privateigentum wieder Gemeineigentum. Deshalb ist es nach Thomas kein Diebstahl, wenn einer, der in Not ist, jemandem etwas heimlich wegnimmt. Denn ›das, was er zum eigenen Lebenserhalt nimmt, wird Kraft seiner Not sein Eigen.‹[12] Für Thomas sind nämlich die ›niederen Dinge‹, also alles was die Natur bietet, für die Bedürftigkeit des Menschen da. Reichtum ist also nur so lange legitim, wie grundlegende Bedürfnisse anderer Menschen erfüllt sind. Thomas schreibt: ›Daher ist der Überfluss, den einige haben, auf Grund des Naturrechts dem Unterhalt der Armen geschuldet.‹«[13]

»Wie viel von seinem Reichtum darf Rasch also behalten?«

»Er sollte so viel behalten, wie er selbst und seine Familie für ein gesundes Leben brauchen. Das ist zumindest die Position von Peter Singer, der sich dabei auf Thomas von Aquin beruft. Peter Singer ist ein australischer Philosoph, dessen Thesen zur Nothilfe heute am meisten diskutiert werden. Das ist kein Wunder, denn sie gehen sehr weit. Man könnte ja der Meinung sein, wenn alle fünf Prozent ihres Einkommens den Armen geben, dann ist die Armut überwunden. Also genügt es, wenn ich fünf Prozent gebe. Das Problem daran ist, dass das eben nicht alle tun. Und wenn ich mit meinem übrigen Geld einem Menschen das Leben retten kann, sollte ich dies tun. ›Reichtum ist‹, wie der deutsche Philosoph Max Horkheimer schrieb, ›unterlassene Hilfeleistung‹ und damit moralisch kein Kavaliersdelikt. Die Pflicht, zu helfen, haben wir nach Singer vor allem gegenüber armen Ländern, nicht zuletzt, weil es nach seiner Recherche sehr effektive Hilfsorganisationen wie die Against Malaria Foundation gibt, die statistisch tatsächlich Leben retten. Ist das nicht auch etwas sehr Erfreuliches?«

»Das klingt sehr anspruchsvoll. Was uns betrifft, würde uns schon helfen, wenn das Eigentum und Vermögen gleicher verteilt würden. Was lässt sich zu Lockes Arbeitstheorie sagen?«

Ist der Markt gerecht?

»Dieses Thema umfasst sehr viele Gesichtspunkte, von denen wir nur ein paar berücksichtigen können. Lockes

Arbeitstheorie wurde auch von liberalen Philosophen wie Robert Nozick oder John Stuart Mill kritisiert. Um es kurz zu machen: Auch Mafiosi verrichten Arbeit, die sehr anstrengend sein kann. Haben sie das Ergebnis ihrer Arbeit verdient? Sicher nicht. Sie haben der Gemeinschaft geschadet. Überzeugender scheint die Rechtfertigung durch Arbeit, wenn sie mit einem Verdienst für die Gesellschaft verbunden wird. Und darauf berufen sich ja auch reiche Menschen oft: Sie haben sich um die Gesellschaft verdient gemacht und damit auch ihr Einkommen verdient.«

»›Was ich verdiene, habe ich auch verdient‹, das glauben viele Menschen – abgesehen davon, dass es ihnen oftmals zu wenig ist.«

»Eine verbreitete Begründung hat mit der neoklassischen Idee des vollkommenen Marktes zu tun: Menschen kaufen mit ihrem Geld stets diejenigen Mengen von Gütern, die für sie den größten Nutzen haben. Wer das Geld bekommt, hat also zum größtmöglichen Nutzen anderer beigetragen. Also hat er es auch verdient, so viel Geld zu bekommen. Wenn eine Designerin mit Mode Milliarden verdient, dann hatten auch entsprechend viele Menschen einen Nutzen davon. Sie waren ja bereit, das Geld zu bezahlen. Sie hat es folglich verdient, Milliardärin zu sein.«

»Wenn also ein Pharmariese ein lebenswichtiges Medikament zu einem völlig überteuerten Preis verkauft, ist das also der Verdienst des Pharmaunternehmens?«

»Das ist ein interessantes Beispiel. Warum kann der Pharmariese so viel Geld verlangen? Ein Grund besteht darin, dass der Pharmariese keine oder wenig Konkurrenz hat, die den Preis nach unten drückt. Das ist in der Wirtschaft nicht selten der Fall. Hätte der Pharmariese sehr viel Konkurrenz, würde sich der Preis den Produktionskosten annähern. Niemand wäre aber dann bereit, für das Medikament mehr zu bezahlen. Ist also der Nutzen nur so groß wie die

Produktionskosten? Die Produktionskosten sind bei vielen lebenswichtigen Medikamenten sehr niedrig.«

»Schwer zu sagen.«

»Nehmen wir das erste Antibiotikum Penicillin, das 1928 von Alexander Fleming entdeckt und dann von der Pharmaindustrie massenweise produziert wurde. Penicillin hat Millionen von Menschen das Leben gerettet. Kann man das mit einem Preis beziffern? Man könnte berechtigterweise antworten, dass ein gerettetes Menschenleben unbezahlbar ist.«

»Dann ist der überteuerte Preis des Medikaments also gerechtfertigt? Mir erscheint das trotzdem nicht angemessen.«

»Hier könnte ein anderes Beispiel helfen: Stell dir vor, du wanderst einsam im Gebirge und verlierst die Orientierung. Du irrst tagelang umher und findest endlich, beinahe am Verhungern, eine Hütte. In der Hütte lebt ein verschrobenes Paar: Sie sagen dir, dass es für dich einen sehr großen Nutzen hat, wenn sie dir zu essen geben. Du wirst überleben. Deshalb werden sie dir nur dann zu Essen geben, wenn du ihnen dein ganzes Geld und das Erbe deiner Eltern überschreibst. Da es um dein Leben geht, bist du bereit, diesen Preis zu bezahlen. Dein Nutzen ist ja mindestens so groß. Haben sie das Geld deshalb verdient?«

»Ganz bestimmt nicht.«

»Warum haben sie das Geld nicht verdient? Eine mögliche Antwort ist: Wir sind als Menschen einander verpflichtet. Wir sind unter anderem verpflichtet, jemandem, der in Not ist, zu helfen. Und zwar unabhängig davon, ob eine Gegenleistung zu erwarten ist. Das nennt man moralischen Universalismus. Wer aber etwas tut, zu dem er ohnehin moralisch verpflichtet ist, erwirbt damit keinen Verdienst, außer er tut es auf eine Weise, die über die Pflicht hinausgeht. Wenn das verschrobene Ehepaar dir aus purer

Nächstenliebe ein Fünfgänge-Menü serviert hätte, um dich aufzumuntern, hätte es einen Verdienst erworben, denn dazu wären sie nicht verpflichtet gewesen. Es ist demnach aber kein Verdienst, einem beinahe verhungerten Wanderer übriges Brot zu geben.«

»Hat das Pharmaunternehmen mit dem Medikament folglich einen Verdienst erworben?«

»Nach dem moralischen Universalismus tut das Pharmaunternehmen etwas, das alle Menschen einer Gesellschaft tun sollten: Einen Beitrag zum Gemeinwohl leisten. Manche erziehen Kinder, andere stellen Lebensmittel her, wieder andere kümmern sich um die Gesundheit ihrer Mitbürger, wie Pfleger, Ärzte oder eben Pharmakologen. Haben Menschen anspruchsvolle Pflichten gegenüber anderen, kann man auch bereits einen Verdienst darin sehen, wenn jemand diese Plichten erfüllt, eben weil das nicht leicht ist. Besonders wenn man dabei gegen den Strom schwimmen muss.«

»Manche würden dem vielleicht entgegnen, dass sie der Gemeinschaft gegenüber gar keine Verpflichtung haben. Sie tun für andere etwas, weil sie eine Gegenleistung bekommen.«

»Das nennt man moralischen Kontraktualismus. Nach dieser Idee schließen Menschen untereinander einen Vertrag zu ihrem eigenen Vorteil ab. Es ist für den Einzelnen schwer, alleine zu überleben. Also schließt er sich mit anderen zu einer Gemeinschaft zusammen. Der Bäcker produziert für andere Brötchen, weil ihm das Vorteile bringt. Er bekommt dafür Geld und kann sich damit Wünsche erfüllen. Wenn man aber etwas nur um des eigenen Vorteils willen tut, ist es nicht angemessen, einen Verdienst für andere für sich in Anspruch zu nehmen. Ein Problem beim Kontraktualismus sehen viele darin, dass das verschrobene Ehepaar dich verhungern hätte lassen, wenn sie von ihrer

Hilfe keine Vorteile hätten erwarten können. Daran kann etwas nicht stimmen. Sofern Menschen nicht reine Egoisten sind, schließt der Kontraktualismus aber trotzdem nicht aus, dass sie moralisch einen Verdienst gegenüber der Gemeinschaft erwerben können. Sogar einen großen.«

»Und deshalb sollten sie als Anerkennung für ihren moralischen Verdienst Eigentumsrechte haben? Wenn Bauer Heinrich ein Jagdgewehr für die Dorfgemeinschaft erfindet, soll er auch die Rechte daran haben?«

»Das hängt davon ab. Zum einen von den Wünschen der Person, die den Verdienst für die Gemeinschaft geleistet hat. Manche Menschen würden es als beleidigend empfinden, wenn jemand ihnen für ihre Hilfe Geld unter die Nase hält. Alexander Fleming äußerte sich empört über die Patentierung von Penicillin durch die Pharmaindustrie, denn er habe seine Entdeckung für das Wohl der Menschheit kostenlos zur Verfügung gestellt. Auch bei einem moralischen Verdienst für die Gemeinschaft mag die Gewährung von Eigentumsrechten natürlich immer noch mit Nachteilen für die Gemeinschaft verbunden sein: Sie könnten ihre Sicherheit gefährden oder zu Korruption führen. Einen Verdienst kann man auch durch beschränkte Eigentumsrechte und in einer Wirtschaft ohne Privateigentum auch durch Nutzungsrechte belohnen. Rechte an privatem Eigentum sind also keine zwingende Gegenleistung für einen Verdienst.«

»Und wie kann man erkennen, was eine hinreichende Anerkennung ist? Ob der moralische Verdienst einer Person größer ist als der einer anderen? Worauf kommt es dabei an? Wie viele Produkte sie verkauft hat? Wie vielen Menschen sie das Leben verbessert hat?«

Wer verdient schon, was er verdient?

»Vergleichen wir mal zwei Menschen in unterschiedlichen Berufen: Anita, die in der Altenpflege arbeitet und Matthias, der an Medikamenten experimentiert. Beide erfüllen nicht nur ihre Dienstpflicht, sondern opfern ihre Freizeit, um Menschen zu helfen. Nehmen wir der Einfachheit halber an, dass es ihre Überstunden sind, mit der sie über ihre moralischen Pflichten hinausgehen und dass sie dabei gleich viel Zeit und Engagement aufbringen. Anita setzt sich dafür ein, dem Leben alter Menschen mehr Würde zu verleihen. Sie unterhält sich mit ihnen, liest ihnen Geschichten vor und organisiert für sie Veranstaltungen und Fahrten. Matthias hingegen macht die vielen Überstunden, um anderen Menschen ein Leiden zu ersparen, das er selbst erfahren hat: Krebs. Eines Tages macht er wie Fleming eine epochale Entdeckung: Er findet die ultimative Heilung von Krebs, die Millionen von Menschen helfen wird. Wie die Öffentlichkeit reagiert, ist klar: Matthias wird von allen Seiten in den höchsten Tönen bejubelt. Er bekommt den Nobelpreis verliehen und sein Patent macht ihn zum Milliardär. Anita hingegen wird weiterhin ihr bescheidenes Leben führen, unbemerkt von der Öffentlichkeit. Ist Matthias moralischer Verdienst nun Millionen Mal größer als Anitas? Oder ist der Verdienst beider eher gleich groß?«

»Genau das ist die Frage.«

»Ich glaube, wir sind in unserer Gesellschaft noch immer an eine Art von Legendenbildung gewöhnt, wie es sie seit der Antike gibt: Es sind die überwältigenden Leistungen Einzelner, eines Augustus, eines Karls des Großen usw., denen wir Frieden oder Fortschritt zu verdanken haben. Dass aus einer Entdeckung eine Hilfe für Millionen werden kann, hängt von Voraussetzungen ab, die nicht Matthias' Verdienst sind. Seine Forschung war ein Baustein, für den tausende andere Menschen die Voraussetzung geschaffen haben. Sie machten seine Entdeckung erst möglich. Es ist nicht sein Verdienst, dass die Forschung so weit war. Gleiches gilt für die gesamte Infrastruktur des Gesundheitswesens, alle Menschen, die für die Produktion, Verordnung und Verteilung des Medikaments arbeiten. Auch das ist nicht Matthias' Verdienst. Es braucht aber noch weit mehr: Alle, die in der Bildung zu medizinischen Berufen, in der Bauwirtschaft zu den Krankenhäusern, im Verkehrswesen zum Transport beigetragen haben, usw. Das alles ist offensichtlich nicht sein Verdienst. Anita hat sich auch für die Heilung von Menschen interessiert, allerdings hatte sie kein Talent, um Forscherin zu werden. Matthias' Talent ist aber ebenfalls nicht sein Verdienst. Wenn man all dies abzieht, wird deutlich, dass die beiden Menschen sich moralisch nicht unterscheiden: Anita und Matthias haben sich beide im gleichen Zeitumfang und mit gleichem Einsatz über ihre Pflichten hinaus für andere eingesetzt. Das ist ihr Verdienst und darin unterscheiden sie sich nicht voneinander. Folglich haben sie in gleichem Maße Anerkennung verdient – durch welche Güter auch immer, die sowohl ihnen als auch der Gemeinschaft gerecht werden. Daraus folgt nicht, dass moralisch alle gleich viel verdient haben, sondern dass dies vom Engagement für die Gemeinschaft abhängt. Aber das lässt sich nicht am Geld oder verkauften Gütern ablesen.«

»Und die Anerkennung dafür könnten Eigentumsrechte sein.«

Haben als Verneinung des Seins – Karl Marx und Erich Fromm

»Ja. Häufig lehnen wir das aber auch ab. Wir wollen kein Geld, wenn wir jemandem aus Freundlichkeit geholfen haben. Damit kommen wir zur Nutzentheorie, die Rechte an privatem Eigentum durch ihren Nutzen für die Gesellschaft rechtfertigt. Kann es nicht auch sehr nachteilig sein, wenn privater Besitz eine so tragende Rolle in einer Gemeinschaft spielt? Religiöse Führer und Philosophen wie Buddha, Jesus, Laotse, Jean-Jacques Rousseau, Karl Marx, Erich Fromm und viele andere haben dies in Frage gestellt.«

»Wegen der Gier.«

»Ja, unter anderem. Für Erich Fromm leben wir heute, befördert durch den Kapitalismus, in einer Kultur das Habens, einer Kultur, die vom Streben nach Besitz dominiert ist. Aus seiner Sicht führt das zur Beschädigung des Menschen und seinen Beziehungen. Wir haben uns aber so sehr daran gewöhnt, dass uns das meist kaum noch auffällt. Wir haben den Bezug zu einem Leben, das uns entspricht, verloren und können uns oft gar nicht mehr vorstellen, was das bedeutet. Er nennt es eine Kultur des *Seins*.«

»Das musst du mir erklären.«

»Ich gebe dir ein Beispiel: Es gibt nicht viele Dinge, die für uns so wertvoll sind, wie sich mit einer guten Freundin oder einem guten Freund zu unterhalten. Wenn es ein wirklich guter Freund ist, können wir dabei so *sein* wie wir sind. Wir müssen uns nicht verstellen. Wir müssen keine Leistung absolvieren, nicht mit irgendetwas prahlen, um anerkannt zu sein. Wir sind offen für die Ideen des anderen und fühlen uns miteinander verbunden: Wir lachen gemeinsam, staunen gemeinsam oder weinen sogar manchmal gemeinsam.

Als verletzend empfinden wir es hingegen, wenn wir bemerken, dass die Freundschaft von Bedingungen abhängig gemacht wird, die wir erfüllen müssen. Wenn wir arm werden, ist es auch mit der Freundschaft vorbei. Oder wenn wir die ›falsche‹ Meinung haben, nimmt man von uns Abstand. Wir wollen um unser selbst willen geliebt werden. Wir wollen eben *sein* können wie wir sind.

Aber wenn wir die Bedingung akzeptieren, tun wir uns in gewisser Weise Gewalt an. Wir zwingen uns dazu, eine geforderte Meinung anzunehmen oder eine formelle Leistung zu erbringen und grenzen damit bestimmte Teile unserer Person aus. Wir verneinen uns und sind uns selbst gegenüber aggressiv. Wir machen uns selbst zu einem Objekt des Habens. Unser Gespräch verliert an dem Gefühl der Einheit, das für uns so wertvoll ist. Aus Angst vor Ablehnung und Einsamkeit sehen wir aber nicht selten keine andere Möglichkeit als uns anzupassen.

Besonders belastend und oft für das ganze Leben traumatisierend ist es, wenn uns diese Verneinung in unserer Kindheit trifft. Wenn wir von unseren Eltern nicht geliebt werden wie wir sind und unser Wert so früh vom Haben, von Leistung abhängig gemacht wird. Dabei haben die Eltern in ihrer Kindheit oft selbst nichts anderes gelernt. Die in der Kindheit erfahrene Verunsicherung begünstigt, wie die vielfältigen Unsicherheiten in unserer kapitalistischen Wirtschaft, psychische und körperliche Erkrankungen. Das fällt auch in den Schulen zunehmend auf.«

»Weil unsere Gesellschaft so vom Haben dominiert ist.«

»Richtig. Nach Fromm sorgen wir uns heute andauernd darum: In der Schule gute Noten haben, einen schlanken, sportlichen Körper haben, Arbeit haben, Wissen haben, die richtige Meinung haben, Freunde haben, Frauen oder Männer gehabt haben – real oder virtuell, talentierte Kinder haben, Clicks und Likes haben, überall Erfolge haben und natürlich unser Eigentum, das unseren Status ausmacht wie hunderte andere Konsumartikel, die heute als selbstverständlich gelten.«

»Ist mir bekannt.«

»Dazu trägt natürlich besonders bei, dass das Haben mit Status und Anerkennung verbunden ist. Wir wollen verständlicherweise wenigstens mithalten. Dadurch nimmt das Haben, das Vorweisen-Können, einen sehr großen Raum in unserem Leben ein. Wir sind ständig in einem Modus, in dem wir uns nicht anerkennen, schlicht weil wir sind. Wir sind wer, weil wir schon das und das geleistet haben oder besitzen und müssen aber noch das und das haben, damit wir unseren Status nicht verlieren oder verbessern. Dabei passen wir uns an die Forderungen der anderen an. Es geht uns die Zeit und der Sinn dafür verloren, zu *sein*.«

»Sein würde bedeuten, sich ungezwungen mit einem Freund zu unterhalten.«

»Ja. Oder ein Bild malen oder irgendetwas anderes kreieren, nicht weil du eine Leistung erbringen musst, das Bild *haben* musst, sondern um dir selbst Ausdruck zu verleihen. In einem See schwimmen, nicht weil du einen schlanken Körper *haben* oder eine neue Bestmarke erreichen musst, sondern weil es einfach schön für dich ist, das Wasser, die Sonne und die gute Luft zu genießen und lustvoll, sich frei zu bewegen, so wie man möchte. Je mehr wir uns ums Haben sorgen müssen, desto weniger können wir sein, wie wir sind. In einer frühen Schrift schreibt Marx: ›Je weniger du *bist*, je weniger du dein Leben äußerst, um so mehr *hast* du, um so größer ist dein entäußertes Leben.‹[14] Ein entäußertes Leben ist ein Leben, in dem wir uns selbst verloren haben, in dem wir von uns selbst, von anderen und der Natur *entfremdet* sind. Es ist ein Leben, in dem wir unser Bedürfnis, zu sein und uns auszudrücken, unterdrücken müssen, um die tausenden Ansprüche der Leistungsgesellschaft zu erfüllen. Wir lassen uns so lange instrumentalisieren, bis wir uns selbst vor allem als Habende sehen und degradieren uns dadurch auch selbst zu Objekten.«

»Warum sind wir von anderen und der Natur entfremdet?«

»Aus mehreren Gründen. Nach Marx konnte Arbeit früher viel eher bedeuten, sich kreativ mit der Natur auseinanderzusetzen. Das entspricht aus seiner Sicht dem Wesen des Menschen. Heute kennen wir das vielleicht noch von der Gartenarbeit. Der Kapitalismus hat uns davon entfremdet. Arbeit bedeutet, ich muss das tun, was der Unternehmer verlangt. Selbst in der Natur sind das oft nur noch mechanische Handbewegungen, um irgendein Produkt herzustellen, das mit mir selbst nichts mehr zu tun hat.«

»Bis zum Umfallen Erdbeeren pflücken für einen Hungerlohn. Musste meine Mutter schon machen.«

»Zum Beispiel. Die Beziehungen bei der Arbeit sind im Kapitalismus aber ebenfalls eine Form des Habens: Ich verkaufe meine Arbeitskraft und bin für diese Zeit ein Instrument für die Profitinteressen des Unternehmers. Nicht Teil einer Gemeinschaft, die demokratisch ihre Arbeit organisiert. Eine Kultur des Habens führt aber auch dazu, dass wir unseren Wert von unserem Eigentum abhängig machen. Und das trennt uns ebenfalls von anderen. Wenn wir vor uns selbst erst sein dürfen, wenn wir das und das haben, dann können wir diejenigen, die das nicht haben, nicht mehr voll akzeptieren. Ein Habenichts ist auch nichts. Mit einem Habenichts, einem ›Harzer‹, können viele gar kein wirkliches Gespräch mehr führen, weil sie die ganze Zeit denken, dass sie einen ›Harzer‹ vor sich haben. Einen, der nichts hat und auch nichts ist.«

»Das spüre ich jeden Tag. Mir scheint, unsere Situation bedeutet, dass alle bestraft sind. Was wurde Lukas unterm Strich geantwortet, als er seine Eltern gefragt hat, warum ich mit leerem Magen ins Bett gehen muss? ›In unserem Land kann es jeder schaffen. Jeder bekommt zurück, was er geleistet hat. Wer nicht arbeitet, soll auch nicht essen.‹ Aber daraus folgt, dass man Menschen leiden lassen darf, ohne dass sie etwas dafür können. Ich denke, in unserer Gesellschaft lernen allzu viele diese Lektion intuitiv in ihrer Kindheit: Dass es auf den Menschen, auf sie selbst nicht ankommt, sondern auf Leistung. Und dann bilden sie einen Panzer um ihr wahres Bedürfnis. Sie sind etwas, wenn sie haben und leisten. Und deshalb können sie die, die das nicht vorweisen können, nicht mehr anerkennen.«

»Man kann das nach Fromm auch an verbreiteten Empfindungen gegenüber einfachen Kulturen spüren, die fast nichts haben: Die da in ihren Hütten, das ist doch nichts. Diese Beispiele machen tiefe Verneinungen von anderen und uns selbst deutlich. Das Besitzstreben und das damit verbundene Leistungsdenken zerstören also auch den Zusammenhalt, auf den wir in einer Demokratie angewiesen sind.«

»Warum handeln dann so viele so?«

Unser Besitzstreben und der Individualismus und Mechanismus der Moderne

»Eine Antwort habe ich eben genannt: Eine Wirtschaftsordnung, die auf Profit beruht, befördert dieses Denken. Manche sehen einen noch tieferliegenden Grund in den Ideen, die der Moderne unterliegen: Der Individualismus und der Mechanismus. Auch sie hängen mit der Frage nach Eigentum auf vielfältige Weise zusammen. Den Individualismus findet man im westlichen Denken überall. In der politischen Theorie einigen sich isolierte Individuen zu ihrem eigenen Vorteil, den Staat zu gründen. In der Ökonomie wird der Mensch als rationaler Egoist beschrieben, der seinen Nutzen maximiert. Das wäre eine weitere Erklärung für unser Besitzstreben. Wie beim Staat sollen alle indirekt davon profitieren. Altruistisches Handeln dient letztlich mir selbst als Individuum: Es ist das angenehme Gefühl, das mir nützt, wenn ich jemandem helfe. Oder ich erhoffe mir irgendwann später eine Gegenleistung und sei es im Himmel von Gott. Solche Ideen sind in unserer Gesellschaft sehr präsent. Gleichzeitig wehren wir uns intuitiv dagegen, in einem Freund nur einen Nutzen zu sehen. Es gehört zu unseren wertvollsten Momenten, wenn wir nicht auf unseren Nutzen starren, sondern uns im Gespräch mit einem Freund vergessen, im anderen sind und in gewisser Weise mit ihm eins werden. Hier stellt sich die Frage, ob die Idee des Menschen als reinem Individuum nicht verfehlt ist. Sind wir wirklich nur Individuen oder nicht auch Teile der menschlichen Gemeinschaft und der Natur?«

»Wie entstand dieses moderne Denken?«

»Als ein wichtiger Begründer der Moderne gilt René Descartes. Für ihn war die Natur und der menschliche Körper eine Maschine, die aus Substanzen zusammengesetzt ist. Substanzen sah er als Körper im Raum an. Sie sind Individuen. Welche Eigenschaften ein Körper hat, lässt sich unabhängig von anderen Körpern aussagen, da er in keiner Weise mit anderen Körpern verschmolzen ist. Eine Substanz ist in der Philosophie sozusagen selbstgenügsam: Sie hängt von nichts anderem ab. Die Psyche des Menschen sah Descartes ebenfalls als Substanz an, wenn auch als immateriell. Obwohl viele moderne Philosophen nach ihm nicht an eine Seele geglaubt haben, entspricht ihr Bild des Universums, der Gesellschaft und des Menschen doch einer Ansammlung einzelner Substanzen. Die elementaren Bausteine der Natur bleiben letztlich getrennt, können nicht eins miteinander werden. Das Leben und der menschliche Körper erklären sich aus einem Mechanismus, mit dem die Körper wie eine Maschine aufeinander einwirken. Die Substanzen in der Natur sind zudem tot. Auch Tiere waren für Descartes lediglich Maschinen. Deshalb sah er sich berechtigt, grausame Experimente mit ihnen durchzuführen.«

»Gibt es dazu eine Gegenposition?«

Es gibt keine streng abgrenzbaren Subjekte und Objekte des Habens: der Holismus

»Ja. Eine andere Sicht finden wir in Kulturen des globalen Südens, aber auch im westlichen Denken selbst. So liefert der materialistische Mechanismus zunächst mal ein deprimierendes Bild des Universums: Eine Ansammlung toter Materie ohne irgendeinen Sinn. Manche Materialisten bestreiten heute sogar, dass wir Menschen überhaupt Bewusstsein haben. Zur Zeit von Descartes war man überall in Europa von mechanischen Puppen begeistert und dachte: Ja, genau so müssen die Natur und der Mensch funktionieren. Aber das ist Spekulation. Es könnte auch ganz anders sein: Das Universum ist keine Ansammlung isolierter Substanzen, sondern eine Einheit. Es ist auch nicht tot, sondern Bewusstsein ist eine wesentliche Eigenschaft von ihm. Beginnen wir mit der Einheit. Dass diese Idee auch im Westen wieder an Einfluss gewonnen hat, hängt unter anderem mit der modernen Physik zusammen. Von ihr hat die Philosophie erfahren, dass die kleinsten Dinge – Quantensysteme – ganz anders zu sein scheinen als Substanzen.«

»Wie soll ich mir das vorstellen?«

»Es ist ein bisschen so, wie man sich Menschen mit einer telepathischen Verbindung vorstellt: Passiert dem einen ein Unglück, spürt es der andere sofort. Verbundene Quantensysteme kann man räumlich kilometerweit trennen, ohne dass ihre Verbindung verloren geht. Ändert das eine Teilsystem eine bestimmte Eigenschaft, ändern sich unmittelbar auch eine Eigenschaft des anderen. In der holistischen Interpretation existieren sie nicht isoliert voneinander. Sie bilden eine Einheit. Selbst wenn man alle Informationen über ein Teilsystem hat, kann man nicht sagen, *was* es ist, ohne das Ganze zu betrachten. Durch diese Verbindungen ist alles im Universum miteinander verwoben. So kann man auch den Menschen und andere Gemeinschaftswesen sehen. Dieses Gebiet heißt Sozialontologie. Betrachtet man lediglich eine einzelne Ameise, bleibt verborgen, was sie tut. Ihre Handlungen erklären sich erst, wenn man das Ganze betrachtet. Auch der Mensch ist schon deshalb keine isolierte Substanz, weil jeder Körper mit dem Universum verwoben ist. Aber auch meine Psyche, mein gegenwärtiges Bewusstsein ist das Ergebnis der Verbindungen von mir zu anderen Menschen in der Vergangenheit und Gegenwart. Das bedeutet nicht, dass ich in der Gemeinschaft untergehe. Im Gegenteil: Nur durch andere Menschen kann ich eine Identität ausbilden, die ich brauche, um entscheiden zu können, was ich will. Aber ich bin nicht einfach nur ich, sondern auch wesentlich Teil einer Gemeinschaft.«

»Was bedeutet das für das Besitzstreben?«

»Erstmal, dass die Idee vom Menschen als rationalem Egoisten falsch ist. Damit ist nicht gesagt, dass der Mensch frei davon ist, der Gier nachzugeben. Aber der Egoismus wird durch die Vorstellung, dass wir individuelle Substanzen sind, die sich auf dem Markt durchsetzen müssen, befördert. Wenn wir aber auch Teile von Gemeinschaften sind, ist der Unterschied von Egoismus und Altruismus aufgehoben. Mit einem guten Freund können wir diese Einheit noch deutlich spüren. Zur Nachbarschaft ist die Verbindung in unserer individualisierten Gesellschaft meist verloren gegangen. Und doch sehen wir sie manchmal plötzlich aufleuchten: In einer Katastrophe wie einer Überschwemmung helfen Menschen anderen auf einmal mit großem Einsatz. Sie machen keine Rechnung auf, was sie später dafür bekommen, sondern fühlen sich als Teil einer Gemeinschaft, die sich hilft und die bedeutungsvoll ist. Das scheint die Anthropologie zu bestätigen: ›Für den größten Teil der Menschheit ist Eigennutz, wie wir ihn kennen, unnatürlich‹ schreibt der Spezialist für indigene Völker Marshall Sahlins. Er werde als Verrücktheit und Verlust der Menschlichkeit angesehen.[15] Wenn ich Teil einer Gemeinschaft bin, ist mir mein Nachbar, der in Not geraten ist, näher als mein Selbst in zwanzig Jahren. Ich muss nicht alles für mein zukünftiges Selbst ansparen, sondern gebe ihm etwas. Oder besser: Ich gebe uns etwas. Egoismus und Altruismus fallen zusammen.«

»Ist das dann ein anderes Argument für eine gerechtere Verteilung als das mit dem Forscher und der Pflegerin?«

»Ja. Dieses Argument besagt, dass eine individuelle Leistung nicht leicht von der Leistung der Gemeinschaft abgrenzbar ist. Hier geht es aber darum, zu zeigen, dass wir wesentlich Teil einer Gemeinschaft *sind*. Wenn ich aber nicht nur ich, sondern auch Teil einer Gemeinschaft bin, ist es widersprüchlich zu sagen, dass etwas nur mir gehört. Und in einer engen Gemeinschaft wie der Familie empfinden das auch viele noch so: Der Vater hat die Werkzeugkiste gekauft, aber sie steht allen frei zur Verfügung. Es fühlt sich unangenehm, wenn nicht unmenschlich an, das ganze Familienleben nach strengen Eigentumsrechten zu organisieren.

Nach Marx gilt das aber auch für die gesamte Gesellschaft. Die Gemeinschaft ist für uns heute kaum noch spürbar, weil ihr durch eine Kultur des Habens schon ungeheuer geschadet wurde. Deshalb war Marx auch in einer nichtkapitalistischen Gesellschaft gegen Privateigentum: Es führt dazu, dass das Band zwischen den Menschen, das auch er für real hielt, schwindet. Der bürgerliche Mensch schottet sich auf seinem Grundstück von den anderen ab. Der Nachbar wird zum Konkurrenten. Die Gesellschaft spaltet sich und vor den Armen muss er sich mit einer Alarmanlage schützen.«

»Und warum hat uns das Besitzstreben und das Weltbild der Moderne von der Natur entfremdet?«

»Erst mal, weil die Natur keine Ansammlung einzelner Substanzen, sondern eine Einheit ist, zu der auch wir gehören. Wir haben unsere Umwelt aber so betrachtet und behandelt: Als Objekt, dem wir einfach Eigentum entnehmen und das wir wie eine Maschine beherrschen können. Dadurch ist uns das Gespür für die Verbundenheit verloren gegangen. Wie sehr alles mit allem verbunden ist, ist uns seit der Moderne leider erst sehr spät bewusst geworden. Einen Mechanismus kann man berechnen, einen Organismus nicht. Tun wir es dennoch, ergeben sich unerwartete Konsequenzen, die auch für uns selbst oft schädlich sind. Wie man an der katastrophalen Umweltzerstörung sieht.«

»Und weiter?«

»Uns ist eigentlich die Erfahrung geläufig, dass wir die Natur nicht nur als ein Objekt unserer Bereicherung ansehen können. Wenn wir durch den Wald spazieren, spüren wir, dass die Natur einen Wert hat. Könnte das daran liegen, dass die Natur mehr ist als tote Materie? Wenn wir in der europäischen Geschichte weit zurück gehen, stoßen wir auf etwas, das in vielen Kulturen selbstverständlich war und ist: Bewusstsein ist eine wesentliche Eigenschaft des Universums. Nicht nur Gott und die Menschen haben es, sondern auch Tiere, ja sogar Pflanzen, Flüsse oder Berge. In indigenen Kulturen gab und gibt es Riten, mit denen die Natur entsprechend gewürdigt wurde und wird.«

»Was unserer Kultur fremd ist.«

»Der Mittelalterforscher Lynn White hat in einem bekannten Essay aufgezeigt, dass besonders die westliche Form des Christentums eine Ursache dafür und für unsere ökologische Krise ist: Keine Religion ist anthropozentrischer. Gott hat die Natur für den Menschen geschaffen, der selbst das Ebenbild Gottes ist. Im Mittelalter war Franz von

Assisi eine Ausnahme, der auch Tiere, Pflanzen und Berge als beseelt ansah. Er sprach sie als Brüder und Schwestern an und stellte den Menschen nicht über sie. Mit seiner Würdigung der Natur scheiterte er jedoch am Geist seiner Zeit.

In der Antike hatte bereits Aristoteles den Menschen als Vernunftwesen definiert und Tiere als vernunftlos abgewertet. Sie können vom Menschen ausgebeutet werden.

Doch eine solche Verengung trifft auch uns selbst: Wir werten in uns das weniger Vernünftige ab. Die geniale Schülerin wird mit Lob überhäuft und wenn wir ein Kind mit niedriger Intelligenz haben, das es nur auf die Förderschule geschafft hat, schämen wir uns vor dem Nachbarn.

Eine mehr oder weniger dogmatische Festlegung dessen, was wertvoll ist, trennt uns auch von der Werterfahrung. Wir nehmen es leichter hin, dass manche anscheinend weniger menschlich bzw. vernünftig und damit weniger wertvoll sind. Bei Aristoteles waren es neben den Tieren auch Frauen und Barbaren.

Es könnte aber sein, dass wir zu einem Verständnis der Natur zurückkehren, in dem Bewusstsein eine größere Rolle spielt. Heute ist man sich einig, dass Descartes bei den Tieren zu weit gegangen ist: Auch sie haben Bewusstsein und Schmerzempfinden. Philosophinnen, die heute die Tiere verteidigen, verweisen zudem auf die empirische Forschung: Wir haben keine guten Gründe, Kriterien unserer Höherwertigkeit für uns alleine zu beanspruchen. Tiere können denken, sie sind Subjekte eines Lebens und nach der Philosophin Alice Crary liegt es nahe, dass sie auch Wertempfinden haben.

Darüber hinaus wird in der Philosophie heute wieder vermehrt darüber nachgedacht, ob Bewusstsein nicht eine grundlegende Eigenschaft von Materie sei. Dieser Gedanke ist nichts Neues, er war in der antiken Philosophie verbreitet und seit der Renaissance immer präsent. Er ist ungewohnt, weil das materialistische Bild so selbstverständlich geworden ist. Wie Bertrand Russell, Arthur Eddington, Alfred North Whitehead und andere hervorgehoben haben, kann uns die Physik aber keine Auskunft über die inneren Eigenschaften der Materie geben. Bewusstsein ist wiederum eine Eigenschaft des Universums: Wir haben es. Dass wir es haben, ließe sich erklären, wenn Bewusstsein eine grundlegende Eigenschaft von Materie ist. Auch Pflanzen und Atome haben also basalere Formen von Bewusstsein.

Einige Philosophen sind noch weiter gegangen und haben dem Universum selbst Bewusstsein zugeschrieben. Im Pantheismus ist die Natur Gott, im Panentheismus ist die Natur Teil von Gott. Ob mit oder ohne Gott – in dieser Denktradition ergibt sich ein vollkommen anderes Bild der Natur als es Descartes hatte: Die gesamte Natur ist eine bewusste, werthafte Einheit. Das ist natürlich spekulativ. Aber das mechanistische Weltbild ist auch spekulativ und doch ist es tief in unser kollektives Bewusstsein eingedrungen: Ein totes Universum, das wir beliebig unserer Verfügungsgewalt unterwerfen können. Ein Universum, in dem Naturverbundenheit eine Art Einbildung ist und in dem wir selbst keinen Platz und keine Heimat haben. Eine werthafte Einheit hingegen gibt uns Sinn, wie dies in vielen Kulturen zum Ausdruck kommt. Die Gier, zu haben, zu verdinglichen, widerspricht diesem Bild des Universums, aber auch uns selbst, die wir Teile dieses Ganzen sind. Was uns entspricht, ist, wie ich beschrieben habe, zu *sein*: Kreative Arbeit, sich mit Freunden treffen, feiern, Naturverbundenheit, Spiel usw. So sind wir jedoch zu Heimatlosen geworden und auch deshalb tun wir uns schwer, das Besitzstreben und Leistungsdenken in unserem Leben grundlegend in Frage zu stellen. Was soll an dessen Stelle treten?«

»Wir haben demnach also viel verloren.«

»Das individualistische und mechanistische Weltbild der Moderne umfasst tiefgreifende Verneinungen: Die Verneinung von Wert und die Verneinung von Verbundenheit, wovon der Mensch nicht ausgenommen ist. Das Bild des Universums als werthafte Einheit findet sich in verschiedenen Kulturen und Philosophien: In der indischen Philosophie, in der Lehre Laotses, in indigenen Weltbildern und im Westen beispielsweise in der milesischen Naturphilosophie, bei Baruch de Spinoza, Johann Wolfgang von Goethe, Charles Sanders Pierce, Henri Bergson und Alfred North Whitehead, dem Begründer der Prozessphilosophie. Für den protestantischen Prozesstheologen John B. Cobb ist die Wiederentdeckung dieses Denkens entscheidend, um die Krisen, die die Moderne und der Kapitalismus hervorgebracht haben, zu überwinden. Nicht Verbundenheit, Organismus und Holismus, sondern Individualismus und Mechanismus beherrschen ihm zur Folge nach wie vor fast alle Disziplinen unserer Universitäten und die Institutionen unserer Gesellschaft. In der universitären Makroökonomie beispielsweise wird der Holismus negiert und die gesamte Volkswirtschaft durch ein einziges Individuum repräsentiert.«

»Das musst du mir erklären.«

»Wir kommen noch dazu. Auch für den deutschen Soziologen Hartmut Rosa, der an Marx und Fromm anknüpft, reicht es nicht, wenn wir uns zur Lösung der Krisen auf das beschränken, was wir in der Moderne gelernt haben: Die Welt zu berechnen und Technik zu produzieren. Wir brauchen eine Art religiöser Erweckung, womit er lediglich meint, dass wir zu Hörenden werden, die miteinander und mit der Natur wieder in Verbindung treten. Damit ist nicht gesagt, dass wir die notwendigen Veränderungen ohne sorgfältige Planung schlicht auf Grund eines guten Gefühls mit einem Fingerschnipsen umsetzen sollten. Aber wir können die Motivation dafür in der Gesellschaft nicht erreichen, wenn wir die tiefen Verneinungen, die das Denken der Moderne gebracht hat, nicht überwinden.«

Veränderung ohne Verdammung anderer

»Ich denke auch, dass eine grundlegende Kritik am Besitzstreben und Leistungsdenken bei vielen auf großen Widerstand stoßen wird. Die Menschen definieren sich leider durch ihren Besitz, er ist zu ihrer zweiten Natur geworden. Wenn die Anerkennung in der Gesellschaft so von Leistung und vom Eigentum abhängt, ist es schwer, dass dieses Denken nicht in Fleisch und Blut übergeht. Auch meine Familie kommt nicht darum herum: Mehr Geld bedeutet für uns mehr Leben. Trotzdem sagen gerade diejenigen, die im Reichtum leben, zu uns: Ihr könnt doch zufrieden sein, in Afrika würdet ihr hungern. Andere wollen uns nicht mehr geben, weil das wiederum dem Klima schadet. Und dann wundern sie sich, dass das zu großer Wut, wenn nicht zum Hass führt.

Wenn die Natur und die künftigen Generationen wichtig sind, müssen wir logischerweise auch wichtig sein. So hat man uns aber nie behandelt. Wir sehen auch nicht, dass die Wohlhabenden und Reichen ihr Denken ändern. Sie beharren weiterhin darauf, viel mehr zu bekommen, weil sie angeblich mehr leisten. Obwohl das dem Klima schadet. Kein Wunder, dass viele von uns sagen: Mal sehen, ob das mit dem Klima überhaupt stimmt. Das gilt auch für viele Wohlhabende, die ihren Lebensentwurf auf Eigentum und Konsum aufgebaut haben. Das soll jetzt alles falsch sein? Wir, die uns angestrengt haben, sollen jetzt auf einmal die Bösen sein? Wenn die Ungleichheit so groß bleibt oder sogar wächst, sind Ressentiments auch weiterhin vorprogrammiert.

Selbst wenn sie akzeptieren, dass sich etwas ändern muss, kommen sie aus ihrem Belohnungssystem, das vom Konsum abhängt, nicht so einfach heraus. Ich denke, es ist etwas dran, dass eine tiefere Veränderung von einer Gemeinschaft, in der sich die Menschen getragen fühlen und von der Überwindung des Leistungsdenkens abhängt. Vielleicht auch von einem holistischen Bild der Natur. Sicher nicht von der wütenden Verdammung der Gesellschaft, die aus der Verneinung nicht herausführt, sondern sie nur bestätigt. Wenn aber Individualismus, Mechanismus und Kapitalismus tiefere Ursachen sind, was kann im Hinblick auf das Eigentum die Alternative sein? Kommunismus hört sich für mich auch nicht gerade demokratisch an.«

Privateigentum und Demokratie

»Das ist sicher ein Missverständnis. In einem autoritären oder totalitären kommunistischen Staat bedeutet Staatseigentum nicht Gemeineigentum, denn die Verfügungsgewalt hat eine kleine Minderheit. Umgekehrt ist Privateigentum natürlich ebenfalls nicht gleichbedeutend mit Freiheit und Demokratie. Privateigentum bedeutet ja gerade, die Freiheiten anderer zu beschränken. Wenn ich die Verfügungsgewalt über hundert Quadratkilometer habe, dürfen alle anderen dieses Land nicht mehr betreten, außer ich erlaube es ihnen. Die absolute Verfügungsgewalt über etwas ist ein sehr umfassendes Recht. Es kann leicht mit den Interessen anderer in Konflikt geraten, die Gesundheit und Sicherheit gefährden oder zu Korruption führen. Ob ein autoritärer Staat oder ein privater Konzern die Geschicke eines Landes bestimmt, macht aus demokratischer Sicht keinen Unterschied.

Privateigentum und Demokratie stehen also in einem Spannungsverhältnis. Und in vielen Bereichen der Gesellschaft hat die Demokratie diese Verfügungsgewalt deshalb beschränkt, wenn es etwa um Tiere, Ressourcen, Grundstücke, Technik oder Geldmittel geht. Nur ein Teil der absoluten Verfügungsgewalt wird als legitim angesehen. Darum besteht zwischen Privateigentum und Gemeineigentum ein fließender Übergang. Selbst bei Nozick ist Privateigentum nicht unbeschränkt, weil auch der Minimalstaat Arbeit und Güter der Gemeinschaft benötigt, die er zwangsweise erheben muss. John Rawls hat Ungleichheit davon abhängig gemacht, dass sie den Schwächsten nutzt. Andernfalls muss sie umverteilt werden. Hanoch Dagan, der israelische Eigentumstheoretiker, hat sich für ein allgemeines Recht auf ein Eigenheim ausgesprochen, das die politische Gemeinschaft organisieren muss. Er ist ein Liberaler, was zeigt, dass es ein Missverständnis ist, Liberalismus mit einer Eigentumsverteilung gleichzusetzen, die alleine vom Markt bestimmt wird.«

»Jeder bekommt Privateigentum in Form eines Eigenheims – das würde unsere Situation sehr verbessern. Und was wäre ein Beispiel für ein Gemeineigentum, das man demokratisch nennen kann?«

»Wenn beispielsweise eine Stadt einen Park besitzt und deren Bürger in einem demokratischen Verfahren bestimmen, wie dieser Park von allen genutzt werden darf. Ähnliches kann man sich auch mit Unternehmen vorstellen. Sie gehören allen Bürgern der Stadt. Es existieren ja immer noch viele kommunale Unternehmen in den Bereichen Wasser, Elektrizität, Immobilien, Verkehr usw. Selbst für die Landwirtschaft und Industrie gibt es Beispiele. Die Stadt Zürich verpachtet nicht nur Felder an Landwirte, sondern bewirtschaftet sie auch mit städtischen Landwirten. Dieses Gemeineigentum ist in dem Maße demokratisch, wie demokratisch die Stadt Zürich bzw. die Schweiz ist. In Zürich gibt es wie in der gesamten Schweiz neben Wahlen auch vom Stadtvolk initiierte Abstimmungen, mit der auf die Politik der Stadt Einfluss genommen werden kann. Wenn wir uns als Menschen erleben, die von einer Gemeinschaft getragen sind, in der wir etwas zu sagen haben, sind wir auch weniger von Leistung und Konsum abhängig.«

»Die Alternative zum Wettbewerb wäre also Gemeinwirtschaft, die per Definition demokratisch sein muss?«

»Ja.«

»Und kann das funktionieren?«

»Darüber unterhalten wir uns, wenn wir über das Verhältnis von Wirtschaft und Demokratie nachdenken.«

»Wenn auch liberale Denker für Umverteilung und Beschränkungen von Privateigentum eintreten, wird die Realität dann diesem Maßstab gerecht? Was meine Erfahrung angeht: Im Hinblick auf das Eigentum hinken Freiheit und Demokratie weit hinter dem her, wie sie von der Politik oft angepriesen werden.«

Eine andere Geschichte von Freiheit und Demokratie

»Die Geschichte von Freiheit und Demokratie lässt sich in der Tat anders schreiben, weil das so hoch gelobte Eigentumsrecht nicht auf faire Weise zustande gekommen ist. Auf die ungerechte und undemokratische Entwicklung des Eigentumsrechts hat zuletzt die Rechtsprofessorin Katharina Pistor aufmerksam gemacht.

Ihr zufolge hat der Einfluss der Wohlhabenden auf die Eigentumsordnung historisch eine wichtige Rolle gespielt. Im frühneuzeitlichen England beispielsweise gab es noch keine staatlich fixierte Eigentumsordnung, sondern ein Gewohnheitsrecht. Dann begannen die Landlords die Bauern zu vertreiben, die gewöhnlich deren Ländereien benutzen durften. Dagegen lehnten sich die Bauern natürlich auf, immerhin ging es um ihre Existenz.

Die Landlords und ihre Anwälte wirkten daraufhin auf die Politik ein, die ihnen nach und nach sehr weitgehende Eigentumsrechte an ihren Ländereien gewährte. Als sie jedoch bemerkten, dass sie durch die Eigentumsordnung ihre Ländereien auch verlieren konnten, wenn sie pleite waren, setzten sie wiederum ihre Anwälte ein, um die Eigentumsordnung zu ihren Gunsten zu verändern. Ihre Ländereien durften fortan nicht mehr oder nur zum Teil versteigert werden, mit der seltsamen Begründung, dies diene den nächsten Generationen.

Dieses Problem ist nach Pistor allgegenwärtig. Es gibt in den westlichen Eigentumsordnungen tatsächlich viele seltsame Details, die reichen Menschen oder einflussreichen Unternehmen nutzen. In Deutschland haben zuletzt Cum-Ex-Geschäfte Schlagzeilen gemacht. Im Gegensatz zu euch kann Raschs Unternehmen durch verschiedene Tricks die Grunderwerbssteuer vermeiden, wenn es ein Haus kauft. Das Recht kommt ihm entgegen. Anwälte nutzen heute alle Möglichkeiten des internationalen Rechts aus, um das Eigentum ihrer reichen Mandanten nicht nur zu schützen, sondern auch die Rechtsordnung zu ihren Gunsten neu zu codieren. Das bekannteste Beispiel dafür sind Steueroasen. Auch können sie sich zum Teil aussuchen, welches nationale Recht für ihre Mandanten gelten soll: deutsches Recht, spanisches Recht oder das Recht im US-Bundesstaat Delaware.«

»Die Demokratien geben also viel Macht an die Unternehmen ab?«

»Ja. Die neoliberale Revolution hat hier viel möglich gemacht. Es entstand eine Politik, die immer mehr Bereiche der Gesellschaft in die Hände privaten Eigentums gegeben hat: Gesundheit, Transport, Kommunikation, Altersvorsorge und vieles andere. Privatisierung bedeutet aber, dass ein erheblicher Teil des gesellschaftlichen Lebens nicht mehr durch die demokratische Gemeinschaft kontrolliert wird, sondern durch private Akteure wie Investoren. Nicht mehr die Stadt, sondern Aktionäre entscheiden über die Instandhaltung der U-Bahn oder über die Ausstattung des Krankenhauses.«

»Oder wer in unserer Straße wohnen darf.«

»Ja. Diese Freiheit ist der demokratischen Gemeinschaft entzogen, solange sie nicht beginnt, diesen gesellschaftlichen Bereich durch strengere Regulierungen oder Vergemeinschaftung in die Politik zurückzuholen.«

»Was kann man dagegen tun?«

»Politisch aktiv werden. Das Leistungsdenken, die Eigentumsverhältnisse und unser Bild der Natur mit anderen diskutieren. Über Alternativen streiten. Wie könnte eine Gesellschaft aussehen, in der die Gemeinschaft und das Bewusstsein der gemeinschaftlich erbrachten Leistung im Vordergrund stehen? Man sollte sich klarmachen, welche Position die Parteien heute einnehmen und wie die Medien darüber berichten. Es gab Phasen, wie in der Zeit nach dem Zweiten Weltkrieg, in denen es gelang, die Ungleichheit zu reduzieren. Der Abstand zwischen den geringsten und höchsten Löhnen war viel kleiner als heute. Auch bei Großunternehmen lag er oft lediglich beim zwanzig- statt hundertfachen wie heute. Die Reichensteuern betrugen zeitweise sogar über 90 Prozent. Damals war auch viel mehr Wohnraum in öffentlicher Hand, ebenso wie andere wichtige Sektoren der Wirtschaft. Der Verkauf der Sozialwohnungen wäre ein guter Anlass für euer politisches Engagement. Wenn ihr euch mit anderen zusammentut, könntet ihr Druck auf den Stadtrat und den Bürgermeister ausüben. Ihr könntet eine Bürgerinitiative gründen.«

»Meinst du das schaffen wir?«

»Wohnungsnot und hohe Mieten sind ein großes Problem in unserer Stadt. Ich glaube, ihr werdet auf offene Ohren stoßen.«

Das wollte ich mir nicht zweimal sagen lassen. Kaum war ich wieder zu Hause, rief ich Lukas an und erzählte ihm alles. Wir diskutierten bis tief in die Nacht und schmiedeten einen Plan: Die Stadt musste aufgerüttelt werden.

Und hier sind verschiedene Spektren von Positionen zu einigen der besprochenen Fragen:

Wo stehen Parteien und Medien?

egalitär ←――――――――――――――――→ elitär

Wie sollte in Unternehmen rechtlich der größte Abstand zwischen den Einkommen sein?

Gleichheit	1:2	1:10	1:20	1:100	unbegrenzt

Wie ungleich sollten die Vermögen maximal sein?

Gleichheit	1:2	1:100	1:1000	1:10000	unbegrenzt

Welche Bereiche der Wirtschaft sollten Privateigentum sein?

keiner		einige nicht			alle
	+ Industrie + Landwirtschaft	+ Finanzen + Wohnen	+ Gesundheit + Vorsorge + Verkehr	+ Energie + Bildung	unbegrenzt

Wie hoch sollte die Sozialhilfe sein?

Durchschnittseinkommen				Hartz-IV-Satz	null

Positionen, Begriffe, Argumente

Privateigentum beinhaltet das Recht zur **absoluten Verfügungsgewalt** über ein Gut. Dazu gehört das dauerhafte Recht, es zu nutzen, zu verbrauchen, zu verleihen, zu verkaufen, zu vererben und zu zerstören.
Gemeineigentum setzt Demokratie voraus, denn wenn etwas allen gehört, müssen auch alle mitentscheiden können. Ein autoritärer Sozialismus beinhaltet deshalb faktisch Privateigentum der herrschenden Elite über die angeblich öffentlichen Güter.

Argumente für Privateigentum bzw. gegen Steuern:

- Nach der **Theorie der Erstokkupation** ist jemand berechtigter Eigentümer über ein herrenloses Gut, wenn er es okkupiert, d. h. seinen Willen, es zu besitzen, durch eine Handlung wie Einzäunen öffentlich sichtbar macht.
- **John Lockes Arbeitstheorie** zur Folge ist jemand berechtigter Eigentümer eines herrenlosen Guts, wenn sich das Selbsteigentum über seine Person durch Arbeit mit diesem Gut vermischt.
- Nach der **Nutzentheorie** ist Privateigentum berechtigt, weil eine Eigentumsordnung mit Privateigentum nützlicher ist als eine Eigentumsordnung ohne Privateigentum (**David Hume**). Nach dem Modell der **freien Marktwirtschaft** sollte Eigentum zudem ausschließlich durch den Markt verteilt werden, weil Markt und Wettbewerb effizienter sind als eine durch die Gesellschaft koordinierte Verteilung.
- Im neoliberalen Modell der **Leistungsgesellschaft** ist die Verteilung durch den Markt ist gerecht, weil sie dem individuellen Verdienst für die Gesellschaft entspricht.
- Für **Robert Nozick** sind Steuern Diebstahl und bedeuten faktisch Zwangsarbeit, da ein Teil der Arbeit umsonst verrichtet werden muss.

Argumente für eine Beschränkung von Privateigentum bzw. Gemeineigentum:

- Ein Recht zur absoluten Verfügungsgewalt über ein Gut ist illegitim, wenn dies gegen **grundlegendere moralische Normen** verstößt. Beispiele sind der Besitz eines Sklaven oder das Foltern der eigenen Katze. Eigentumsrechte sollten entsprechend beschränkt werden.
- Die **Pflicht zur Nothilfe** kann das Interesse an eigenen Gütern leicht übertreffen (**Thomas von Aquin**, **Peter Singer**). Da Armut und Krankheit allgegenwärtig sind, ist Reichtum nach **Max Horkheimer** eine Form unterlassener Hilfeleistung.

- Ein Recht auf absolute Verfügungsgewalt ist illegitim, wenn es einen **Nachteil für die anderen** beinhaltet. Dies kann leicht der Fall sein, sowohl bei einer Erstokkupation als auch bei Arbeit. Zu den Nachteilen einer kapitalistischen Eigentumsordnung gehört die Entfremdung des Menschen von sich selbst, der sozialen Gemeinschaft und der Natur (**Karl Marx, Erich Fromm**). Dazu haben der Individualismus und Mechanismus der Moderne wesentlich beigetragen. Ist der Mensch aber wesentlich Teil einer Gemeinschaft, fallen Egoismus und Altruismus zusammen. Die Natur ist keine Ansammlung individueller Substanzen, sondern eine werthafte Einheit. Ihre Verdinglichung durch das Besitzstreben steht dazu im Widerspruch.
- Die Gewährung von Eigentumsrechten für Arbeit ist angemessen, wenn mit der Arbeit einer Person ein entsprechender **Verdienst** für die Gesellschaft verbunden ist, das Verfügen über Eigentumsrechte ihr Wunsch ist und deren Nachteile nicht überwiegen. Der Verdienst lässt sich nicht objektiv messen. Bei hohen Einkommen wird oft übersehen, wie viele Zufälle und Verdienste anderer die Ursachen der Leistung sind.
- Durch Privateigentum wird Freiheit gewährt, aber es beschränkt zugleich die **Freiheiten anderer**. Welche Kombinationen Verfügungsrechten bzw. Freiheiten gelten sollen, obliegt der demokratischen Gemeinschaft. Zwischen Privateigentum und Gemeineigentum besteht ein fließender Übergang.
- Die Geschichte zeigt nach **Katharina Pistor**, dass die Reichen einen erheblichen Einfluss auf die heutige Gestalt der Eigentumsordnung hatten, die diese auf unfaire Weise bevorteilt.

4. Wirtschaft und Demokratie

Leon: »Das ist doch totalitär!«

Gleich nach der sechsten Stunde eilten Lukas und ich in die Aula, denn wir hatten noch eine Menge vorzubereiten. Als ich den Saal betrat, der in wenigen Stunden voll von Leuten sein würde, überkam mich eine freudige Erwartung, gepaart mit der Sorge, ob die Veranstaltung von den Besuchern nicht missbilligt würde. Wir hatten ja keinerlei Erfahrung mit so was. War unser Anliegen denn kein wichtiges Thema für den Unterricht? Für die Erziehung zum »mündigen Bürger einer Demokratie« wie Herr Müller zu sagen pflegte? Wir hatten zwar geübt, wie man eine Präsentation hält, aber nicht, wie man eine Bürgerinitiative vorbereitet. Dementsprechend war unsere Präsentation ausgearbeitet, der weitere Ablauf aber immer noch unklar. Würden wir bis um Sieben mit den Vorbereitungen fertig sein, wenn es losgehen sollte?

Nach allem, was wir von Sophie gelernt hatten, wollten wir die Veranstaltung so demokratisch wie möglich gestalten. Das entpuppte sich aber viel schwieriger als gedacht und begann bereits bei der Bestuhlung eine Menge Fragen aufzuwerfen. Wie sollten wir die Stühle aufstellen? Dem Smartphone entnahmen wir die Möglichkeiten: Kinobestuhlung, parlamentarische Bestuhlung, Bankettbestuhlung, Blockbestuhlung, U-Form-Bestuhlung, Boardroombestuhlung und Kabarettbestuhlung. Die Kinobestuhlung schied klarerweise aus, allerdings wäre dies mit der geringsten Arbeit verbunden gewesen, denn die Stühle standen bereits wie eine Kompanie in Reih und Glied. Am demokratischsten erschien uns die Bankettbestuhlung: Runde Tische, an denen alle gleich weit voneinander entfernt waren und niemand eine hervorgehobene Position hatte. Runde Tische gab es aber nicht. Ohnehin würde der Raum dann nur für hundert statt fünfhundert Personen reichen und das fanden wir viel zu wenig.

Also kleine Runden ohne Tische? Aber was, wenn die Teilnehmer das gar nicht wollten? Wäre es nicht undemokratisch, ihnen eine Sitzordnung vorzuschreiben? Also ließen wir die Stühle so wie sie waren und fertigten kleine Stimmzettel an. Niemand sollte bei der Abstimmung einen Grund zur Scheu haben. Bei fünfhundert Teilnehmern und vielleicht zehn Abstimmungen waren 5000 Stimmzettel notwendig. Aber würden geheime Abstimmungen über jede Kleinigkeit das Ganze nicht sehr verzögern und schlimmstenfalls den demokratischen Geist ersticken? Zur Verfügung wollten wir die Stimmzettel aber in jedem Fall haben. Zum Glück lieh uns die Sekretärin die Schneidemaschine, sonst hätten wir die Veranstaltung zweifellos mit dicken Schwelen an den Händen beginnen müssen. Wie verteilten die Stimmzettel auf zehn Pappschachteln, die wir auf der Bühne bereitstellten, damit wir sie schneller unter der Menschenmenge verteilen konnten.

Um fünf vor Sieben war der Saal immer noch so still und leer wie in den tiefsten Sommerferien. Nur die von der Abendsonne beschienenen Holzverkleidungen hörte man knacken, als würden nicht wir, sondern sie den Saal für eine Diskussion beanspruchen. Um Sieben begannen wir daran zu zweifeln, ob wir auf den Plakaten den heutigen Tag angegeben hatten und Lukas wollte schon losziehen, um nachzusehen. Da drang vom Gang das Geräusch von Schritten in den Saal, ungleichmäßige Schritte mehrerer Personen, aber mit einer bekannten, stockenden Regelmäßigkeit darin. Das konnte nur mein Vater sein. Er kam mit seinem Freund Martin in den Saal und hinter ihnen, etwas abgehängt und aus der Puste: meine Großmutter!

Mein Vater sah sich im Saal um und rief: »Machen die Stühle auch mit? Ansonsten wird es schwer für uns, den Bürgermeister zu beeindrucken.«

»Jetzt entmutige deinen Sohn doch nicht gleich, das wird schon werden«, entgegnete Martin, der ebenso entschlossen zu sein schien wie er dünn war. »Finde ich absolut klasse die Initiative und das in eurem Alter!«

Meine Großmutter steuerte direkt auf mich zu und umarmte mich, als hätten wir uns Jahre nicht mehr gesehen. »Hier«, sagte sie und holte eine große Dose Kekse hervor, »das habe ich euch zur moralischen Unterstützung mitgebracht.« Obwohl ich die Kekse nicht besonders mochte – in diesem Punkt schien meine Großmutter unbelehrbar zu sein – freute ich mich sehr darüber und dachte, allein ihretwegen habe sich die Veranstaltung schon gelohnt.

Wir warteten noch eine Viertelstunde, in der ich mit Lukas die Bestuhlung noch etwas zurechtrückte, obwohl uns das ziemlich hoffnungslos vorkam. Als niemand mehr zu kommen schien, setzten wir uns zu den Dreien, die schon angefangen hatten, über den Verkauf der Sozialwohnungen und den Vorfall mit Rasch zu sprechen. Meine Großmutter schüttelte ständig den Kopf und murmelte immer wieder »auch das noch, nach allem was der angerichtet hat«, bis Lukas neugierig hervorstieß: »Was hat er denn angerichtet?« Lukas kannte Rasch bereits aus den Berichten seines Vaters. Meine Großmutter setzte eine Miene auf, als würde gleich ein Schwall von Worten auf uns niedergehen, hielt dann aber plötzlich inne und wandte sich an meinen Vater: »Willst du das nicht erzählen? Das ist doch deine Geschichte.«

»Ach, das bringt doch jetzt nichts«, brummte mein Vater widerwillig und winkte verärgert ab. Es schien ihm sehr unangenehm, darüber zu sprechen. Meine Großmutter zögerte einen Moment betroffen, sagte dann aber entschlossen: »Also ich finde, Lukas sollte das erfahren! Alle sollten das erfahren, sonst wird sich doch nie etwas ändern.«

»Ich kann das übernehmen, ich war ja auch betroffen«, warf da Martin ein, um meinen Vater zu schonen. Martin begann daraufhin eine Geschichte zu erzählen, die nicht nur Lukas, sondern auch mich sehr erschütterte, da sie mir nur vage bekannt war:

»Vor acht Jahren haben Frank und ich für die B. R. gearbeitet, die Badarmaturen herstellt. Der Chef und Inhaber der Firma war Heribert Brand. Er hatte sie von seinem Vater übernommen und ausgebaut. Um es kurz zu machen: Unser Gehalt war erbärmlich und das Betriebsklima miserabel. Wenn Brand jemand loshaben wollte, scheute er sich nicht, die miesesten Methoden einzusetzen. Wilfried beispielsweise, der ihm zu renitent war, ließ er einmal hunderte Schrauben in einer Kiste zählen, die für den Schrottplatz bestimmt war. Irgendwann hatten sie ihn soweit, dass er dem Vorarbeiter eine wischte. Das war's dann für ihn, nach fünfundzwanzig Jahren. Später war er trotz alledem noch einmal ein paar Wochen im Betrieb. Allerdings mit Wischmopp und Putzwagen. Ich weiß nicht, wie er es ertragen konnte, vor seinen ehemaligen Mitarbeitern wochenlang den Hallenboden zu wischen. Ich vermute, dass er es nicht riskieren wollte, den Job von der Zeitarbeitsfirma zu kündigen. Leiharbeiter sind sowieso die ärmsten Schweine.«

»Warum denn?«, wollte Lukas wissen.

»Weil das Sklavenarbeit ist«, antwortete mein Vater. »Als Leiharbeiter bist du ein Mensch zweiter Klasse. Du verdienst oft nur die Hälfte von der Stammbelegschaft, obwohl du die gleiche Arbeit machst. Wenn du die Belegschaft gerade ein bisschen kennen gelernt hast, ist es oft schon wieder vorbei. Leiharbeit macht einsam. Die Jobs sind manchmal im ganzen Land verstreut. Es gab Phasen, da dachte ich, Alex und Leon werden bald Onkel zu mir sagen, wenn das so weitergeht. Manchmal gibt es auch länger keinen Job, dann musst du wieder Arbeitslosengeld beantragen. Dieses Hin und Her macht dich richtig mürbe.«

»Erzähl mal ein Beispiel«, warf Lukas ein.

»Einmal bekam ich mit zwei andern einen Job bei einem Waschmaschinenhersteller in der Produktion, über hundert Kilometer von hier. Die Benachteiligung fing damit an, dass wir eine andere Arbeitskleidung als die Stammbelegschaft bekamen. Wo du auf dem Werksgelände auch hingehst, jeder weiß sofort: Das sind Arbeiter zweiter Klasse. Da wir auch keine Spinde bekamen, sollten wir uns in der Halle umziehen. Als wären wir irgendwelche Vagabunden, mussten wir vor den anderen die Hosen runterlassen! Dann wurde ich an einen Arbeitsplatz gestellt, wo ich Kabel in ein Elektromodul stecken musste. Eine stupide Arbeit, aber da will ich mich gar nicht beschweren. Im Gegenteil. Allzu oft saß ich in meiner kleinen Bude in einer Absteige und wartete darauf, dass wieder Arbeit anfällt. Gab es keine Arbeit, bekam ich auch keinen Lohn. Für diesen Leerlauf haben sie mir dann auch noch das Geld für die Überstunden abgezogen. Das ist zwar nicht erlaubt, aber eine Zeitarbeitsfirma hat genug juristische Tricks und Druckmittel, um dir das Geld auch noch aus der Tasche zu ziehen, wenn sie will.«

»Außer wenn du über eine seltene Spezialisierung verfügst«, ergänzte Martin, »dann hofieren sie dich.«

»Richtig«, fuhr mein Vater fort. »Bei meiner ersten Gehaltsabrechnung haben dann etliche Stunden gefehlt. Als Leiharbeiter kannst du dir zweimal überlegen, ob du dich beschwerst. Ich hab' mich damals jedenfalls nicht getraut.«

»Eine Schande ist das«, entrüstete sich meine Großmutter, »eine Schande, wohin die Politik unser Land gebracht hat. Wie soll man sich denn sich denn so etwas aufbauen, geschweige denn eine Familie planen. Zu meiner Zeit gab es so etwas nicht.«

»Warum gibt es überhaupt so ein Zweiklassensystem?«, wollte Lukas wissen.

»Der offizielle Grund sind Produktionsspitzen, tatsächlich werden Leiharbeiter aber in großem Maßstab eingesetzt, um an den Löhnen zu sparen. Leiharbeiter haben aber noch einen weiteren Vorteil: Die Stammbelegschaft kriegt vors Auge gehalten, was ihnen blüht, wenn sie nicht spuren. Und das war Brand nur recht.«

»Ganz genau«, hakte Martin ein, »zurück zu unserer Geschichte. Irgendwann gab es eine große Mitarbeiterversammlung, zu der die Belegschaft zusammengetrommelt wurde. Brand gebärdete sich auf der Bühne vor seinen PowerPoint-Folien, als hätte er die Unternehmensführung neu erfunden und als würden wir in ein neues, nie dagewesenes Zeitalter aufbrechen. Er reihte eine Phrase an die andere und schwafelte von »globaler Herausforderung«, »Transparenz«, »Transformation der Arbeit«, »Solidarität mit dem Unternehmen« usw. Mir war sofort klar, was das für das bedeutet: noch mehr Druck und noch weniger Lohn. Das nie dagewesene Zeitalter bedeutete nichts anderes, als dass Rasch als Investor eingestiegen war und eine satte Rendite aus dem Unternehmen pressen wollte. Und ›Solidarität mit dem Unternehmen‹ hieß für einen Teil der Belegschaft, dass ihr wegen ›Umstrukturierungen‹ erst mal gekündigt wurde. Ein anderer Teil wurde nach und nach durch Leiharbeiter ersetzt. Manche von ihnen gingen in Rente, anderen wurde wegen Verstößen gegen die Betriebsordnung gekündigt, als sie Brand von ein paar angeblichen Praktikanten ausspionieren ließ. Die Stimmung in der Belegschaft sackte noch weiter in den Keller. Dann wurde die Kontrolle jedes Arbeitsschritts mit Hilfe der computergesteuerten Maschinen immer weiter ausgebaut. Als Brand auch noch auf die Idee kam, die Uhrzeiten für Toilettengänge zu regeln, begann sich bei einem Teil der Belegschaft Widerstand zu formieren: Ein Betriebsrat muss her! Mir war klar, dass das nicht leicht würde, aber wenn ich geahnt hätte, welcher Horror da auf uns zukommt ...«

»Warum gab es bei euch denn keinen Betriebsrat?«

»Weil sich bisher niemand getraut hatte, einen zu gründen«, fuhr Martin fort. »Betriebsräte sind für Geschäftsleitungen meist ein rotes Tuch. Ganz besonders, wenn Gewerkschaften mitspielen.«

»Was ist denn an Gewerkschaften so schlimm?«

»Sagt mal, was lernt ihr eigentlich in der Schule?«, fragte Martin empört. »Gewerkschaften haben das Recht, Streiks durchzuführen und einen Tarifvertrag auszuhandeln.«

»Ach so, ja«, erwiderte Lukas, etwas peinlich berührt »ich erinnere mich dunkel, dass wir mal darüber gesprochen haben.«

»So etwas nennt man dann demokratische Bildung. Dieses Thema sollte ausführlichst behandelt werden«, rief er. »Das betrifft doch euer ganzes Arbeitsleben. Jedenfalls, Frank, Herbert und ich waren die einzigen Mitarbeiter, die in einer Gewerkschaft waren. Ohne eine Gewerkschaft im Rücken hätten wir uns da sowieso nicht ran getraut. Als wir anfingen, eine Wahl vorzubereiten, hat Brand uns sofort zu sich ins Chefbüro bestellt. Ich hatte eigentlich erwartet, dass er uns in der Luft zerreißt, aber er machte erst mal einen auf beleidigt. Was das denn sollte, ob man ihm denn nicht vertraue, dass er für Probleme immer ein offenes Ohr habe usw. Dann hat er ein bisschen Süßholz geraspelt, von Gehaltserhöhung schwadroniert und uns einen ›Vertrauensrat‹ vorgeschlagen, den die Geschäftsleitung gemeinsam mit uns bestimmt. Als er aber gemerkt hat, dass wir uns mit so einem Fake nicht über den Tisch ziehen lassen, wurde er ausfällig und drohte uns mit harten Konsequenzen. Und als wir drei dann zu Wahlvorständen gewählt wurden, hat er uns fristlos gekündigt. Hausverbot erhielten wir auch.«

»Eine Schande«, brummte meine Großmutter und schüttelte den Kopf. »Was für eine Angst da in eine Familie hineingetragen wird! Die Kündigung hat er am Freitag in den Briefkasten werfen lassen. Das ganze Wochenende diese quälende Ungewissheit, ohne dass man reagieren kann. Furchtbar!«

»Danach habe ich zum ersten Mal einen Gerichtssaal von innen gesehen. Die Kündigungen wurden natürlich abgewiesen, aber das war Brand egal. Ihm ging es um die Einschüchterung seiner Angestellten. Danach hat er auf das Anraten von Rasch eine Anwaltskanzlei engagiert, die auf Union Busting spezialisiert ist, denn die kennen sich mit den juristischen und psychologischen Tricks bestens aus.«

»Union Busting?«

»Union Busting bedeutet Gewerkschaftszerschlagung. Diese Gangstermethoden sind in den USA besonders verbreitet. Das Union Busting hat dort eine lange Tradition. Die einst großen Gewerkschaften wurden dort massiv bekämpft. Mit Erfolg. In der Privatwirtschaft sind es heute dort nur noch wenige Prozent, die in Gewerkschaften organisiert sind. Kanzleien kassierten von amerikanischen Unternehmen viele Millionen Dollar für das Bekämpfen der Gewerkschafter. Auch Brand scheute da keine Ausgaben. Seine neue Strategie war jetzt: Eigene Kandidaten aufstellen und uns fertig machen, wo auch immer sich die Gelegenheit bietet. Würde ich die Horrorgeschichte mit allen Einzelheiten erzählen, säßen wir morgen noch hier. Gegrüßt hat er uns sowieso nicht mehr, genauso wie seine Handlanger. Er hat versucht, uns zu isolieren, indem er durchsickern ließ, man dürfe nicht mehr mit uns sprechen. Kollegen, die es dennoch taten, bekamen Abmahnungen. Überhaupt hagelte es Abmahnungen in dieser Zeit. Ein paar Arschkriecher hängten

Plakate auf, auf denen stand: ›Die Gewerkschaftler wollen das Unternehmen zerstören‹ oder ›Wir sind eine Familie. Gebt den Spaltern von der Gewerkschaft keine Chance.‹«

»Darf man denn solche Plakate überhaupt aufhängen?«

»Nein. Aber um uns dagegen zu wehren, mussten wir klagen. Ständig mussten wir klagen. Wir mussten auch klagen, weil Brand uns nicht die Mitarbeiterlisten ausgehändigt hat, die man für die Wahl benötigt. Wegen so einem Furz. Wie belastend so etwas ist, lässt sich kaum in Worte fassen. Das Ganze zog sich ja über Monate hin. Trotz allem bekamen wir Gewerkschaftler die Mehrheit im Betriebsrat. Die Belegschaft hatte sich nicht einschüchtern lassen. Brand ließ jedoch nicht locker. Er überzog uns mit einer Klage nach der anderen, insgesamt über fünfzig. Zu allem Überdruss wurden wir dann auch noch beschattet.«

»Beschattet?«

»Brand hat nicht gezögert, den Konflikt in unsere Privatsphäre hineinzutragen. Er suchte nach Gründen, um uns kündigen zu können. Als erstes hat es Frank getroffen, nachdem er ein paar Tage krankgeschrieben war. Ein Detektiv soll ihn bei Gartenarbeiten beobachtet haben.«

»Tatsächlich habe ich nur den Biomüll rausgetragen. Leider platzte die Papiertüte auf, weshalb ich den Inhalt wieder aufsammeln musste. Ich wusste, dass ich beobachtet wurde und kam mir vor wie Wilfried, dem sie beim Zählen von Schrauben für den Schrottplatz über die Schulter geschaut hatten. Nur dass ich mich dabei nicht so schnell wie möglich, sondern so bedächtig wie möglich bewegte, um nicht den Eindruck von Gesundheit zu vermitteln. Genutzt hat es nichts.«

»Das ist doch totalitär«, rief Lukas empört. »Das ist doch total krank!«

»Ja. Und es macht krank«, bestätigte Martin, »nicht alle haben so ein dickes Fell, um einen solchen Krieg durchzuhalten. Manche werden auch depressiv. Ich meine ...«, er zögerte und warf meinem Vater einen fragenden Blick zu, der aber angewidert abwinkte. Da wurde mir klar, dass meinem Vater genau das passiert ist. Das musste also der Grund sein, warum es mit meiner Familie bergab gegangen war. Nie hatten meine Eltern darüber gesprochen, außer dass es ein ›Früher‹ gab, als wir noch besser dagestanden hatten. Trotz meiner Bestürzung platzte mir eine Frage heraus, die ich die ganze Zeit schon auf der Zunge hatte, vielleicht auch um vom Thema Depression abzulenken.

»Aber wenn Rasch nur der Investor war, woher kannte er dich dann?«

»Er war einmal in der Firma zu Besuch«, erzählte mein Vater widerstrebend, »und Brand führte ihn durch die Halle. Ich ging gerade eine Treppe herunter und als ich sie sah, muss ich ausgerutscht sein oder eine Stufe übersprungen haben. Wie auch immer, ich segelte Rasch direkt vor die Füße. Brand wollte schon losschimpfen, aber Rasch gab mir freundlich die Hand und half mir auf. Er wollte wissen, ob ich mich verletzt habe und als er eine Schürfwunde entdeckte, bestand er darauf, dass ich verarztet wurde.«

»Eigentlich ein freundlicher Zug«, warf ich zögernd ein.

»Ich zweifle nicht daran, dass Rasch privat ein netter und hilfsbereiter Mensch ist«, erklärte mein Vater. »Ich meine, ich weiß es nicht, aber wenn, dann steht das in keinem Widerspruch zu den Verwüstungen, die er angerichtet hat. Wenn es um Geld oder Macht geht, spukt das Gehirn schnell Rechtfertigungen aus, die auch die schlimmsten Taten als wohlwollend erscheinen lassen. Ein Mensch kann am selben Tag liebevoll mit seinen Kindern spielen und die Erschießung von tausenden befehlen, im festen Glauben, Gutes zu tun.«

Wir schwiegen einen Moment, dann schaute Martin auf die Uhr und sagte: »Ich glaube, die Revolution findet heute noch nicht statt. Ihr solltet euch aber von dem mageren Besuch nicht entmutigen lassen. Wenn ihr die nächste Veranstaltung vorbereitet, helfe ich euch gerne.«

Wir verabschiedeten uns dankend und räumten die Bühne von unseren Papierschnitzelbergen. Wieder einmal hatte sich in meinem Kopf ein Haufen Fragen angesammelt. Warum war die Wirtschaft so wenig demokratisch? Warum konnten sich in einer sogenannten Demokratie solch autoritäre, wenn nicht totalitäre Verhältnisse halten, ohne dass es einen Aufschrei gab? Warum lernten wir in der Schule so wenig darüber? Ich beschloss, mit Sophie darüber zu sprechen.

Sophie hörte die Geschichte meines Vaters mit größter Aufmerksamkeit an. Sie spannte ihre Hand um einen Bleistift, sodass ihre Knöchel ganz weiß wurden. Als ich bei der Mülltüte angekommen war, brach er in zwei Teile, weshalb wir beide etwas erschraken. Umso verwunderter war ich, dass sie ohne jeden Kommentar begann, mich die Vokabeln der letzten Lektion abzufragen. Daraufhin gab sie mir einen Text zum Übersetzen. Ich hatte schon die Hoffnung aufgegeben, als sie mir den Text nach dem zweiten Satz wieder entriss und rief: »Danke, das genügt, Leon. Ich wollte nur sichergehen, dass du dich an unsere Abmachung hältst und fleißig lernst.« Ein Lächeln huschte über ihre Lippen, dann spannten sich ihre Züge wieder.

»Fahren wir mit der Philosophie fort. Das ist viel wichtiger als Latein. Du hast ein bedeutendes, was die Zukunft der Demokratie angeht, vielleicht das wichtigste Thema der politischen Philosophie angesprochen: Wirtschaft und Demokratie. Ist es legitim, dass Unternehmen autoritär organisiert sind? Dass es Eigentümer gibt, die bestimmen können, was ich zu tun und zu lassen habe? Die entscheiden dürfen, wen sie zu welchem Lohn einstellen und wann sie jemanden entlassen? Damit verbunden ist auch eine andere wichtige Frage: Wie sehr sollte die Wirtschaft durch die Politik gestaltet werden?«

»Inwiefern hängt das mit Demokratie zusammen?«

»Weil in einer Demokratie Entscheidungen gemeinschaftlich getroffen werden, wie dies bei Wahlen, in Stadträten oder Parlamenten üblich ist. Warum sollte das nicht auch in der Wirtschaft so sein? Warum sollte es gerade in der Wirtschaft extrem autoritäre Institutionen geben dürfen? Warum sollten sich Freie und Gleiche gerade bei der Arbeit undemokratischen Hierarchien unterwerfen, wenn sie ein so wichtiger Bestandteil des Lebens ist? Die Gestaltung der Wirtschaft ist ja etwas, über das eine Demokratie grundsätzlich entscheiden kann: Welche Wirtschaftsordnung soll unser Land besitzen? Es gibt ganz unterschiedliche Wirtschaftsordnungen: Kapitalismus, Kommunismus, Sozialismus, Gemeinwohlökonomie, Postwachstumsökonomie, um nur ein paar Modelle zu nennen.«

»Und zu welcher Wirtschaftsordnung gehören undemokratische, autoritäre Unternehmen?«

»Sie sind typisch für den Kapitalismus. Das sah nicht nur Karl Marx so, sondern auch der einflussreiche kapitalistische Soziologe Max Weber. Ein kapitalistisches Unternehmen gehört einem oder mehreren Eigentümern, denen Angestellte gegenüberstehen, die ihnen ihre Arbeitskraft verkauft haben. Sie müssen den Anweisungen der Eigentümer gehorchen. Autoritär kann natürlich auch ein staatliches Unternehmen aufgebaut sein. Das war beispielsweise bei der Planwirtschaft in der Sowjetunion der Fall. Auch hier hatten die Mitarbeiter nur einen geringen Einfluss im Vergleich zur staatlichen Bürokratie.«

»Wenn ich an die Bahn denke, gibt es auch bei uns staatliche Unternehmen, die autoritär aufgebaut sind.«

»Unsere westlichen Staaten sind in dieser Hinsicht eine Mischform: Es gibt private und öffentliche sowie autoritäre und demokratische Elemente. Welche Form in welchem Wirtschaftszweig dominiert, hat sich im Laufe der Geschichte gewandelt. Besonders im frühen Kapitalismus hatten Angestellte praktisch keine Rechte, zu anderen Zeiten hatten sie einen relativ starken Einfluss. Diese Veränderungen waren auch Folgen parlamentarischer Entscheidungen. Bis heute wird in den Parlamenten über die Hierarchien in der Wirtschaft debattiert und abgestimmt: Welche Mitspracherechte sollten Angestellte in einem Unternehmen haben? Wann darf jemandem fristlos gekündigt werden? Die Gestaltung der Wirtschaftsordnung in einer Demokratie sollte uns also eigentlich nicht fremd sein. Ungewöhnlich wäre freilich, wenn sich eine westliche Demokratie für eine grundlegend andere Wirtschaftsform entscheiden und sich vom Kapitalismus verabschieden würde.«

»Sich das vorzustellen, ist in der Tat nicht leicht.«

»Nach einem bekannten Zitat kann man sich viel eher das Ende der Welt vorstellen als das Ende des Kapitalismus.«

»Ist das nicht merkwürdig?«

»Das ist in der Tat merkwürdig, wenn man sich vor Augen hält, wie sehr Freiheit und Selbstbestimmung in der westlichen Kultur betont werden. Die Idee demokratisch organisierter Unternehmen ist aber praktisch aus dem öffentlichen Bewusstsein verdrängt worden. Heute will jeder einen Job haben, das ist das Selbstverständlichste der Welt und damit ist nichts anderes gemeint, als seine Arbeitskraft einem Unternehmen zu verkaufen.«

»Dann war das nicht immer so selbstverständlich?«

»Nein. Als sich in England und den USA die industrielle Lohnarbeit ausbreitete, wurde sie von den Arbeitern als eine Form der Sklaverei angesehen: Lohnsklaverei. ›Ich bin so freiheitsliebend, dass ich kein Sklave sein kann‹, sangen damals die ›factory girls‹, die in den Textilfabriken der

USA arbeiten mussten. Für die entstehende Arbeiterbewegung, die den Marxismus noch nicht kennen konnte, war es selbstverständlich, dass Arbeiter ihre Fabriken besitzen sollten. Selbstbestimmte Arbeit war später eine zentrale Forderung marxistischer und anarchistischer Philosophen wie Marx, Engels, Proudhon oder Bakunin. Es gibt aber auch Philosophen des Liberalismus, die ein Menschenbild hatten, das sich mit einer autoritären Arbeitswelt nicht vereinbaren lässt. Wilhelm von Humboldt lebte noch im vorkapitalistischen Preußen. Für ihn war nur die eigenständige Arbeit, bei der man sich auf kreative Weise entfalten kann dem Wesen des Menschen angemessen. Bevormundung bei der Arbeit würde ihn zu einer Maschine degradieren. John Stuart Mill war einer der einflussreichsten liberalen Philosophen Englands. Er sah in selbstbestimmten Assoziationen von Arbeitern ein erstrebenswertes Ziel für die Weiterentwicklung der Menschheit. Diese Idee wird auch von liberalen Philosophen heute wieder diskutiert. Man nennt das ›workplace demokracy‹ – Demokratie am Arbeitsplatz.«

»Darüber haben wir in der Schule nichts gelernt, abgesehen von ein paar Stunden über Gewerkschaften und das Streikrecht.«

»Das ist eine große Lücke, wenn man bedenkt, dass Demokratieerziehung hochgehalten wird und sich ein Großteil eures späteren Lebens um die Arbeit dreht. Dabei könnte man sich für das Thema in mehreren Fächern Zeit nehmen: in Philosophie, Ethik, Religion, Sozialkunde, Geschichte und auch in Deutsch.«

»Dann fangen wir doch mit der Philosophie an. Mit welchen Argumenten werden autoritäre Arbeitsverhältnisse verteidigt? Welche Argumente sprechen dagegen?«

»Bevor ich auf das Für und Wider eingehe, solltest du dir darüber im Klaren sein, dass es hierbei nicht um den Unterschied zwischen einer Marktwirtschaft und einer Planwirtschaft geht. Würde man alle Unternehmen in Deutschland in die Hände der Belegschaften legen, wäre dies immer noch eine Marktwirtschaft. Welche Güter produziert werden, würde immer noch Angebot und Nachfrage überlassen und nicht zentral vom Staat geplant. Hier geht es um die innere Organisation von Unternehmen, nicht um ihre Beziehungen untereinander.«

»Ich verstehe.«

»Die beiden einflussreichsten Argumente für kapitalistisch organisierte Unternehmen sind Effizienz und Freiheit.«

»Warum sollen autoritäre Unternehmen effizienter sein?«

Die Fleißigen und Klugen sollen herrschen

»Eine der entschiedensten Verfechterinnen dieses Arguments ist die amerikanische Romanautorin und Philosophin Ayn Rand. Für sie sind es die tüchtigen, weitsichtigen und erfinderischen Unternehmerpersönlichkeiten, von denen das Wohl der Gesellschaft abhängt. Sie geht dabei so weit, den Egoismus, den Unternehmer zeigen, als moralische Tugend zu verteidigen. Sie war und ist in den USA eine viel gelesene Autorin und gerade bei Unternehmern beliebt.«

»Mir scheint, dieser Gedanke ist auch bei uns verbreitet, wenn von Unternehmern als Leistungsträgern der Gesellschaft gesprochen wird.«

»Zweifellos. Autoritär organisierte Unternehmen sind ein wirksames Instrument, auf die weniger Fleißigen oder Faulen in der Gesellschaft Druck auszuüben. Wer Leistung bringt, wird belohnt, wer faul ist, wird entlassen. Diejenigen hingegen, die an der Spitze stehen, haben durch ihren Aufstieg bereits bewiesen, dass sie die Kompetenz besitzen, ein

Unternehmen zu führen. Die Belegschaft ist nicht in gleichem Maße kompetent – sie kennt jeweils nur einen Ausschnitt aus dem großen Ganzen. Gemeinschaftlich gefällte Entscheidungen sind deshalb schlechter für das Unternehmen. Die Rücksichten auf den Arbeitsplatz, das Gehalt, die Familie oder die Freizeit verhindern sinnvolle und manchmal auch harte Entscheidungen, die für das Unternehmen überlebenswichtig sein können. Wem hingegen das Unternehmen gehört, der handelt auch im Interesse des Unternehmens.«

»Und weil es ihm gehört, hat er auch ein Recht dazu, das Unternehmen zu führen.«

»Richtig.«

»Wie kann man autoritär organisierte Unternehmen durch Freiheit begründen?«

Arbeit – so (un-)frei wie die Liebe

»Durch die Freiheit von Menschen, untereinander Verträge abzuschließen. Ein prominenter Vertreter dieses Arguments ist wiederum Robert Nozick. Wie beim Thema Eigentum geht er auch hier sehr weit: Jeglichen staatlichen Eingriff in diese Verträge lehnt er ab, ob es sich um Kündigungsschutz oder Mindestlöhne handelt.«

»Und wie begründet er das?«

»Er beruft sich auch hier auf die Freiheit bzw. das Selbsteigentum. Hierarchien in der Wirtschaft beruhen auf Verträgen. Diese Verträge werden freiwillig eingegangen. Ein Arbeitgeber bietet einer Person einen Arbeitsvertrag an und diese ist frei, das Angebot anzunehmen oder abzulehnen. Der Arbeitsvertrag kann sehr autoritär sein: Die angestellte Person muss tun, was der Arbeitgeber verlangt, ohne jegliches Mitspracherecht. Da die Person aber freiwillig zustimmt, ist das in Ordnung.«

»Wenn die Alternative Verhungern ist, scheint mir das aber nicht sehr freiwillig zu sein. Bevor ich verhungere, nehme ich auch den ausbeuterischsten Arbeitsvertrag an.«

»Darauf antwortet Nozick, dass wir das in anderen Bereichen auch O. K. finden. Wenn auf einer Insel zwanzig Männer um zwanzig Frauen werben, sind alle angebotenen Eheverträge freiwillig. Dabei kann es passieren, dass am Ende für einen Mann nur noch eine Frau übrig ist, die ihm gar nicht gefällt. Soll man also regeln, wer mit wem einen Ehevertrag eingeht?«

»Sicher nicht. Aber kann es doch nicht richtig sein, wenn jemand gezwungen ist, einen Arbeitsvertrag einzugehen, der einen Sklaven aus ihm macht.«

Das Parallelitätsargument

»Ich denke, dem würde ein breites Spektrum politischer Parteien, ob liberal oder konservativ, zustimmen. Nur wenige gehen hier so weit wie Nozick, der Arbeitsrechte grundsätzlich ablehnt. Eine Kritik an Nozicks Argument haben wir bereits behandelt: Menschen sind verpflichtet, bei der Verteilung von Eigentum einander angemessen zu berücksichtigen. Ein ausbeuterischer Arbeitsvertrag ist deshalb illegitim. Einen anderen Einwand haben wir schon angesprochen: Wäre unser Staat so autoritär organisiert wie die meisten privaten Unternehmen, würden wir von einer Diktatur sprechen. Wenn wir dies für Staaten strikt ablehnen, warum sollten wir das dann nicht auch für private Unternehmen tun? Arbeit ist ein zentraler Bestandteil unseres Lebens.«

»Man wird einwenden, dass die Arbeit in privaten Unternehmen freiwillig ist.«

»Ist sie das?«

»Wenn ich an meine Familie denke, nein. Wie sollten meine Eltern ohne irgendwelches Kapital ein eigenes Unternehmen gründen? Welche Bank würde ihnen einen Kredit geben? Ohne Startkapital ist es äußerst schwer, ein Unternehmen aufzubauen, mit dem man halbwegs über die Runden kommt. Viele Menschen sind dafür auch nicht gemacht, scheint mir. Sie sind gut als Verkäufer, Pfleger oder Programmierer, aber nicht als Unternehmer. Außerdem sagt es sich so leicht, dass man aus einem Unternehmen aussteigen kann, wenn es einem nicht mehr gefällt. Gerade wenn es Arbeitslosigkeit gibt, ist das mit existenziellen Risiken verbunden. Wird man in absehbarer Zeit überhaupt wieder eine Stelle bekommen? Wird das nächste Unternehmen vielleicht noch autoritärer sein? Das ist die Realität, mit der Menschen wie meine Eltern konfrontiert sind. Ihre Chancen auf einen demokratischen Arbeitsplatz sind äußerst gering.«

»Das ist ein klassischer Einwand gegen die angebliche Freiwilligkeit. Andere Einwände gegen autoritäre Unternehmen haben wir letztes Mal besprochen: Sie fördern eine Kultur des Habens und führen zur Entfremdung des Menschen von sich selbst, der Gemeinschaft und der Natur. Eine andere Kritik, über die ich mit Lukas gesprochen habe, betrifft die Demokratie insgesamt: Es sind die Vermögenden, die Konzerne, die einen überwältigenden Einfluss auf politische Entscheidungen haben.«

»Sind denn Unternehmen, die auf demokratische Mitbestimmung aufbauen, eine Utopie oder hat man das schon mal ausprobiert?«

Reale Utopien

»Es ist merkwürdig, wie wenig darüber bekannt ist. Habt ihr in der Schule noch nie von einer Genossenschaft gehört?«

»Ich kann mich nicht erinnern.«

»Auch im kapitalistischen Westen gibt es viele Genossenschaften, die Demokratie auf unterschiedliche Weise praktizieren. Die größte Genossenschaft, die Industriegüter herstellt, ist das baskische Unternehmen Mondragon. Es handelt sich um das siebtgrößte Unternehmen Spaniens. Das Unternehmen setzt sich aus vielen kleineren Genossenschaften zusammen. Können solche nichtkapitalistischen Firmen in der globalisierten Industrie mithalten? Ganz offensichtlich ja. Ihre Produkte werden von weltweit führenden Konzernen gekauft. Sie produzieren Maschinen, unter anderem für die Flugzeug- und Windkraftindustrie, Autoteile, Häuser, Aufzüge, Haushaltsgeräte und vieles andere. Zu Mondragon gehören auch eine Supermarktkette mit über 2000 Filialen, SB-Warenhäuser, Banken, Versicherungen und eine private Universität. Mondragon wurde 1956 von einem katholischen Priester gegründet, der etwas gegen die hohe Arbeitslosigkeit in seiner Region tun wollte. Er orientierte sich dabei an der katholischen Soziallehre.«

»Und was ist so demokratisch an diesem Unternehmen?«

»Eine Genossenschaft gehört ihren Mitarbeitern. Um in einer Genossenschaft von Mondragon Mitarbeiter zu werden, muss man etwa 15.000 Euro in das Unternehmen einbringen. Diesen Betrag kann man auch nach und nach von seinem Lohn abstottern. Die Mitarbeiter der Kooperativen wählen in ihren Versammlungen das Management und fällen grundlegende Entscheidungen der Unternehmensstrategie. Es gibt je nach Arbeitsplatz Lohnunterschiede, die jedoch bedeutend geringer sind als in der übrigen Wirtschaft. In den meisten Kooperativen beträgt der maximale Lohnunterschied das 4,5fache, höchstens aber das Neunfache. Die Arbeitsplatzsicherheit ist hoch, weil die Genossenschaften sich gegenseitig helfen: Hat eine Genossenschaft Probleme oder muss sie gar Insolvenz anmelden, können Mitarbeiter in andere Genossenschaften wechseln. Mondragon überstand die 2008 ausgebrochene

Finanzkrise deshalb deutlich besser als die übrige spanische Wirtschaft. Das soll nicht heißen, dass es bei Mondragon nicht auch fragwürdige Aspekte gibt. In einem globalisierten Wettbewerb zwischen Unternehmen unterliegt auch Mondragon einem Wachstumszwang und muss in anderen Ländern wie Brasilien oder China Unternehmen kaufen oder aufbauen, die nicht oder nur sehr bedingt genossenschaftlich geführt werden können. Auch innerhalb Spaniens arbeiten inzwischen zu einem Teil Angestellte in den Genossenschaften.«

»Das hört sich interessant an. Warum weiß ich davon nichts?«

Eine andere Geschichte von Freiheit und Demokratie

»Das hat viele Gründe. Ein wichtiger und wenig beachteter Grund ist unser Geschichtsbild. Wenn wir Geschichte bewerten, spielt vor allem das Modell der sogenannten liberalen, repräsentativen Demokratie eine entscheidende Rolle. Die damit zusammenhängenden Umbrüche, Fortschritte und Rückschritte sind verbreitetes Allgemeinwissen: die Französische Revolution, die amerikanische Verfassung, die Weimarer Republik, ihr Untergang im Nationalsozialismus, die Gründung der Bundesrepublik. Darauf sind unsere moralischen Scheinwerfer gerichtet.«

»Das stimmt. Würde ich irgendjemand auf der Straße fragen, was für unsere Gegenwart politisch im Vergleich zu früher kennzeichnend ist, wäre eine häufige Antwort: Demokratie. Früher herrschten die Könige. Kaum jemand würde hingegen sagen: Wir leben in einer Zeit, in der die Arbeit so und so demokratischer oder ausbeuterischer ist als früher.«

»Die Bewertung von Geschichte hängt natürlich von der politischen Philosophie ab, die man befürwortet. Eine demokratische Bildung sollte sich aber nicht auf eine Perspektive beschränken.«

»Was würde denn jemand antworten, dem selbstbestimmte Arbeit wichtig ist? In welcher Zeit leben wir?«

»Er würde antworten, dass wir in Europa, Nordamerika und anderen Regionen heute in einer Zeit leben, in der vieles schlechter geworden ist. Vor nicht allzu langer Zeit waren wir schon weiter, wenn auch immer noch weit von Demokratie entfernt.«

»Inwiefern?«

»Seit der Ausbreitung des Kapitalismus gab es überall im Westen soziale Bewegungen, die für bessere Arbeits- und Lebensbedingungen kämpften, die im frühen Kapitalismus besonders brutal waren. Die Bewegungen organisierten sich in Arbeitervereinen, Gewerkschaften und Parteien. Durch zahllose Streiks und Aufklärungsarbeit erreichten sie nicht zuletzt in Deutschland Verbesserungen, die heute vielen als selbstverständlich gelten: Mitbestimmung, Verkürzung extrem langer Arbeitszeiten, Arbeitsschutz, Kündigungsschutz oder Lohnfortzahlung im Urlaub oder Krankheitsfall.«

»Das klingt gut, ist aber noch keine Wirtschaftsdemokratie.«

»Diesem Ziel kam die Arbeiterbewegung in Deutschland und anderen europäischen Ländern nach dem Ersten Weltkrieg am nächsten. Die katastrophale Erfahrung eines verbrecherischen Krieges, Hunger und die Hoffnung auf eine bessere Gesellschaftsordnung brachte hunderttausende Menschen auf die Straße. In Bayern bildete sich eine Räterepublik mit selbstverwalteten Unternehmen. Sie wurde jedoch nach wenigen Monaten blutig niedergeschlagen. Die Bewegung war deshalb aber keineswegs erfolglos: Seit 1919 gab es in der Weimarer Republik ein Betriebsrätegesetz, das die Mitbestimmung regelte und bis 1933 Bestand hatte. Hitler beseitigte es bereits zwei Monate nach der Machtergreifung und verbot wenig später auch Gewerkschaften.«

»Kein Freund der Demokratie.«

»Wahrlich nicht. Nach dem Zweiten Weltkrieg gab es in Deutschland noch einmal eine verbreitete Ablehnung des Kapitalismus – selbst in der konservativen CDU. Hitler war kein Handlanger der Großindustrie gewesen, sie hatte aber zur Zerschlagung der Weimarer Republik tatkräftig beigetragen. Der Deutsche Gewerkschaftsbund forderte eine marktwirtschaftliche Wirtschaftsdemokratie, konnte sich aber gegen Kanzler Adenauer nicht durchsetzen. Daraufhin drohten die Arbeiter der Kohle- und Stahlindustrie trotz ihrer großen wirtschaftlichen Not mit einem unbefristeten Generalstreik. Damit rangen sie Adenauer ein beachtliches Zugeständnis ab: die Montanmitbestimmung.«

»Was bedeutet das?«

»Es bedeutet gleichberechtigte Mitbestimmung. Im Aufsichtsrat eines beteiligten Unternehmens haben die Vertreter der Eigentümer und der Arbeitnehmer gleich viele Stimmrechte. Wenn sie sich nicht einigen können, entscheidet eine neutrale Person, auf die sich beide Seiten geeinigt haben. Diese Parität ermöglicht den Angestellten einen erheblich größeren Einfluss. Die Montanmitbestimmung besteht für einige Unternehmen bis heute. Insgesamt hat sich die Situation der Angestellten aber verschlechtert. Was dein Vater erlebt hat, wäre in der Nachkriegszeit kaum möglich gewesen.«

»Warum hat sich das so verschlechtert?«

»Aus verschiedenen Gründen. Zeitarbeit gab es in Deutschland bis Anfang der 1970er-Jahre nicht. Die gesetzlichen Regelungen wurden dann im Sinne der Leiharbeit ausgebaut. Seit den Hartz-Reformen von 2004 entstand ein Heer hunderttausender Leiharbeiter. Mit dem Aufstieg des

Neoliberalismus in der westlichen Politik ging eine Schwächung der Gewerkschaften einher, die beispielsweise in England gezielt und auch brutal zerschlagen wurden. Die Zahl der Mitglieder und Streiks ging erheblich zurück.«

»In dieser Zeit entstand die EU, die doch eigentlich einen guten Ruf hat. Zumindest gilt sie nicht als Unterstützer von Ausbeutung.«

»Die EU ist ein höchst kompliziertes Gebilde. Manche EU-Rechte sind aus der Sicht von Angestellten dem deutschen Recht vorzuziehen, das den Niedriglohnsektor besonders begünstigt. Dabei gibt es jedoch viele Schlupflöcher. Die in der Sozialcharta der EU angeführten Grundrechte sind sehr unverbindlich formuliert. In vielen Fällen wird EU-Recht von der nationalen Gesetzgebung ohne irgendwelche Folgen ignoriert oder es werden Ausnahmen toleriert. Gerade Deutschland ist hier kein Vorbild. Deutschland hat beispielsweise die Sozialcharta ratifiziert, aber unter anderem das Recht auf eine angemessene Kündigungsfrist ausgenommen. Umgekehrt ist die EU alles andere als ein Freund der Wirtschaftsdemokratie.«

»Inwiefern?«

»Beim Europäischen Betriebsrat für grenzüberschreitende Unternehmen sind keine Mitbestimmung und Tarifverhandlungen vorgesehen, lediglich Unterrichtung und Anhörung. Ähnliches gilt für die europäische Aktiengesellschaft, die Societas Europaea, abgekürzt SE. Wird ein Unternehmen zur SE, kann es die Mitbestimmung durch rechtliche Schachzüge einschränken oder verhindern. Deshalb gab es zeitweise einen regelrechten Run auf diese Rechtsform. Die SE gibt es seit 2004, den Europäischen Betriebsrat zehn Jahre länger. Die Unternehmerlobby hat in Brüssel eben viel mehr Einfluss als Gewerkschaftler.«

»Was Demokratie in der Wirtschaft angeht, befinden wir uns demnach in einer Phase des Niedergangs. Merkwürdig, dass es dafür praktisch kein Bewusstsein gibt, obwohl es Millionen von Menschen betrifft.«

»Das kann man als Erfolg des Neoliberalismus ansehen: Jeder ist ein Einzelkämpfer, der sich auf dem Markt bewähren muss. Die Vorstellung, dass Arbeitnehmer gemeinsame Interessen haben, für die sie sich zusammenschließen sollten, wurde weitgehend aus dem öffentlichen Bewusstsein verbannt. Wer gar von der Arbeiterklasse spricht, gilt schnell als Verteidiger der DDR und somit als Gegner von Demokratie. Man hat alles Nichtkapitalistische mehr oder weniger mit Stalin in einen Topf geworfen. Dieses Schwarzweiß-Denken kommt auch daher, dass die Geschichte der Wirtschaftsdemokratie weitgehend im Dunkeln liegt. Das gilt für Deutschland wie für Europa und noch mehr für andere Regionen der Welt. Wer kennt schon die traditionsreiche Arbeiterbewegung in Chile vor ihrer Unterdrückung seit dem Regime Change durch die USA im Jahre 1973? Wer kennt schon die heftigen Kämpfe für Mitbestimmung in Japan nach dem Zweiten Weltkrieg? Wer weiß schon etwas über den demokratischen Kommunismus im indischen Bundesstaat Kerala? Wer hat schon einmal etwas über die verschiedenen Formen arbeitergeführter Unternehmen in Togo, Burkina Faso, Mali oder Ghana gehört? Die Demokratie in der Wirtschaft hat eine lange und vielfältige Geschichte.«

»Die in der Schule weitgehend ignoriert wird. Mir scheint, der Unterricht läuft mehr oder weniger darauf hinaus, dass wir uns mit der repräsentativen Demokratie identifizieren sollen. Die Arbeiterbewegung hat es gegeben, genauso wie es gutes oder schlechtes Wetter gegeben hat.«

»Da könntest du Recht haben.«

»Ich habe aber noch eine andere Frage. Demokratische Unternehmen sollen also die Freiheit von Menschen vermehren. Daraus folgt aber noch nicht, dass die Arbeit auch kreativ und selbstbestimmt ist. Wer in einer demokratischen Putzfirma arbeitet, wird immer noch den ganzen Tag putzen müssen, während andere in einem autoritären Unternehmen bei der Kreation von Mode viel Freiheit haben können.«

Markt und Demokratie

»Das ist richtig. Damit kommen wir zu einem weiteren wichtigen Aspekt von Wirtschaft und Demokratie: dem Markt. Dem Markt werden positive und negative Eigenschaften zugeschrieben. Die meistgenannte positive Eigenschaft ist Effizienz. Als negative Folgen einer Marktwirtschaft gelten beispielsweise Arbeitslosigkeit oder Umweltzerstörung. Diese Folgen können prinzipiell natürlich auch in einer Marktwirtschaft mit demokratischen Unternehmen auftreten. Auch dann könnten mächtige Autohersteller ihre Zulieferfirmen extrem unter Druck setzen und ausbeuten. Die Frage, ob eine Wirtschaft durch einen Markt organisiert werden sollte, hängt also ebenfalls eng mit Demokratie zusammen.«

»Wie soll ich das verstehen?«

»Der Markt ist ein anonymes System, das gewissermaßen von selbst abläuft. Welche Produkte entstehen, wie sich die Arbeitslosigkeit entwickelt, wie mit der Umwelt umgegangen wird, ist keine Folge politischer Entscheidungen, sondern dieses anonymen Prozesses. Würde die Wirtschaft rechtlich vollständig vom Markt bestimmt, hätte eine Demokratie ökonomisch nichts mehr zu entscheiden. Sie könnte nicht verhindern, dass kleine Zulieferer ausgebeutet werden.«

»Was spricht dafür, die Wirtschaftsentwicklung dem Markt zu überlassen, was dagegen?«

Der Markt als Raum der Freiheit

»Beginnen wir mit zwei wichtigen Argumenten für den Markt: Eigentum und Freiheit. Verteidiger von Märkten setzen im Allgemeinen voraus, dass es einen berechtigten Anspruch auf Privateigentum gibt. Und wer etwas besitzt, wer etwas hergestellt hat, sollte auch das Recht haben, damit zu handeln. Wer ein Gemälde gemalt und beim Schuster tolle Schuhe entdeckt hat, sollte die Freiheit haben, sein Gemälde gegen die Schuhe zu tauschen. Diese Freiheit ist nicht nur Bestandteil von Eigentumsrechten, sondern auch ein elementarer Ausdruck menschlichen Verhaltens. Diese freien Tauschhandlungen sind aber nichts anderes als ein Markt. Und es ist Sache der Marktteilnehmer, zu entscheiden, was sie miteinander tauschen wollen. Wenn der Staat sich darin mit Verboten einmischt, schränkt er meinen Anspruch auf Eigentum und meine Freiheit ein.«

»Außerdem ist der Tausch nützlich: du hast die tollen Schuhe, der Schuster dein schönes Gemälde.«

Markt = Natur = effizient = gut

»Damit sprichst du das meist genannte Argument an: Effizienz. Auf dem Markt können Dinge getauscht werden, die zum gegenteiligen Vorteil sind. Der Markt bietet also eine Menge Win-Win-Situationen. Er ist aber auch aus anderen Gründen nützlich. Einen Markt stellen wir uns gewöhnlich wie einen Marktplatz vor, auf dem verschiedene Händler ihre Produkte anbieten. Die Händler stehen untereinander in Konkurrenz um die Kunden. Wer schlechte und viel zu teure Kartoffeln anbietet, wird sie nicht loswerden. Die Kunden werden ihn links liegenlassen und zu einem anderen Händler gehen.«

»Das ist mir bekannt.«

»Der Markt übt durch den Wettbewerb zwischen Anbietern also Druck aus: Sie müssen sich anstrengen, die Wünsche der Kunden zu erfüllen. Eine Gesellschaft, die sich anstrengt, bringt aber mehr Nutzen hervor, als wenn sie faul wäre. Darüber hinaus soll der Markt aber auch sehr intelligent sein. Für neoliberale Ökonomen ist er ein riesiger Supercomputer, der die wirtschaftlichen Aktivitäten effektiv koordiniert. Die Informationen, wer etwas braucht und wer dies am besten herstellen kann, werden sehr effektiv vermittelt. Engpässe und Überproduktion werden vermieden. Darin ist der Markt anderen Wirtschaftsformen überlegen. Der Markt erfüllt die Bedürfnisse von Menschen besonders gut. Er führt zu Wohlstand. Märkte werden von neoliberalen Ökonomen hierbei oft mit der Natur verglichen: Die natürliche Evolution ist ein ähnlicher Prozess und sie hat ein vielfältiges und äußerst komplexes Leben hervorgebracht. In der Natur gilt die Fitness als entscheidendes Prinzip, das die Entwicklung vorantreibt: Wer schwach ist, wird sich nicht fortpflanzen. Einige neoklassische Ökonomen wollen dieses Prinzip tatsächlich 1:1 auf die Wirtschaft übertragen: Die Dschungelgesetze des Kapitalismus sollten sich ihrer Ansicht nach voll entfalten können; der ›natürliche‹ ökonomische Ausleseprozess werde dafür sorgen, dass sich sowohl in den Auseinandersetzungen zwischen Lohnarbeit und Kapital als auch im Konkurrenzkampf der kapitalistischen Unternehmen untereinander die Leistungsfähigeren, also die Fittesten, durchsetzen.«

»Das ist die Theorie. Bestätigt das auch die Erfahrung?«

»Ein oft genannter Beleg für die Effizienz von Märkten ist die Überlegenheit des westlichen Kapitalismus über die Planwirtschaft des sowjetischen Kommunismus.«

»Dieses Argument ist mir bekannt. Herr Rasch ist damit sicher einverstanden. Meine Großmutter war es vielleicht auch. Ihr Mann hatte eine sichere Arbeitsstelle und einen

Lohn, mit dem er für seine Familie Wohlstand aufbauen konnte. Sie waren anerkannt. Sie musste sich nicht wie der Fußabtreter der Gesellschaft fühlen.«

»Heute hat dieses Bild für viele in der Tat gravierende Risse bekommen. Gerade auch für diejenigen, die die Marktwirtschaft bisher weitgehend bedenkenlos befürwortet hatten. Es wurde die Frage aufgeworfen, ob Märkte die Bedürfnisse von Menschen auf akzeptable Weise befriedigen oder ob sie die Gesellschaft nicht in eine Richtung treiben, die letztlich mehr schadet als nutzt.«

»Was also spricht gegen den Markt?«

Der Markt ist nicht natürlich und die Natur nur bedingt ein Vorbild

»Beginnen wir mit dem Vergleich mit der Natur, der ungeheuer wirkmächtig war. Mit etwas Natürlichem verbinden wir viel Positives: Was die Natur hervorbringt, ist erprobt. Es ist uns nicht fremd, denn auch wir sind Teil der Natur. Die Natur ist etwas Ursprüngliches, eine Art von Heimat oder gar etwas Göttliches. Die Analogie ist insofern nicht verkehrt, als die Natur wie eine Marktwirtschaft ein umfassendes System sind, in dem sich Dinge verändern. Die Prozesse in der Natur können jedoch offensichtlich nicht unhinterfragt als Vorbild dienen. Was Tiere einander antun, würden wir in unserer Gesellschaft als äußerst verwerflich ansehen. Weibchen, die ihre eigenen Männchen oder Kinder fressen. Die Entwicklung neuer Arten geht nicht selten mit der Ausrottung anderer Arten einher. In der Natur gibt es Gleichgewichte, aber auch Ungleichgewichte und Schneeballeffekte mit zerstörerischer Wirkung. Heuschrecken, die sich rasend vermehren und ihre eigenen Lebensgrundlagen vernichten.«

»Solche Ungleichgewichte gibt es demnach auch in Marktwirtschaften?«

»Das bestreiten selbst neoliberale Ökonomen wie die Ordoliberalen nicht. Es gibt in Märkten Kräfte, die den Wettbewerb zu zerstören drohen, etwa die Tendenz, Monopole zu bilden. Gewinnt ein Unternehmen einen Vorsprung vor anderen, hat es gute Chancen, diesen Vorsprung immer weiter auszubauen und den Wettbewerb zu untergraben.«

»Wie die großen Digitalkonzerne: Amazon, Microsoft, Google ...«

»Zum Beispiel. Aus der Finanzindustrie kennen wir den Herdentrieb. Es entsteht ein Run auf Immobilien, deren Handelswert deshalb immer weiter steigt, was den Run weiter verstärkt. Gigantische Summen werden in Neubauten investiert, bis sich herausstellt, dass diese Häuser niemand braucht. Die Blase platzt und unzählige Menschen verlieren ihre Investition oder werden arbeitslos. Nach dem einflussreichen Ökonomen John Maynard Keynes ist das Sparen ein besonders wirkmächtiger Schneeballeffekt: Je mehr gespart wird, desto weniger können die Unternehmen verkaufen. Sie kürzen Löhne oder entlassen Angestellte, wodurch noch weniger ausgegeben wird. Die Wirtschaft gerät in eine Abwärtsspirale. Es gibt noch eine ganze Reihe weiterer Schneeballeffekte. Eine zentrale Frage ist auch, warum ein anonymes System wie der Markt die Gesellschaft wirklich in eine Richtung bewegen sollte, die wünschenswert ist. Reagiert der Markt tatsächlich auf unsere Wünsche?«

»Das scheint mir nur die halbe Wahrheit zu sein. Kunde kann nur sein, wer auch Geld hat.«

»Das ist ein häufig genannter Kritikpunkt: Der Markt reagiert nicht auf die Bedürfnisse aller Menschen, sondern auf die Wünsche derjenigen, die zahlungskräftig sind. Alle, die zu wenig oder gar nichts verdienen, werden vom Markt im Stich gelassen. Ihre Lage kann vom Marktsystem selbst verursacht sein – durch einen der möglichen Schneeballeffekte. Umgekehrt werden große Energien der Gesellschaft für die Befriedigung der Bedürfnisse derjenigen aufgewendet, die besonders viel Geld haben: für Statussymbole wie Yachten, Villen, teure Sportwagen, Luxuskleidung, Exklusivreisen bis in den Orbit usw. Wer ebenfalls nicht zahlungskräftig ist, sind zukünftige Generationen und die Natur. Wir leben in einer Epoche ungeheuren Artensterbens. Ob deine Kinder noch in einer einigermaßen intakten Umwelt leben werden, ist eine offene Frage.«

»Du meinst den Klimawandel.«

»Den Klimawandel und andere Umweltzerstörungen. Der Markt reagiert zwar auf Wünsche, aber auch bei diesem entscheidenden Prinzip besteht die Gefahr eines Schneeballeffekts. Denn der Markt kann die Wünsche von Menschen selbst auf problematische Weise verändern – durch die allgegenwärtige, manipulative Werbung. Nicht alle meine Wünsche sind gut für mich. Was meine Bedürfnisse wirklich erfüllt, bedarf der Reflexion. Werbung zielt aber darauf ab, diese Reflexion zu unterlaufen. Das Marketing nutzt dafür die wachsenden Erkenntnisse der Psychologie über unsere mentalen Schwachstellen.«

»Der Konsum wird zum Lebenselixier. Wir landen, wie letztes Mal besprochen, in einer destruktiven Kultur des Habens.«

»Richtig. Zentrale Bedürfnisse des Menschen sind sozialer Natur: Anerkennung, Gemeinschaft, Vertrauen. Kann der Markt diese Bedürfnisse befriedigen? Das Problem ist, dass diese Bedürfnisse in ihrer Natur dem Kaufen und Verkaufen von Gütern widersprechen. Eine Gemeinschaft, die man mit Geld gekauft hat, ist keine echte Gemeinschaft. Gleiches gilt für Anerkennung, Vertrauen und Liebe. Während also eine Marktwirtschaft die mit steigender Produktivität hergestellte Menge und Vielfalt an Konsumgütern enorm steigert, können das Vertrauen und die sozialen Bindungen in der Gesellschaft zugleich dennoch abnehmen. Dazu kann der Markt entscheidend beitragen. Denn ein wesentliches Merkmal des Marktes ist, dass er Menschen zueinander in Konkurrenz setzt. Konkurrenz bedeutet aber, sich gegenüber anderen einen Vorteil zu verschaffen und steht damit in einem Gegensatz zu sozialen Bindungen. Zudem kann die Fixierung auf den Konsum andere Werte verdrängen. Statt mit Freunden zu spielen, sitzt man vor der Playstation.«

»Kenne ich.«

»Auf der anderen Seite lässt sich fragen, ob der Markt nicht viel mehr etwas Künstliches und der menschlichen Natur Fremdes als etwas Natürliches ist. Viele Aspekte heutiger Märkte sind offenbar höchst artifiziell: Das Geldsystem und die Eigentumsordnung sind hochkomplexe, von Menschen geschaffene Rechtssysteme. Die frühen Jäger- und Sammlergesellschaften, denen wir entstammen, waren keine Markt-, sondern Bedarfswirtschaften. Die Menschen lebten in kleinen Gruppen sozusagen von der Hand in den Mund. Was sie brauchten, wurde ihnen nicht durch Märkte vermittelt, sondern sie erfüllten ihre Bedürfnisse direkt. Sie gingen Jagen und Sammeln, zogen ihre Kinder auf, bauten Zelte, versorgten die Alten usw. Wenn es Tausch gab, spielte er eine untergeordnete Rolle. Die Wirtschaft wurde gemeinschaftlich organisiert. Auch wenn dieses Wirtschaften zweifellos erhebliche Nachteile hatte, bot es dem Menschen doch Entscheidendes, das heute in vielerlei Hinsicht verloren gegangen ist: Während damals jeder eine sinnvolle Aufgabe erfüllen konnte, gibt es heute zahllose Bullshitjobs – Arbeitsstellen, auch gut bezahlte, die niemandem nutzen. Um leben zu können, werden oft Arbeitsstellen in großer Entfernung angenommen, die Menschen aus ihrer tragenden Gemeinschaft reißen. Oder sie verschwenden unzählige wertvolle Stunden, um an ihren Arbeitsplatz zu fahren. Millionen haben überhaupt keine Arbeit. Die Versorgung der Alten ist im großen Maßstab dem Markt übergeben worden. Sie dümpeln einsam in profitorientierten Masseneinrichtungen dahin.«

»Wenn der Markt so große Probleme verursacht, was sind dann die Alternativen? Sollen wir wieder Jäger und Sammler werden? Oder etwa die DDR wieder errichten?«

Freie Märkte gibt es gar nicht

»Deine Frage ist bezeichnend, weil sich viele gar keine andere Lösung als den Markt mehr vorstellen können. Die einzige Alternative, die ihnen einfällt, ist der Sowjetkommunismus. Hier kommen wir aus der Sicht von Ökonomen, die den Marktfundamentalismus ablehnen, zu einer dritten Fehlinterpretation: Wir leben tatsächlich nur teilweise in Marktwirtschaften. Die angeblichen Errungenschaften des Marktes sind ihm nur zum Teil zu verdanken. Daran können Alternativen ansetzen.«

»Wie ist das zu verstehen?«

»Vergleichen wir eine freie Marktwirtschaft und eine Gemeinwirtschaft: In der freien Marktwirtschaft sind die Unternehmen Privateigentum. Was sie produzieren und mit wem sie handeln unterliegt keiner Beschränkung. In der Gemeinwirtschaft sind die Unternehmen Gemeineigentum. Was produziert wird und wer was bekommt, wird durch ein demokratisches Verfahren bestimmt. Wenn wir uns unsere reale Wirtschaft anschauen, befinden wir uns irgendwo dazwischen.«

»Inwiefern?«

»Zum einen hat der Staat einen erheblichen Anteil an der Wirtschaft.«

»Der aber als ineffizient gilt.«

»Das ist ein verbreitetes Urteil, aber ist es auch gut begründet? Ein bezeichnendes Beispiel ist eine Rede des berühmten Alan Greenspan, dem langjährigen Chef der amerikanischen Zentralbank. Er pries die Segnungen der Marktwirtschaft und führte als Beispiele den Computer, das Internet, die Satellitentechnik, die Lasertechnik und einige andere Entwicklungen an. Diese Techniken kamen aber gerade nicht durch den Markt zustande. Dies wäre auch kaum möglich gewesen, weil dafür jahrzehntelange Grundlagenforschung notwendig war, bevor man irgendeinem Kunden etwas verkaufen konnte. Banken finanzieren Investitionen, wenn sie sicher sind, dass Unternehmen in absehbarer Zeit Gewinne machen werden, mit denen sie die Kredite zurückzahlen können. Diese Forschung, deren Erfolg in den Sternen stand, musste von der sozialen Gemeinschaft gezielt und langfristig gefördert werden. Als die Techniken ausgereift waren, wurden sie Bill Gates und anderen kostenlos übergeben. Gerade in den USA förderte der Staat in großem Maßstab innovative Start-ups mit neuen Technologien, die im freien Markt untergegangen wären. Das bedeutet also: Demokratien haben ihre Wirtschaft aktiv gestaltet. Sie haben Organisationen Ziele vorgeben, die diese dann erfolgreich umgesetzt haben. Viele Errungenschaften wurden der Allgemeinheit kostenlos zur Verfügung gestellt.

Zudem trifft es nicht zu, dass die privaten Unternehmen herstellen können, was sie wollen. Was verkauft wird, ist auch hier zu einem gewissen Grad vorgegeben und beschränkt somit die freie Verfügung über das Privateigentum: Die vielfältigen Vorschriften und Kontrollen, die dem Schutz von Konsumenten, Umwelt, Angestellten, aber auch Unternehmern dienen. Einen wirklich freien Markt dürfte sich wohl kaum einer wünschen, denn dann wäre Kinderarbeit, der Handel mit Menschen, Waffen bis hin zu Atomsprengköpfen und anderen gefährlichen Dingen erlaubt. Aktiv gestaltet wurden aber auch die makroökonomischen Rahmenbedingungen: Zölle, die junge Industrien vor dem

Welthandel schützen, vermehrte Ausgaben, um eine Krise zu überwinden. Für die Rettung von insolventen Unternehmen haben Staaten hunderte Milliarden ausgegeben. Eine weitere Tätigkeit des Staates sind staatliche Unternehmen.«

»Die auch als ineffizient gelten.«

»Wiederum müssen wir fragen, was ›effizient‹ bedeutet und was wir für unsere soziale Gemeinschaft haben wollen. Für Aktionäre sind Krankenhäuser effizient, die möglichst viel Profit erwirtschaften. Das bedeutet aber nicht, dass diese Krankenhäuser das leisten, was wir wollen. Die Profitorientierung hat dazu geführt, dass Leistungen abgebaut wurden. Man hat am Personal gespart oder ganze Kliniken geschlossen. Die Versorgung von Kranken hat sich verschlechtert, obwohl das staatliche Gesundheitssystem die Menschen seit vielen Jahrzehnten gut versorgte. Das privatisierte Gesundheitssystem in den USA gilt als sehr teuer, obwohl zahllose Menschen unterversorgt sind. Eine der wichtigsten Aufgaben des Pflegepersonals ist der persönliche Kontakt zu Menschen. Menschliche Zuwendung ist es, worauf es ankommt. Privatisierungen stellen das Pflegepersonal aber in einen Wettbewerb, der dem Profit dient.

Wettbewerb ist ein verbreitetes Argument für Privatisierungen, obwohl in diesem Wirtschaftsbereich ein echter Wettbewerb zwischen genügend konkurrierenden Unternehmen nicht organisierbar war. Die privatisierten Unternehmen konnten sich viel erlauben, weil sie eine Monopolstellung hatten. Das gilt auch für andere Bereiche. Nach der Privatisierung des öffentlichen Nahverkehrs in Berlin wurde an wichtigen Reparaturen gespart, Bahntrassen waren monatelang unbefahrbar. Die Privatisierung der Wasserversorgung hat zu enormen Preissteigerungen geführt.

Zu den Profiteuren von Privatisierungen gehört insbesondere die private und global aktive Finanzindustrie. Die Sparkassen sind öffentliche Einrichtungen, die für die lokale

Wirtschaftsentwicklung eine wichtige Rolle gespielt haben. Die Finanzindustrie hingegen ist aus der Sicht marktkritischer Ökonomen extrem teuer und ein entscheidender Treiber der zerstörerischen Wirkungen des Marktes: Ungleichheit, Wirtschaftskrisen und Umweltzerstörung.

Wie die bekannte Ökonomin Mariana Mazzucato dargelegt hat, war der Aufstieg der westlichen Industrienationen also in vielerlei Hinsicht eine Mischung aus staatlicher Planung und Förderung und der Leistung staatlicher und privater Unternehmen, getragen von ihren Millionen Angestellten und ihren Familien.«

»Den Familien?«

»Oh ja. Einer der wichtigsten Bereiche des Wirtschaftens geschieht in den privaten Haushalten: Kinder erziehen, kochen, waschen, bügeln, usw. Unbezahlte Arbeit, die noch immer überwiegend von Frauen verrichtet wird. Dieser Bereich wird immer noch wie eine Bedarfswirtschaft organisiert. Allerdings drängt auch hier der Markt zunehmend hinein: Die Erziehung kann von der Schwangerschaft bis ins Erwachsenenalter von privaten Anbietern übernommen werden. Die hauswirtschaftlichen Arbeiten ohnehin.«

»Das dürfte aber schon für Menschen mit einem mittleren Einkommen wenig erschwinglich sein.«

»Ja. Ein weiterer Schlüssel könnte deshalb im Zusammenschluss von Bedarfswirtschaften liegen. Die Menschen einer Nachbarschaft unterstützen sich gegenseitig – wie es soziale Gemeinschaften seit Jahrtausenden getan haben.«

»Die Alternative zum Markt ist also die Gemeinwirtschaft.«

Alternativen

»Die Alternative lautet zunächst einmal: Wir können als demokratische Gemeinschaft unsere Wirtschaft gestalten. Das scheint mir einer der wichtigsten Sätze einer demokratischen Bildung zu sein. Sie darf sich nicht auf den Neoliberalismus beschränken. Die westlichen Demokratien haben ihre Wirtschaften schon immer gestaltet. Zu dieser Gestaltung gehören unter anderem Förderung, Regulierung, öffentliche Unternehmen und Gemeinwirtschaften.«

»Und wie sehen Alternativen zum neoliberalen Kapitalismus konkret aus?«

»Es gibt zahlreiche Konzepte und Modelle. Postkeynesianer wollen den Kapitalismus nicht abschaffen, sondern einschränken: Die Löhne erhöhen, Leiharbeit weitgehend verbieten, bestimmte Bereiche wie Gesundheit, Rente, Wasser, aber auch Banken vergesellschaften und die Wirtschaft viel stärker in Richtung Nachhaltigkeit lenken. Ein weitergehender Vorschlag besteht darin, die am stärksten auf Profit ausgerichtete Form von Unternehmen zu verbieten: Aktiengesellschaften. Das würde den Kapitalismus keineswegs beenden.«

»Und wie sehen grundlegendere Alternativen aus?«

»Für viele Modelle sind die lokalen Bedarfswirtschaften wichtig. Ein grundlegender Gedanke dabei lautet: Was grundlegende Dienstleistungen angeht, können kleinräumige Gemeinschaften den wirklichen Bedürfnissen schneller und auch besser gerecht werden als ein globaler Markt. Eltern sollten nicht warten müssen, bis der Markt ihnen eine angemessene und bezahlbare Beaufsichtigung ihres Kindes anbietet. Ihre Fürsorge ist es, die das Kind eigentlich braucht. Wenn sie keine Zeit haben, sind Großeltern oder andere Mitglieder der Großfamilie ein besserer Ersatz als der Markt. Solche Gemeinschaften waren früher auch bei der Versorgung von Alten und Kranken oder beim Einkaufen und Kochen eine Entlastung. Heute kann diese gegenseitige Hilfe in Nachbarschaften organisiert werden. Die Leistungen würden nicht mehr vom Markt, sondern zu einem wesentlichen Teil von den lokalen Bedarfswirtschaften selbst erbracht. Solche Bedarfswirtschaften gibt es auch innerhalb kapitalistischer Länder. Ein bekanntes Beispiel ist die Kibbuzbewegung in Israel. Ein Kibbuz ist eine basisdemokratisch organisierte Kommune, die sich auch mit landwirtschaftlichen Gütern versorgt. Zweifellos möchte nicht jeder in so einer engen Gemeinschaft leben. Es gibt aber auch offenere, nachbarschaftliche Konzepte.«

»Und wie sehen gesamtwirtschaftliche Alternativen aus?«

»Sie haben so unterschiedliche Namen wie Gemeinwohlökonomie, Postwachstumsökonomie oder demokratischer Sozialismus. In diesen Modellen sind bestimmte Bereiche, manchmal auch alle Bereiche der Wirtschaft nicht marktwirtschaftlich organisiert. Ein häufig genanntes Prinzip ist die Regionalisierung. Unser Mittagessen besteht oft aus Lebensmitteln, die von mehreren Kontinenten stammen. Das schädigt nicht nur die Umwelt, sondern ist auch für arme Länder oft ein großes Problem. Sie stellen auf riesigen Plantagen Palmöl für unsere Schokoladenriegel her und leiden selbst unter Mangelernährung. Leckeres Essen lässt sich auch aus regionalen Produkten zubereiten. Dazu brauchen wir kein Palmöl aus abgeholzten Regenwäldern. Auch andere Wirtschaftsbereiche können regionaler organisiert werden. Laut der Postwachstumsökonomie sind wir nur durch eine konsequente Regionalisierung in der Lage, die existenzbedrohende Umweltzerstörung aufhalten. Eine Regionalisierung würde auch die Gemeinschaft zwischen Menschen und die demokratische Kontrolle ihres Gemeinwesens stärken.«

»Um die Wirtschaft so umzubauen, wird man viel Geld brauchen. Woher soll das kommen?«

»Das ist ein merkwürdiger Widerspruch. Wenn wir an Jäger- und Sammlergesellschaften denken, hatten sie dieses Problem nicht. Was sie tun konnten, haben sie einfach getan, ohne darauf warten zu müssen, dass ihnen ein internationaler Investor Geld zur Verfügung stellt. Sollte das in einer modernen Ökonomie nicht mehr möglich sein? Warum sollte die Sanierung einer städtischen Schule oder eines städtischen Krankenhauses am Geld scheitern, wenn die wirtschaftlichen Kapazitäten vorhanden sind? Die Antwort postkeynesianischer Ökonomen lautet: Es ist sehr wohl möglich, wenn wir bereit sind, alte Dogmen zu überwinden. Eine demokratische Gemeinschaft kann sich das notwendige Geld selbst zur Verfügung stellen. Durch Steuern, aber auch indem sie neues Geld schöpft. Denn Geld ist in unserem heutigen Geldsystem keine knappe Ressource mehr. Der Staat kann das Geld herstellen. Damit sind einige Fragen verbunden, wie etwa die Inflation. Sich damit intensiv auseinanderzusetzen ist von fundamentaler Bedeutung. Denn eine Demokratie lebt davon, dass sie handlungsfähig ist und wichtige Ziele, die ihre Wirtschaft zu leisten im Stande ist, nicht am Geld scheitern müssen. Das ist aber eigentlich nichts Neues: Wenn es Staaten in der jüngeren Geschichte wirklich auf etwas ankam, ob es Rüstungsaufträge, Bankenrettungen oder Impfkampagnen waren, haben sie das notwendige Geld zur Verfügung gestellt.«

»Auch von dieser Alternative habe ich in der Schule bis jetzt noch nichts gehört.«

Eine marktkonforme Bildung ist undemokratisch

»Was die Wirtschaftspolitik angeht, werden in der Schule üblicherweise zwei Alternativen gelehrt: Die Neoklassik und der Keynesianismus. Die Lehre von Keynes und die Möglichkeiten einer staatlichen Lenkung der Wirtschaft werden dabei aber meist nur oberflächlich angeschnitten. Was die Wirtschaftsordnung betrifft, werden in der Schule häufig drei Alternativen einander gegenübergestellt: freie Marktwirtschaft, soziale Marktwirtschaft und Planwirtschaft. Die freie Marktwirtschaft und die Planwirtschaft nach dem sowjetischen Modell werden dabei nicht als sinnvolle Alternativen dargestellt: Die freie Marktwirtschaft ist nicht sozial genug, die Planwirtschaft ineffizient und autoritär. Letztlich haben die Schülerinnen und Schüler also nur ein Modell zur Auswahl: die sogenannte soziale Marktwirtschaft. Dieses Modell wurde von Alfred Müller-Armack entworfen, einem Ökonomen des Ordoliberalismus. Die Ordoliberalen wiederum haben viele Gemeinsamkeiten mit Hayek und anderen neoliberalen Ökonomen, mit denen sie auch persönlich verbunden waren und sind. Der Ordoliberalismus gilt auch als Zweig des Neoliberalismus. Die politische Bildung steht bei den ökonomischen Inhalten im politischen Spektrum ökonomisch damit weit rechts. Ideen, wie die Wirtschaft in einem umfassenderen Sinne gestaltet und demokratisiert werden könnte, bleiben kaum verstanden oder weitgehend außen vor. Dies gilt nicht weniger für die philosophischen Grundlagen des Arbeitsrechts und der Eigentumsordnung. Das scheint mir eine der größten Beschränkungen einer demokratischen Bildung zu sein.«

»Und besonders fragwürdig für diejenigen, die wie mein Bruder Alex ein großes Risiko haben, im Niedriglohnsektor zu landen. Er wird die Schule nach der Zehn mit der Vorstellung verlassen, dass es in der Wirtschaft vor allem darauf ankommt, einen Job zu bekommen. Er wird höchstens eine sehr vage Idee davon haben, was seine Rechte sein könnten und an wen er sich wenden kann. Seine Welt wird aus dem Job bestehen und einer Freizeit, in der er mit

Freunden konsumiert. Seine kulturelle Welt wird weitgehend unpolitisch sein: Computerspiele, YouTube-Videos über Autotuning, Promis und kurzlebige News, Netflix-Serien usw. Er wird sich nicht als Teil einer demokratischen Gemeinschaft sehen, die ihr Wirtschaftsleben gestaltet und in der alle gleich wichtig sind. Noch weniger als Teil einer Arbeiterbewegung, die für demokratische Unternehmen kämpft. Er wird glauben, keinerlei politischen Einfluss zu haben – außer, wenn er mit den Rechten marschiert. Die Schule wird er vor allem als Kontrollsystem sehen, das ihn getestet hat, welchen Platz und welche Anerkennung er in der Gesellschaft haben darf. Er ist ein Einzelkämpfer, der sich im Markt bewähren muss, ein neoliberales Subjekt. Gerade für diejenigen unter uns, die am schlechtesten gestellt sind, scheint mir das der realistische Output unserer politischen Bildung zu sein. Selbst wenn engagierte Lehrkräfte in den wenigen verfügbaren Stunden versuchen, es anders zu machen: Gegen Computerspiele und oberflächliche Unterhaltung auf Insta und Netflix kommen sie nur schwer an.«

»Das sehe ich auch so. Umso wichtiger ist es, sich für eine demokratische Bildung einzusetzen.«

Positionen, Begriffe, Argumente

Für den Status quo, weitere Deregulierungen und Einschränkungen von Arbeitnehmerrechten in der Wirtschaft werden in der politischen Theorie Argumente des **Liberalismus** und des rechten **Libertarismus** angeführt, in der Ökonomie Argumente des **Neoliberalismus** und der **Neoklassik**.

- Autoritär organisierte Unternehmen sind nach **Ayn Rand** vorteilhaft, weil diejenigen, die an der Spitze stehen, Kompetenz und Fleiß bewiesen haben. Durch ihren Druck werden die Angestellten angehalten, ebenfalls fleißig zu sein.
- Gegen staatliche Eingriffe in Arbeitsverträge argumentiert **Robert Nozick**. Auch ausbeuterische Arbeitsverträge sind legitim, wenn sie freiwillig eingegangen werden.

- Individueller Handel im Markt und Eigentumsrechte sind elementare Bestandteile von Freiheit.
- In der neoklassischen und neoliberalen Ökonomie gelten Märkte als effizient. Aus der Sicht des Neoliberalismus ist der Markt ein effizienter Koordinator von Information. Wettbewerb und die damit verbundene Konkurrenz führen zu Innovation und Fleiß. Staatliche Eingriffe, Investitionen oder längerfristige Lenkungen sind nachteilig. Dies wird durch die Überlegenheit der kapitalistischen Wirtschaften über die Planwirtschaften des Ostblocks belegt.

Für eine Demokratisierung von Unternehmen wird im **Liberalismus**, im **linken Libertarismus**, in der **Sozialdemokratie** und im **Marxismus** argumentiert. Eine demokratische Gestaltung der Gesamtwirtschaft wird in unterschiedlichem Ausmaß im **Postkeynesianismus**, in der **Postwachstumsökonomie**, in der **Gemeinwohlökonomie** und im **Marxismus** befürwortet.

- Es gibt eine Vielfalt an Unternehmensformen, die wesentlich demokratischer organisiert und wirtschaftlich erfolgreich sind.
- Autoritär organisierte Unternehmen widersprechen der Demokratie. In einer kapitalistischen Wirtschaft kann das Arbeiten in einem autoritären Unternehmen für viele nicht als freiwillig bezeichnet werden.
- Märkte sind nicht natürlich, sondern basieren auf einem vom Menschen geschaffenen Rechtssystem. Wie Ökosysteme, so geraten auch Märkte durch Schneeballeffekte aus dem Gleichgewicht. Dies macht staatliche Eingriffe notwendig.
- Märkte sind anonyme Systeme, auf die Konsumwünsche zwar einen Einfluss haben, diese werden durch die Werbung aber manipuliert. Unberücksichtigt bleiben insbesondere sozial Schwache und die Natur. In einer Konkurrenzgesellschaft leiden die sozialen Beziehungen.
- Dass die Produktivität des westlichen Kapitalismus allein auf der Marktwirtschaft beruht, ist eine Fehlinterpretation. Staatliche Planung hatte einen wesentlichen Anteil an der Industrialisierung. Die großen technischen Neuerungen wie Computertechnik, Internet oder Satellitentechnik entstanden durch jahrzehntelange staatliche Förderung der Grundlagenforschung, bevor sie überhaupt vermarktet werden konnten. Ein elementarer Bereich der Wirtschaft – Hausarbeit, Kindererziehung – ist immer noch nicht marktwirtschaftlich, sondern bedarfswirtschaftlich organisiert.
- Alternativen zum neoliberalen Kapitalismus sind u. a. ein keynesianischer Kapitalismus, die Postwachstumsökonomie, die Gemeinwohlökonomie, lokale Bedarfswirtschaften oder Staatswirtschaft.

Wo stehen Parteien und Medien?

egalitär ◄	———	► elitär
	Wie demokratisch sollten Unternehmen sein?	
Genossenschaft	Paritätische Macht von Arbeitnehmern und Arbeitgebern	Kein Recht zur Mitentscheidung für Arbeitnehmer
	Wie demokratisch reguliert sollte die Wirtschaft sein?	
demokratische (kommunale) Gemeinwirtschaft		freie Marktwirtschaft
	Wie funktioniert der Kapitalismus?	
Geringere Ungleichheit ist ökonomisch effizienter (Postkeynesianismus)		Große Vermögen fördern Investitionen (Neoliberalismus)

5. Globalisierung und Demokratie

Lukas: Eklat im Klassenzimmer

Pünktlich zum Klingeln öffnete sich die Türe und Herr Müller schob den Tabletwagen in den Klassenraum. Ein paar sprangen auf und verteilten die Tablets zügig in den Reihen. In der Klasse machte sich eine gewisse Entspannung breit. Bis Herr Müller seine Geräte in Gang gesetzt hatte, würden mindestens fünf Minuten vergehen. Er musste das Smartboard und sein Tablet einschalten, sein Tablet mit dem Smartboard verbinden (was oft schief ging) und das Programm öffnen, mit dem er unsere Tablets überwachen konnte. Das waren fünf bis zehn Minuten unbeaufsichtigtes Surfen oder Spielen, denen wir uns mit unserer digitalen Konditionierung kaum verweigern konnten. Der Dopaminschub, den ein fieser Disstrack auf Rewinside, die »peinlichsten Mutprobe« bei BibisBeautyPalace oder schlicht eine Runde Snake bei Google versprachen, war einfach zu verlockend. Kaum hatte Herr Müller jedoch sein Überwachungsprogramm geöffnet, ging wie immer ein Stöhnen durch die Klasse, da er erst mal alle Tablets wieder sperrte. Unsere Gesichter lösten sich gelangweilt von den digital geschwärzten Mattscheiben, in deren Mitte ein großes Vorhängeschloss prangte.

»Wie ihr wisst, haben wir heute aktuelle Stunde«, begann er mit geölter Stimme, als wollte er uns etwas verkaufen. »Ihr öffnet wie immer die vorinstallierte Newsapp. Dann besprechen wir ein paar Nachrichten, um schließlich einen interessanten Zeitungsartikel ausführlich zu diskutieren. Alles klar?«

Ein paar ließen ein leichtes Nicken erahnen und wir begannen die News durchzuscrollen. Ab und zu stöhnte wieder jemand auf, den Herr Müller auf Abwegen bei einem Youtuber oder einer Modeseite ertappt hatte. Politik war für viele von uns in etwa so spannend wie der grau gefleckte Linoleumboden unseres Klassenzimmers. Natürlich galt das nicht für alle: Samira, Leonie, Sam und vor allem Nils diskutierten immer sehr eifrig mit. Manchmal wurde aber auch die gesamte Klasse plötzlich wie von Zauberhand von einer Diskussion mitgerissen und Herr Müller war begeistert. Daraus schien aber heute nichts zu werden. Nachdem wir kurz über den EU-Beitrittsstatus der Ukraine, die Hitzewelle in Spanien und eine Messerstecherei gesprochen hatten, stellte uns Herr Müller vor die Wahl, einen Bericht über Beutekunst oder einen Kommentar über Investitionen in der Gesundheitspolitik zu lesen. Da schien »Beutekunst« eindeutig das geringere Übel zu sein, auch wenn sich niemand wirklich etwas darunter vorstellen konnte. Als hätte Herr Müller das vorausgesehen, griff er in seine speckige Lehrertasche und sagte, er habe uns da etwas zur Illustration mitgebracht. Er zog eine handgroße dunkle Holzfigur mit übergroßem Kopf und weit aufgerissenen Augen hervor. Herr Müller erklärte uns, diese Figur stamme aus Afrika. Sie sei über dreihundert Jahre alt und sehe so furchterregend aus, weil sie vermutlich die Funktion hatte, böse Geister zu vertreiben. Er stellte sie auf den Lehrertisch neben seine Tasche, wo ihr schreiender Blick allerdings eher wirkte, als hätte sie seit dreihundert Jahren unter der Folter seines eintönigen Unterrichts gelitten.

Herr Müller schien von seinem Mitbringsel sehr eingenommen und setzte mit wichtiger Miene zu einem Lehrervortrag an. Figuren wie diese und viele andere Kunstgegenstände, fuhr er fort, hätten die europäischen Kolonialherren den kolonisierten Völkern auf der ganzen Welt geraubt. Diese Kunstschätze stünden heute noch immer in vielen Museen. In den letzten Jahren sei aber eine Diskussion entbrannt, ob man diese Kunstwerke nicht zurückgeben müsse.

»Dann haben Sie diese Figur also Tafari geklaut?«, rief da Eric plötzlich dazwischen, der gerne den Kasper spielte. »Ein schlimmer Finger sind Sie!«, setzte er zeternd wie ein altes Mütterchen nach. Wir lachten auf. Tafari kam vor drei Jahren in unsere Klasse. Seine Familie war aus Kamerun geflüchtet und wohnte inzwischen im selben Haus wie Leon. Tafari drehte sich mit einem breiten Grinsen zu Eric um und nahm den Daumen hoch.

»Nein«, antwortete Herr Müller entschieden, »diese Figur habe ich auf dem Kunstmarkt erworben. Sie wurde völlig legal aus Afrika ausgeführt. Das habe ich schriftlich.«

»Das kann jeder behaupten«, entgegnete Eric spitz und wollte ihn weiter foppen, motiviert von seinem Lacherfolg. Aber Herr Müller schnitt ihm das Wort ab, indem er uns aufforderte, den Zeitungsartikel zu lesen.

Der Text handelte von einem Museum, das sich bereit erklärt hatte, einzelne Kunstwerke aus Afrika zurückzugeben. Nachdem die meisten den Text gelesen hatten, sagte Herr Müller nur: »Und, wer macht den Anfang?«

Den Anfang machte wiederum Eric, der es sich seinen Auftritt nicht nehmen lassen wollte. Er behauptete jetzt mit einem Mal, die Kunstwerke müssten nicht zurückgegeben werden, denn alles auf der Welt sei geklaut. Das führte zu einiger Verwirrung, gab der Diskussion aber einen gehörigen Schub. Wie sich herausstellte, meinte Eric so etwas wie: Alle Völker und Weltreiche haben irgendwann fremde Territorien erobert. Die Makedonen haben Persien erobert, die Römer die Makedonen unterworfen, die Hunnen die Römer und so durch die ganzen Jahrhunderte. Wem was gehöre, könne heute niemand mehr sagen und deshalb könne auch niemand Forderungen stellen. Erics steile These wurde von Herr Müller, der es nicht gerne hatte, wenn ihm eine Diskussion entglitt, jedoch bald wieder entkräftet. Zu Zeiten der Römer sei man mit den universellen Menschenrechten noch nicht so weit gewesen wie heute. Wir einigten uns mehr oder weniger darauf, dass Kunstwerke zurückgegeben werden müssen, wenn es nahe liegt, dass sie geraubt wurden. Damit war aber Nils, unser Geschichtsnerd, überhaupt nicht zufrieden.

»Was wir hier völlig ausgelassen haben, sind die Verbrechen des Kolonialismus, die weit über Diebstahl hinausgehen«, dozierte er. »Zahllose Menschen wurden versklavt, ausgebeutet und ermordet. Manche dieser Völker fordern immer noch Reparationen. Völlig zu Recht. Europa ist diesen Völkern mehr schuldig als nur die Rückgabe einiger Kunstwerke. Was wir diesen Völkern angetan haben, lässt sich mit Geld nicht wiedergutmachen. Aber ein paar hundert Milliarden wären als Zeichen der Anerkennung unserer Verbrechen bestimmt nicht zu wenig. Wir haben deshalb auch eine besondere Pflicht, Migranten aus diesen Regionen aufzunehmen.«

Auf einmal mischte sich Leons Bruder Alex in die Diskussion ein. Das überraschte mich, denn er hielt sich meistens sehr zurück. »Ein paar hundert Milliarden?«, rief er in einem gereizten und irgendwie frustrierten Ton, der mich beunruhigte. »Und wer soll das alles bezahlen? Wir haben mit den Migranten in Deutschland schon genug zu tun. Alle können wir sowieso nicht aufnehmen. Ich habe diesen Leuten nichts angetan, das ist Geschichte, die lange vergangen ist. Wie lange ist das her, Herr Müller?«

Herr Müller zog die Stirn in Falten. »Die letzte große Welle der Dekolonisation war in den 1960er-Jahren des letzten Jahrhunderts, also vor rund sechzig Jahren.«

»Mehr als ein halbes Jahrhundert ist das her!«, fiel Robin ein, der sich nicht gescheut hatte, einen grinsenden Trump-Sticker an sein Mäppchen zu heften. »Also ich finde, irgendwann sollte man die Vergangenheit auf sich beruhen lassen. Wenn man anderen ewig ihre Schuld vorhält, ist es kein Wunder, dass man sein Land nicht voranbringt. Damit lenkt man nur von den eigenen Problemen ab.«

»Jetzt reicht's aber, Robin«, rief Tafari mit zornigem Gesicht. »Dir spukt doch Hitler im Kopf herum.« So aufgebracht wie Tafari war, fragte ich mich, ob Robin ihn schon früher einmal mit fremdenfeindlichen Äußerungen provoziert hatte.

»Hitler! In meinem Kopf? Bist du wahnsinnig?«, entgegnete Robin wütend. Herr Müller begann sichtlich seine Fassung zu verlieren. Er ging auf die beiden zu, ruderte mit den Armen und begann zu faseln: »Bitte lasst uns das Thema in Ruhe diskutieren und nicht mit Hitler anfangen! Tafari, melde dich bitte, wenn du etwas beitragen möchtest. Was Robin meint, ist, dass es in vielen Herkunftsländern immer noch große Missstände gibt. Diktatoren, korrupte Eliten, ethnische Konflikte. Das wirst du ja auch nicht abstreiten. Ich meine ... ihr wisst doch, wovon die Rede ist. Hat denn jemand von euch schon mal davon gehört? In Erdkunde vielleicht?«

Der Schlagabtausch um Hitler hatte die Klasse plötzlich hellwach gemacht und tatsächlich wussten jetzt überraschend viele etwas beizutragen: Der Krieg im Kongo wurde angeführt mit seinen Millionen Toten, der Krieg in Somalia, sogar die korrupte Diktatur in Simbabwe wurde erwähnt. Eric meinte, Afrika liege in seiner Entwicklung immer noch weit zurück, manche Völker lebten ja wie Jäger und Sammler.

An dieser Stelle fragte uns Herr Müller, wie man die Entwicklung Afrikas denn vorantreiben könnte. Das könnte auch die Flüchtlingswellen eindämmen. Auch hier kamen einige Beiträge, die von Sanktionen von Diktatoren über technologische Hilfe bis zur wirtschaftlichen Unterstützung reichten.

Ich verfolgte die Diskussion gespannt mit, wobei mich aber das unbestimmte Gefühl begleitete, sie würde auf irgendeine Weise verdreht oder unlogisch geführt. Aber ich konnte nicht genau sagen, warum. Wie so oft schien die Politikstunde in einen diffusen Nebel zu münden, den der Gong dann schlagartig wieder aus unseren Köpfen blies. Doch die Stunde endete mit einem großen Knall, der meiner Klasse noch lange zu denken gab.

Tafari hatte sich die ganze Zeit über gemeldet, doch Herr Müller schien ihn zu übersehen. Endlich wies ihn Lea mit strengem Ton darauf hin. Herr Müller entschuldigte sich und wandte sich interessiert an Tafari. Doch der sagte nur:

»Kann ich mal auf die Toilette gehen?«

Die ganze Klasse lachte auf.

»Natürlich kannst du«, erwiderte Herr Müller und rief ihm ironisch nach: »Du weißt ja wie's geht.«

Wieder lachten ein paar. Da drehte sich Tafari um und zeigte Herrn Müller den Stinkefinger. Herr Müllers Kinnlade klappte nach unten. »Tafari, ich glaub' ich seh' nicht ...«, stieß er hervor, bevor sein Kinn erneut nach unten fiel. Als wäre der Stinkefinger nicht genug gewesen, schubste Tafari Robin, der in der letzten Reihe saß, beim Herausgehen so heftig zur Seite, dass er vom Stuhl fiel. »Wie rassistisch kann man nur sein«, schrie er und dann zu Herrn Müller gewandt: »Und Sie sind um kein Haar besser!«

Robin sprang von seinem Stuhl auf, Tafari hinterher. Einen Moment später hörte man auf dem Gang einen riesigen Knall, das Splittern von Glas und das Dröhnen eines schweren Gegenstandes, der den Boden erzittern ließ. Herr Müller rannte auf den Gang hinaus und wir hinterher. Überall gingen die Türen auf, Lehrer und Schüler schauten neugierig oder bestürzt auf das Inferno: Auf dem Gang lag eine ganze Wand von Schließfächern, die in die Verglasung des Treppenhauses gestürzt war. Unter den Schließfächern schaute der Hausmeister hervor, der mit blutender Glatze in den Scherben lag und mit den Armen zappelte. Daneben lag ein Rollwagen, dessen kleine schwarze Räder sich noch immer drehten.

Robin und Tafari waren in die Schließfächer gerannt, die der Hausmeister gerade durch den Gang geschoben hatte. Ein paar Lehrer und ältere Schüler sprangen zur Seite und hoben die Schließfächer an, um den Hausmeister zu befreien. Herr Müller, der immer noch darum Rang, seine Autorität wieder herzustellen, stand daneben und schrie aus vollem Halse: »Tafari, Robin, habt ihr vollkommen den Verstand verloren? Ihr könnt euch auf eine gewaltige Abreibung gefasst machen. Ihr meldet euch jetzt sofort bei der Schulleitung.«

Doch das war unnötig, denn Herr Koch, unser Schulleiter, stand bereits neben ihm. Er versicherte sich, dass der Hausmeister verarztet würde, gab den Helfern ein paar Anweisungen und nahm dann die beiden und Herrn Müller in sein Büro mit, der immer noch wild gestikulierend auf sie einredete.

Nachdem ich versucht hatte, mich in dem ganzen Aufruhr nützlich zu machen, indem ich ein paar größere Scherben aufhob, wurde mir bewusst, wie weich meine Knie waren. Ich war völlig verwirrt. Was war da bloß vorgefallen? Was war mit Robin los? Hatte Robins Bemerkung Tafari wirklich so aggressiv gemacht? Und warum hatte Tafari Herrn Müller so beleidigt? Ich musste mit Tafari sprechen. Doch die beiden kehrten an diesem Tag nicht mehr in den Unterricht zurück. Offenbar hatten Herr Müller und Herr Koch sie gleich zu Aufräumarbeiten verdonnert oder nach Hause geschickt. Ich beschloss, auf dem Heimweg bei Leon vorbeizugehen. Als ich das Gelände der Sozialwohnungen betrat, kam mir jedoch mit großen Schritten Tafari entgegen.

»Was war los?«, fragte ich leise, denn Tafari schaute mich ziemlich böse an.

»Was los war?«, entgegnete er. »Eine ganze Menge. Robin hat mir in der Stunde einen Zettel durch die Bänke geschickt. Da stand neben so einer hingekritzelten schwarzen Figur wie die von Herr Müller: ›Beutekunst Tafari. Wird Zeit, dass wir ihn wieder zurückgeben.‹«

Ich erschrak. »Bist du sicher, dass das Robin war?«, fragte ich.

»Absolut. Es war seine Handschrift und beim Chef hat er es zugegeben. Natürlich hat er gesagt, das war nicht so gemeint, das sei nur ein Jux gewesen, er hätte nicht darüber nachgedacht. Aber das nehme ich ihm nicht ab. Neulich ist er hier mit einem Glatzkopf mit Springerstiefeln abgezogen. Grüßen tut er mich schon länger nicht mehr. Ich sage dir, der ist auf einem ganz rechten Trip. Alex war übrigens auch dabei. Ich würde mich nicht wundern, wenn die beiden demnächst auch Springerstiefel anhaben.«

»Nein, nicht Alex«, stieß ich hervor, obwohl mich ein leiser Zweifel rührte. Hatte er sich im Unterricht nicht gegen Reparationen ausgesprochen? Hatte damit nicht alles angefangen?

»Dann rede mal mit ihm.«

»Das wollte ich gerade tun. Und warum hast du Herrn Müller so beleidigt? Das wird üble Folgen haben.«

»Das verstehst du nicht, genauso wenig wie die meisten in der Klasse.«

Ich schaute ihn fragend an, aber Tafari winkte ab. »Das ist eine lange Geschichte. Meine Familie hat den Kolonialismus erlebt. In Kamerun. Krieg, Ausbeutung, Folter ...« Tafari machte eine ausweichende Bewegung als wollte er jetzt nicht weiter darüber sprechen.

Mein Kopf schien plötzlich zu platzen. Der Schleier begann sich zu heben. Aber was ich sah, schien mit allem anderen verwickelt, über das ich mit Sophie gesprochen hatte: Demokratie, Eigentum, die Wirtschaftsordnung ... Nur: Auf welche Weise? Da war ein ganzer Haufen von Knoten, die ich entwirren musste.

»Wir müssen unbedingt ausführlicher darüber reden«, antwortete ich Tafari leise, aber bestimmt. »Leon hat sicher auch großes Interesse. Wir haben in letzter Zeit viel über Politik philosophiert. Die Beziehung zu anderen Ländern und den Kolonialismus haben wir aber nicht bedacht.«

»Was ist mit Alex?«, fragte Tafari, »kommt der auch dazu?«

»Ich kann ihn fragen«, meinte ich zögernd. Alex hatte sich aus unseren Diskussionen meist rausgehalten, obwohl er das eine oder andere mitbekommen hatte. Aber für ihn besaß das schon einen zu elitären Touch. Zu viele Fremdworte. Wir waren dabei, uns von denen zu trennen, denen wir helfen wollten. Umso wichtiger war es, ihn dafür zu gewinnen. Wegen der Knoten in meinem Kopf beschloss ich, auch mit Sophie darüber zu sprechen.

Wir diskutieren

Wir trafen uns in Alex' und Leons Zimmer. Alex saß auf seinem Bett, Leon neben ihm. Tafari und ich hatten uns die Schreibtischstühle der beiden genommen. Alex sah etwas müde aus, wie meistens, wenn ich ihn sah, nur dass sich diesmal seine Augen unruhig zwischen uns bewegten, als stünde ihm ein Tribunal bevor.

»Was hast du eigentlich von Koch aufgebrummt bekommen?«, fragte Leon Tafari.

»Nichts!«, rief Tafari trocken und beinahe beleidigt, als würde ihm erneut ein Vorwurf gemacht.

Alex riss die Augen auf: »Für einen Stinkefinger ist das reichlich wenig. Wie hast du das hinbekommen?«

»Ich habe ihnen eine Science-Fiction-Geschichte erzählt, dann haben wir uns entschuldigt und damit war die Strafe vom Tisch.«

»Oh, die Geschichte würde ich gerne hören. Könnte mir noch nützlich sein.«

»In der Schule sicher nicht. Sie könnte aber deinen Horizont erweitern. Vielleicht überdenkst du deine Meinung dann noch mal.«

»Welche Meinung?« Alex schaute Tafari verwundert an, als hätte es den Vorfall nicht gegeben, setzte aber etwas beleidigt nach: »Du denkst also, ich habe einen beschränkten Horizont?«

»Nicht beschränkter als die meisten Europäer«, gab Tafari zurück. »Ich meine deine Haltung zu Reparationen und zur Migration.«

»Migration ist undemokratisch«, antwortete Alex entschieden. »Wenn irgendwelche Politiker Millionen von Menschen eingliedern, habe ich weniger zu sagen. Das ist nur ein Mittel, Leute wie meine Familie noch weiter an die Wand zu drücken. Es ist sowieso schwer, seine Stimme mit Millionen anderer zu teilen. Wir haben eh nichts zu melden. Wir teilen unsere Stimme in der EU ja schon mit über dreihundert Millionen. Warum haben Italiener, Letten oder Niederländer das Recht, bei uns mitzureden? Wem bringen die tausenden Wanderarbeiter aus Osteuropa etwas? Ich kann das nicht verstehen.«

»Dafür gibt es aber einige Argumente«, warf ich ein. »Ich habe mit Sophie neulich darüber diskutiert. Manche Philosophen sehen Nationalstaaten nicht mehr als legitim an. Es ist besser, sie aufzulösen und zu vereinigen. Manche fordern sogar einen Weltstaat, in dem die Migration auf der ganzen Welt unbeschränkt ist.«

»Und was bitte soll dafür sprechen?«, fragte Alex genervt und neugierig zugleich.

Demokratie im Weltmaßstab – Kosmopolitane Demokratietheorie

»Ein wichtiges Argument sind natürliche Ressourcen«, fuhr ich fort. »Nehmen wir zum Beispiel den Nil. Der Nil war für die Wirtschaft Ägyptens schon immer extrem wichtig. Ein großer Teil des Wassers stammt aber nicht aus Ägypten, sondern aus dem Hochland in Äthiopien, wo es relativ häufig regnet. Würde Äthiopien das Wasser alleine für sich beanspruchen, hätte dies katastrophale Auswirkungen auf die Menschen in Ägypten, aber auch im Sudan. Aber ist es nicht das Recht Äthiopiens, auf seinem Territorium alles nach Belieben zu nutzen? Können die Äthiopier nicht demokratisch darüber entscheiden, dass sie das ganze Wasser selbst verbrauchen?«

»Fair wäre das sicher nicht«, antwortete Alex.

»Dieses Beispiel soll zeigen: Wir leben in einer geteilten Welt, in der alle Menschen in irgendeiner Weise aufeinander bezogen sind. Wenn Europa FCKW in die Atmosphäre lässt, kann in Australien ein Ozonloch entstehen, das die Menschen dort schädigt. Das Wirtschaften hat in der ganzen Welt Auswirkungen.«

»Der Klimawandel.«

»Richtig. Zur geteilten Welt gehört aber auch der globale Handel, der die Staaten eng miteinander verbindet. Der globale Handel ist aber oft ungerecht, besonders für kleine und arme Länder. Durch die globalen Abhängigkeiten ist es auch für große Staaten sehr schwer, eine eigenständige Politik zu machen. Sie müssen sich nach dem Welthandel richten. Das beschränkt die Demokratie.«

»Und deshalb benötigt man so etwas wie die EU?«

»Ja. Dahinter steht aber auch folgender Gedanke: Alle Menschen auf der Welt sind gleichberechtigt. Deshalb sollten nicht nur die gleichen Menschenrechte für sie gelten, sie sollten auch den gleichen politischen Einfluss haben. Der Mensch ist also kein Provinzler, sondern ein Weltbürger – ein Kosmopolit. Die politische Strömung heißt entsprechend Kosmopolitismus. Da alle Menschen politisch gleichberechtigt sind und nationale Grenzen durch historische Zufälle entstanden sind, argumentieren manche auch für ein weltweites Migrationsrecht. Demokratie müsste folglich über den Nationalstaat hinausgehen – durch einen regionalen Zusammenschluss wie die EU oder einen Weltstaat. Man nennt das transnationale oder globale Demokratie. Dafür haben beispielsweise die Philosophen David Held oder Ottfried Höffe argumentiert. Der Kosmopolitismus ist gerade im Westen sehr verbreitet und wird als besonders aktuell angesehen. Transnationale Demokratie dient der also Gerechtigkeit, der Umwelt, aber auch dem Frieden.«

»Warum dem Frieden?«, fragte Leon.

»Das ist ein großes Thema, über das wir gleich noch ausführlicher sprechen sollten. Die Idee ist kurz gesagt, dass die Vereinigung von Nationen eine befriedende Wirkung hat, ob es die EU oder ein Weltstaat ist. Zu einem Weltstaat sollte natürlich Gewaltenteilung, also ein Weltparlament, ein Weltgericht und eine Weltregierung gehören, die über militärische Macht verfügt. Dazu könnte man die Vereinten Nationen ausbauen. Die Gewalt des Weltstaates kann auch durch Föderalismus begrenzt werden. Seine Teilstaaten dürfen über viele Dinge weiterhin selbst entscheiden. Das ist auch in der EU der Fall.«

»Da würde ich mir die Frage stellen«, wandte Alex ein, »ob das dann auch wirklich so demokratisch organisiert wird. Darüber haben wir bei Müller gesprochen. In der EU hat das Parlament nicht viel zu sagen. Die EU-Kommission, also die Exekutive, hat viel mehr Macht darüber, welche Gesetze erlassen werden.«

»Das sieht auch der deutsche Philosoph Jürgen Habermas sehr kritisch. Für ihn ist das aber kein grundsätzlicher Einwand gegen transnationale Demokratie. Die EU kann ja auch demokratischer organisiert werden: Das EU-Parlament sollte für die Gesetzgebung alleine zuständig sein. Wichtig für Habermas ist auch die Machtbegrenzung durch die vierte Gewalt: Eine Weltöffentlichkeit, also weltweite Medien, in denen die Menschheit politische Fragen diskutiert. Habermas gehört zur Nachfolge der Frankfurter Schule, einer Strömung des Marxismus. Der Kosmopolitismus wird meist von liberalen Philosophen vertreten. Manche von ihnen, wie Thomas Pogge, sehen die Rolle des Westens in der Welt sehr kritisch. Für viele andere verhält es sich umgekehrt: Gerade der Westen hat eine Vorreiterrolle, eine gerechte, kosmopolitische Weltordnung zu verwirklichen.«

»Warum?«

Der Glanz des Westens

»Weil der Westen für sie ein geradezu unverzichtbarer Bestandteil einer demokratischen Welt ist. Die westlichen Länder gelten als Erfinder der modernen Demokratie. Menschenrechte spielen in ihrer Rechtsprechung eine bedeutende Rolle. Den Anfang machten England, die USA und Frankreich, die anderen westlichen Länder folgten nach und nach. Nicht nur der Westen wandte sich der Demokratie zu, auch in vielen anderen Ländern orientierte man sich an diesem Vorbild. Anders als in vielen anderen Kulturen wurde im Westen die Gleichberechtigung auf religiöse, ethnische und sexuelle Minderheiten ausgedehnt. Der Westen hat aber auch die moderne Wissenschaft begründet und damit eine wichtige Grundlage für zahllose Technologien geschaffen, von denen die Menschen weltweit profitieren. Die westliche Industrialisierung hat es ermöglicht, diese Technologien in großen Massen zu produzieren. Wissenschaft und Industrialisierung haben die Welt verwandelt. Sie hat das Leben unzähliger Menschen erleichtert, ihre Gesundheit verbessert und ihre Lebenserwartung erhöht. Für viele spielt die Marktwirtschaft dabei eine entscheidende Rolle, die für den Westen charakteristisch ist: Im Unterschied zur Planwirtschaft sorgt der Markt für Innovation. Ressourcen werden effizient genutzt. Auch diese Wirtschaftsweise hat sich weltweit verbreitet und den Lebensstandard der Menschen vorangebracht. Die errungenen Freiheiten sind jedoch weltweit durch autoritäre Regime wie in Russland, im Iran und besonders in China bedroht. Auf Grund seiner demokratischen Errungenschaften ist gerade der Westen in der Welt dazu berufen, diese Freiheiten zu verteidigen. Eine transnationale Demokratie oder ein Weltstaat sind vom Westen also nicht gefährdet, sondern auf ihn angewiesen.«

»Das hast du sehr schön dargestellt«, sagte Tafari. »Aber so kann ich das nicht stehen lassen.«

»Das überrascht mich nicht«, gab ich zurück. »Darf ich vorher noch eine Gegenposition zum Kosmopolitismus vorstellen?«

»Klar. Schieß los!«

Demokratie braucht gewachsene Gemeinschaft – der Kommunitarismus

»Ich fange mit einem Beispiel an: In der EU gibt es die Arbeitnehmerfreizügigkeit. Jeder kann in der EU arbeiten, wo er will. Wie aber reagieren deutsche Staatsbürger, die arbeitslos oder prekär beschäftigt sind auf Wanderarbeiter aus Südosteuropa, in Schlachthöfen, Hotels oder auf Baustellen?«

»Sie werden möglicherweise das Gefühl haben, nicht in einer Gemeinschaft zu leben, in der sie etwas zählen«, antwortete Alex. »Wenn sie in einem Stadtteil mit vielen Migranten wohnen, werden sie vielleicht auch den Eindruck haben, dass die Gesellschaft aus zusammengewürfelten Menschen besteht, die so gut wie nichts mehr miteinander anfangen können. Sie werden das Gefühl haben, übergangen worden zu sein. Über ihr Leben wurde von einer fernen Regierung entschieden, für die sie Luft sind. Nicht alle werden so reagieren, aber viele.«

»Ein anderes Beispiel sind die teuren Mieten«, fuhr ich fort. »Daran haben große internationale Investoren einen erheblichen Anteil, die in Immobilien investieren und dadurch die Mieten in die Höhe treiben. Sie dürfen das, weil europäisches Recht dies zulässt. Wo früher Arm und Reich in einen Kindergarten gegangen sind, entstehen Reichenviertel oder soziale Brennpunkte. Und das bedeutet, dass die Gesellschaft sich spaltet. Wichtige Bindungen an die Gemeinschaft gehen verloren.«

»Genau wie in unserem Viertel!«

»Die Gemeinschaft von Menschen ist aber ein wichtiger Wert. Das betont der Kommunitarismus, der sich damit vom Liberalismus abgrenzt.«

»Was heißt das?«

»Der Liberalismus betont abstrakte Werte wie Freiheit, die in der Verfassung festgeschrieben sind. Gemeinschaft stellt hingegen keinen eigenen Wert dar. Jeder Mensch ist im Grunde ein ungebundenes Atom, das sich ganz nach Belieben mal hier und mal dort mit anderen verbinden kann. Im Namen des Liberalismus wird aber oft eine Politik gemacht, die sich auf die Gemeinschaft von Menschen zersetzend auswirkt. Sie müssen räumlich und zeitlich und kulturell sehr flexibel sein. Das ist ein verbreitetes Phänomen in den modernen Gesellschaften. Für Kommunitaristen kommt es hingegen auf die Werte an, die in einer realen Gemeinschaft geteilt werden. Menschen sind keine vereinzelten Atome, sondern auf Gemeinschaft angewiesen. Die konkrete und gewachsene Gemeinschaft schafft Vertrautheit, Verbindlichkeit und Verlässlichkeit zwischen den Menschen. Gerechtigkeit und Freiheit bekommen erst dadurch einen konkreten Sinn.«

»Dann sieht der Kommunitarismus den Weltstaat sicher als fragwürdig an.«

»Richtig. Demokratien brauchen den Zusammenhalt einer konkreten Gemeinschaft. Die Politik eines Weltstaats oder der EU ist mit den realen Gemeinschaften aber kaum noch verbunden. Die Politik wird von ihnen als abgehoben empfunden. Dadurch kann genau das drohen, was die EU verhindern soll: Die Bevölkerungen wenden sich dem Nationalismus oder Schlimmerem zu.«

»Und was bedeutet das für die Migration?«

»Für Michael Sandel, dem vielleicht bekanntesten Kommunitaristen, führt das in ein schwer aufzulösendes Dilemma. Wie andere Kommunitaristen bestreitet er natürlich keineswegs universelle Hilfspflichten gegenüber Menschen in Not, welcher Nation sie auch angehören. Er bestreitet auch nicht, dass Migrantinnen mit der Gesellschaft zusammenwachsen können, wie dies in den USA geschehen ist. Aber das benötigt viel Zeit. Deshalb sieht er die Gefahr einer Auflösung von Gemeinschaft. Michael Sandel ist bei der Frage ›innerlich zerrissen‹, wie viele Migranten aufgenommen werden sollten. Kommunitaristen betonen deshalb den Unterschied von Migration und Flucht. Während das Asyl für Menschen in Not wichtig ist, lehnen viele ein universelles Migrationsrecht ab. Migration kann mehr Nachteile als Vorteile haben, gerade auch für die Gesellschaften, aus denen Menschen auswandern. Wichtige Arbeitskräfte gehen ihnen verloren.«

»Es stimmt, dass viele gut ausgebildete Menschen mit einem Job Afrika verlassen«, versicherte Tafari. »Trotzdem werden sie in Europa eine längere Lebenserwartung haben. Außer natürlich, sie bleiben in einem der vielen Elendslager stecken, die von der EU toleriert werden. Aber mach weiter, ich sage gleich noch was dazu.«

»Ich war beinahe schon fertig. Wegen der Gemeinschaft sehen viele Kommunitaristen in der transnationalen Demokratie keinen Gewinn, sondern eine Gefahr. Für sie ist der Nationalstaat eine bessere Basis für Demokratie.«

»Müsste man dann aber nicht auf die Vorteile des freien Handels verzichten?«

Größer ist nicht immer auch besser

»Das kommt auf die ökonomische Schule an. Für ökonomische Schulen, die den Marktliberalismus ablehnen, ist Freihandel keineswegs für alle gut. Gerade für die Schwachen kann er große Nachteile haben. Wenn der Welthandel frei ist, können außerdem unglaublich viele Dinge davon abhängen, was irgendwo in der Welt passiert. Wenn es irgendwo Krieg gibt oder ein Land seine Produkte in einer Notlage selber braucht, kann beispielsweise wichtige medizinische Ausrüstung plötzlich nicht mehr geliefert werden. Das haben wir in der Pandemie erlebt. Regional lässt sich die Wirtschaft viel eher krisensicher organisieren. Sie besitzt größere Resilienz wie man sagt. Die Freiheit, überall in der EU arbeiten zu können, klingt toll, führt aber auch zu großen Problemen: Viele Pfleger aus Osteuropa gehen in den Westen Europas, weil man dort mehr verdient. Das bezahlen sie nicht nur mit einem Verlust an Gemeinschaft, in Osteuropa gibt es auch einen großen Mangel an Pflegekräften – obwohl die Gesundheit für den Wohlstand besonders wichtig ist. Im Westen Europas dagegen drückt die Zuwanderung auf die Löhne und die verfügbaren Arbeitsstellen. Besonders in einem Weltstaat oder einer unregulierten, freien Weltwirtschaft entstehen kaum noch voraussagbare und beherrschbare Effekte, die große Schäden verursachen können und es auch tun. Wer hat zu Beginn der Globalisierung an die kolossalen Mengen an Treibhausgasen gedacht, die der globale Transport verursacht?«

»Über die Vor- und Nachteile regional organisierter Wirtschaften hatten wir schon gesprochen. Aber wie können sich kleinere Staaten gegen den Welthandel behaupten?«, wandte Leon ein.

»Es gibt 200 Staaten auf der Welt, mit denen Abkommen möglich sind. Eine besonders große Einschränkung ist aber nicht der Welthandel, sondern die reichen Industrienationen, die es leicht haben, anderen Vorschriften zu machen. Besonders natürlich die USA. Nationen können aber wirtschaftliche Bündnisse eingehen, die ihre Abhängigkeit verringern. Da die Welt multipolarer geworden ist, sind die Chancen dafür gestiegen. Ein anderes Argument ist die Demokratie selbst: Je größer ein Staat ist, desto größer wird auch der Abstand der demokratischen Institutionen zu den Bürgern. Vor der Gründung der USA betonten die Gegner einer Föderation, dass Demokratie in einem so großen Staat nicht möglich ist. Dieses Argument kann durch Studien gestützt werden, die die Qualität von Demokratien untersuchen: Staaten mittlerer Größe wie die Schweiz schneiden durchschnittlich am besten ab.«

»Aber wäre das nicht der Weg zurück in den Nationalismus?«

»Nein«, antwortete ich, »der Nationalismus wird von Vertretern dieser Position wie etwa Wolfgang Streeck abgelehnt.«

»Ohnehin kommt es darauf an, was man unter Nationalismus versteht«, ergänzte Tafari. »Dieses Wort hat viele Bedeutungen. Im Kampf gegen den Kolonialismus gab es einen verbreiteten Nationalismus, der aber nicht mehr als Befreiung von der Unterdrückung meinte. Amicar Cabral, ein Politiker aus Guinea-Bissau in Westafrika, hat das so ausgedrückt: Die Identität der Völker von Guinea und Kap Verde besteht darin, dass sie die Kolonialisten aus dem Land jagen wollen. Eine nationale Identität konnte es in den Kolonialreichen gar nicht geben. Sie bestanden manchmal aus hunderten Ethnien mit ebenso vielen Sprachen, die die Kolonialisten willkürlich zusammengewürfelt hatten. Wir müssen uns also fragen: Was sind die gefährlichen Bestandteile des europäischen Nationalismus? Bleiben sie automatisch erhalten, wenn man eine transnationale Demokratie ablehnt?«

»Ja, welche Bestandteile sind das?«, wollte Leon wissen.

»Wie wir bei Müller gelernt haben«, fuhr ich fort, »wurde der Nationalismus in Europa zu einer Art Ersatzreligion. Europa befand sich im Umbruch: Die Königsherrschaft und der Adel verloren an Legitimität, ebenso deren Rechtfertigung durch die christliche Religion. Es gab Konflikte zwischen den christlichen Konfessionen und eine verbreitete Angst vor Fremdherrschaft. Die Industrialisierung brachte neue Eliten und neue Formen von Ausbeutung hervor. Das führte zu tiefen Verunsicherungen, in der sich gefährliche Ideen verbreiten konnten. Einige wurden aus der jüdisch-christlichen Tradition entnommen.«

»Du meinst das auserwählte Volk.«

»Ja. Auch Europa war zusammengewürfelt aus Ethnien, die sich untereinander kaum verständlich machen konnten. Als Italien ein Nationalstaat wurde, sprachen nicht einmal drei Prozent der Bevölkerung das moderne Italienisch. Aber die Ideengeber des Nationalismus konstruierten daraus dennoch ein geeintes Volk. Sie entwarfen Mythen, nach denen sich der Ursprung des Volkes bis in die frühste Zeit der Menschheitsgeschichte zurückverfolgen lässt. Allen Volksgruppen, die dazugehören sollten, wurden gemeinsame Eigenschaften zugeschrieben.«

»Was erst mal nicht problematisch ist. Elsässisch hat nun mal viele Überschneidungen mit dem Hochdeutschen.«

»Das mag sein. Aber dieser konstruierten Volksgemeinschaft wurde ein ungeheurer Wert zugesprochen. Das Volk wurde zu etwas Heiligem erhoben. Die Zusammengehörigkeit war etwas Natürliches und von geradezu ewiger Substanz. Deshalb musste alles, was dieses Volk teilen konnte, abgewehrt werden. Die Elsässer vom Deutschen Reich zu trennen kam geradezu einer Gotteslästerung gleich. Das galt ebenso für das mit dem Volk verbundene heilige Vaterland. Damit wurde furchtbaren Konflikten der Boden bereitet.«

»Die Geschichte war nun mal nicht so nett, die Grenzen so zu ziehen, wie sich die Erfinder des Volkes das wünschten.«

»Richtig. Das gilt für außen wie innen. Wenn die Gemeinschaft des Volkes etwas Heiliges war, dann lag es nahe, alle, die nicht dazu gezählt wurden, als Verunreinigung zu empfinden, wenn sie mehr als nur Gäste waren. Ein gefährlicher Bestandteil des europäischen Nationalismus ist auch die historische Mission: Die Rückeroberung verlorener Gebiete, der Aufstieg zur Weltgeltung oder Weltmacht, das Vorbild, an dem die Welt genesen soll oder die Reinigung von den Anderen. Je radikaler der Nationalismus, je höher das Volk über anderen Völkern stand, desto mehr wurden die Anderen abgewertet. Angeblich feindlich gesinnte Völker wurden zu Todfeinden erklärt, die man bekämpfen, wenn nicht vernichten muss.«

»Und keiner dieser Bestandteile ist notwendig, wenn man auf transnationale Demokratie verzichtet?«

»Nein. Wer behauptet, dass kleinräumigere Demokratien vorteilhafter sind, hat sein Land nicht zu etwas Heiligem erhoben. Er kann ohne weiteres tolerieren oder sogar befürworten, was für den Nationalisten eine Katastrophe ist: Die Auflösung der Nation in kleinere Staaten.«

»Also die Auflösung der Bundesrepublik in die einzelnen Bundesländer.«

»Beispielsweise. Oder um ein ganz willkürliches Beispiel zu nennen: die Teilung Ungarns in zwei gleichgroße Einzelstaaten. Ich sage nicht, dass dies erstrebenswert ist, sondern nur, dass dies der Idee einer kommunitaristischen Demokratie nicht widerspricht. Worauf es ankommt, ist nicht das heilige Volk, sondern die demokratische Gemeinschaft. Für eine demokratische Gemeinschaft muss das Volk nicht vollständig sein. Sie lässt sich in Baden-Württemberg möglicherweise leichter verwirklichen als in der Bundesrepublik oder gar der EU. Wer jetzt innerlich aufschreit, kann sich fragen, ob ihn nicht nationalistische Impulse dazu bewegen.«

»Dass der Nationalismus aus unseren Köpfen völlig verschwunden ist, dafür möchte ich keine Hand ins Feuer legen. Dieser Mythos ist eine große Versuchung. Viele verstricken sich allzu leicht darin. Auch eine kommunitaristische Demokratie könnte auf diesen Abweg geraten«, wandte Leon ein.

»Nach allem was in Europa passiert ist, muss man diese Gefahr ernst nehmen. Das sieht auch Michael Sandel so. Der Partikularismus muss um eine überzeugende Friedensordnung ergänzt werden, zu der ein intensiver kultureller Austausch gehört. Ist aber eine transnationale Demokratie gegen dieses Virus immun?«

»Du meinst einen EU-Nationalismus?«

»Genau.«

»Oder einen neuen Imperialismus. Auch ein Weltstaat wird kaum besser sein als die mächtigsten Staaten, die ihn schaffen.«

»Und wer ist heute am mächtigsten?«

»Militärisch ist das der Westen, besonders durch die USA.«

»Dann sind wir wieder bei der Frage, welche Rolle der Westen in der Welt spielt. Von seiner positiven Rolle haben wir schon gehört: Der Westen ist ein unverzichtbarer Vorkämpfer für Demokratie und Menschenrechte.«

»Ich denke, meine Science-Fiction-Geschichte würde jetzt genau passen.«

»Dann mal los!«

Der Spieß wird umgedreht

»Dass ich diese Geschichte überhaupt so erzählt habe, liegt an einer Schizophrenie, an der viele Europäer leiden. Müller und Koch schienen mir von ihr befallen zu sein. Herr Müller hat von mir eine Entschuldigung verlangt. Ich habe ihm gesagt, ich würde mich entschuldigen, wenn er sich seinerseits entschuldigt. Das hat er aber nicht eingesehen und Koch auch nicht. Das hat mich ziemlich wütend gemacht, weswegen Koch, der sich sonst eigentlich im Griff hat, auf einmal der Kragen platzte und er zu schreien anfing. Das Ganze drohte zu eskalieren. Als wir uns wieder etwas beruhigt hatten, sagte ich, ich würde ihnen meinen Standpunkt erklären, aber es würde etwas Zeit kosten. Damit waren sie dann einverstanden.«

»Koch hat geschrien?«

»Oh ja! Jedenfalls, ich begann damit, dass Menschen sich oft schwertun, sich in andere hineinzuversetzen. Besonders wenn es sich um andere Kulturen handelt. Deshalb habe ich ihnen gesagt, sie sollen sich mal als Gedankenhilfe vorstellen, mit Europa wäre das passiert, was Europa Afrika angetan hat.«

»Sie sollten sich also vorstellen, wie es ist, wenn Europa wie Afrika unterworfen wird? Wie es ist, mit ihrer Familie versklavt zu werden? Von Menschen mit einer helleren Haut als wir, die uns für eine niedrigere Rasse halten? Das klingt tatsächlich nach Science-Fiction.«

»Ja. Aber ich denke, die Geschichte hat geholfen. Wir stellen uns also für einen Moment vor, es gäbe auf der Erde einen Kontinent, auf dem Menschen leben, die dem heutigen Europa militärisch um Jahrhunderte voraus sind. Ihre Medizin hat ihre Lebenserwartung um hundert Jahre verlängert und sie können ihr Gehirn durch Computerchips erweitern. Wir stellen uns vor, diese Menschen tun Europa das an, was Europa Afrika angetan hat. Eines Tages kommen sie hierher, um Sklaven einzutreiben. An diesem Tag genießt du, Lukas, mit deiner Familie das schöne Wetter im Garten. Endlich hat dein Vater wieder einmal Zeit für dich. Ihr spielt Federball und grillt Würstchen. Auf einmal kommen Männer in merkwürdiger Kleidung von der Straße auf euch zu. Sie haben eine viel hellere Haut als ihr, beinahe so weiß wie Papier. Dein Vater geht ihnen entgegen und fragt sie in bester Anwaltsmanier nach ihrem Anliegen. Doch sie antworten ihm nicht. Sie greifen nach seinen Armen und fesseln ihn. Deine erschrockene Mutter wehrt sich mutig, aber sie strecken sie blutig nieder. Sie bringen euch mit der ganzen Nachbarschaft auf ein großes Schiff und fahren euch in ihre Heimat, wo ihr als Sklaven arbeiten sollt. Viele überleben die Reise nicht, denn auf die Gesundheit schwacher Menschen legen sie keinen Wert. Du musst dabei zuschauen, wie deine Mutter und dein Großvater schreiend von Bord geworfen werden. Warum sind diese Menschen so grausam? Sie halten sich für eine überlegene Rasse. Als äußeres Zeichen ihrer Überlegenheit gilt ihnen ihre schneeweiße Hautfarbe, die glänzt wie Nagellack. Sie nennen sich die Glänzenden und euch, mit eurer gedeckten beigen Haut, die Matten. Ein Matter zu sein bedeutet für sie ein Nichts zu sein, ein Wesen, das zum Dienen geboren ist. Wer jemanden als Matten bezeichnet, hat ein Schimpfwort ausgesprochen. Ihre angebliche Überlegenheit kleiden sie in schöne Worte: Sie seien die Heimat der Vernunft, der universellen Wahrheit und menschlicher Zivilisiertheit. Eure Kultur dagegen, eure Kunst, Musik, Literatur und Technik, sind für sie wenig mehr als Nichts. Im Vergleich zu ihren Errungenschaften gelten sie als lächerlich primitiv. Es gibt für sie keine Italiener, Franzosen oder Deutsche. Ihr habt weder eine Geschichte noch Traditionen, die euch voneinander unterscheiden. Für sie seid ihr schlicht und einfach die Matten. Das ist der erste Teil meiner Geschichte.«

»Mir fällt vor allem eine ungeheure Überheblichkeit auf. Aber ich frage mich: Woher kommt diese Arroganz?«

Der Tragödie Kern

»Darüber kann man lange diskutieren. Ein Grund ist sicherlich die Neigung aller Großmächte, ihre Herrschaft durch eine angebliche Überlegenheit zu legitimieren. Im Westen hat der Rassismus eine entscheidende und besonders verwerfliche Rolle gespielt. Wir haben das Recht, minderwertige Rassen zu unterwerfen. Bei der Unterwerfung des globalen Südens haben aber auch andere Ideen eine Rolle gespielt, auch aus dem traditionellen Christentum. Im Namen des Christentums haben Menschen viele gute, aber auch viele schreckliche Dinge getan. In der Form, wie es oft gelehrt wurde und wird, enthält es eine abgrundtiefe Verneinung und eine Gewalt, die das Menschenmögliche übersteigt: Der Mensch ist dazu verurteilt, in das Feuer geworfen zu werden, das für alle Ewigkeit brennt. Man kann dies abwenden, wenn man einen Anspruch erfüllt: den christlichen Gott anerkennen. Wer dies nicht tut, soll für immer in der Hölle schmoren. Das gilt für alle Menschen auf der Erde. Gerade in der frühen Neuzeit waren religiöse Gewaltvorstellungen wie diese sehr einflussreich.«

»Das christliche Europa ist also im Besitz der absoluten Wahrheit, von der ewiges Leben oder ewige Verdammnis abhängt.«

»Ja. Und diese Wahrheit nahmen Könige und Päpste mit politischer Macht für sich in Anspruch. Als die Spanier nach Amerika kamen, lasen sie den Ureinwohnern das sogenannte Requerimiento vor, in der steht: Euer Land gehört uns. Gott hat es dem Papst gegeben und dieser unserem König. Wenn ihr euch nicht bekehrt, werden wir euch bekriegen, eure Frauen und Kinder versklaven und euch Schaden und Böses antun, wie wir nur können.«

»Was sie auch getan haben.«

»Von etwa dreißig Millionen amerikanischer Ureinwohner überlebten nur etwa fünf Prozent die Invasion. Wer im Besitz der absoluten Wahrheit ist, für den sind andere Kulturen nicht viel wert. Von den Heiden können wir Europäer politisch nichts lernen. Wenn die eigene Kultur von brutalster Gewalt geprägt ist, dann ist das das Schicksal der gefallenen Welt. Andere können nicht besser sein. Wir müssen deshalb auch unsere Gesellschaft nicht in Frage stellen geschweige denn verbessern. Missionieren, zivilisieren oder europäisieren müssen wir die übrige Welt, diese Veränderung ist der Mühe wert. Wenn sie sich nicht bekehren, ist es nur recht, sie abzuschlachten. Höllenqualen haben sie ohnehin verdient – wenn sie überhaupt eine Seele haben. Die Einteilung der Welt in richtig und falsch prägte die westliche Herrschaft über Jahrhunderte. Und sie steckt immer noch in euren Köpfen. Verheerende Kriege gegen Vietnamesen, Araber oder andere ehemalige ›Neger‹ lassen sich leicht rechtfertigen. Auch durch Lügen und Halbwahrheiten, die schnell verziehen werden.

Der Westen weiß, wo es langgeht, ob es um die Staatsform oder die Wirtschaftsform geht. Die Wege der anderen, also des größten Teils der Menschheit, sind kaum der Rede wert. Natürlich gab und gibt es auch auf anderen Kontinenten destruktive Traditionen und Herrscher, die verheerende Kriege geführt und Sklaverei betrieben haben. Könnte es aber nicht sein, dass andere Kulturen demokratischer und friedfertiger als Europa waren oder sind? Es gibt sie auf allen Kontinenten. Aber viele Menschen im Westen können diesen Gedanken kaum fassen, geschweige denn akzeptieren. Die Wahrheit ist zu uns, dem Westen gekommen. Wir sind sozusagen der Weg, die Wahrheit und das Leben. Und das soll auch so bleiben. Dass eine andersartige Kultur uns den Rang abläuft, ist uns völlig unerträglich. Eher gehen wir das Risiko ein, die gesamte Menschheit zu vernichten. Wenn es zum Atomkrieg kommt, waren wir wenigstens auf der richtigen Seite. Es ist sowieso eine schlechte Welt. Das ist der im Westen verbreitete Fundamentalismus und Nihilismus. Für mich gegenwärtig die gefährlichste Ideologie der Welt.«

»Spielte bei der westlichen Unterwerfung der Welt nicht auch der Profit eine entscheidende Rolle?«

»Natürlich. Die Spanier waren getrieben von der Gier nach Gold, als sie nach Amerika kamen. Aber auch von Schulden. Die erste Aktiengesellschaft war die niederländische Ostindienkompanie. Sie stand in der Schuld der Anleger und dafür war sie bereit, brutale Gewalt einzusetzen, um die Ureinwohner Indonesiens auszubeuten. Was Frauen betrifft, haben auch in Übersee Hexenprozesse geholfen, sie abzuwerten und ökonomisch zu unterdrücken.«

»Wenn es darum geht, wie weit es eine Kultur gebracht hat, denken viele Menschen im Westen auch zuerst an die moderne Technologie. Die anderen waren hier weit unterlegen. Wir haben sie entwickelt.«

»Erst mal war der Westen zu Beginn des Kolonialismus technologisch keineswegs allen überlegen. Viele Technologien wurden beispielsweise aus Indien und China importiert. Aber an dieser Reaktion erkennt man, dass der Westen von einer Kultur der Konkurrenz und der Leistung geprägt ist. Wer hat den Längsten? Das spielte bei der Bewertung anderer eine entscheidende Rolle – und tut es auch heute noch. Wer technologisch weniger kann, wer wie die ›Naturvölker‹ ›primitiv‹ ist, wird entwertet. Man kann sie wie Dinge behandeln, ausbeuten, versklaven oder abschlachten. Etwas zu leisten, zu arbeiten wurde im Westen immer mehr zum Wert an sich, egal ob man damit für die Gesellschaft oder seine Gesundheit letztlich mehr Schaden als Nutzen anrichtet. Die hohe und unkoordinierte Produktivität hat begonnen, den Planeten zu zerstören. Zahllose Tierarten sind ausgerottet.

All das sind radikale Verneinungen des Menschen wegen Sünde, dem falschen Glauben, dem Geschlecht, der Rasse, wegen Armut oder nicht erfüllten Ansprüchen an Leistung. Die westliche Politik hält sich aber nicht nur Technologie, sondern auch die Demokratie zugute. Das enthält für mich eine große Selbsttäuschung, obwohl es in Europa natürlich viele Menschen gegeben hat, die aufopferungsvoll für Demokratie gekämpft haben.«

»Inwiefern?«

»Ich fahre mit meiner Geschichte fort: Die Glänzenden verkaufen euch auf Märkten in die Sklaverei. Während sie euch ausbeuten, geben sich viele ihrer Staaten neue Verfassungen. Sie sagen: Wir sind jetzt Demokratien, wir haben die Königsherrschaft überwunden. Sie preisen ihre Verfassungen und feiern sie als Fortschritt für die menschliche Zivilisation. Doch die demokratischen Rechte bleiben euch vorenthalten. Die Sklaverei wird nicht verboten, sondern in der Verfassung ausdrücklich erlaubt. Stellt euch vor, sie feiern ihre Demokratie auf einem Fest, bei dem ihr Sklavenarbeit verrichten müsst. Was würdest ihr empfinden? Was würde das Wort ›Demokratie‹ für euch bedeuten?«

»Es käme mir lächerlich vor«, antwortete Alex. »So wie sie das Wort ›Demokratie‹ verwenden, wäre es ein rassistisches Wort für mich. Denn wenn ›Demokratie‹ bedeutet, dass alle mitbestimmen dürfen, folgt daraus, dass wir, die Matten, nichts sind.«

»Nach einiger Zeit schicken sie ihr Militär nach Europa, um es ganz zu unterwerfen. Dabei streiten sie sich darüber, wer welches Gebiet bekommt, als würden sie einen Kuchen aufteilen, der bereits ihnen gehört. Sie beginnen einen ungleichen Krieg zu führen. Europas Regierungen werden schnell gestürzt und seine Völker stehen fortan unter ihrer Fremdherrschaft. In Rom, Paris und Berlin müssen eure Staatsoberhäupter Statthaltern der Glänzenden weichen, die die zu Kolonien herabgestuften Länder mit großer Brutalität regieren. Zahllose Menschen werden versklavt oder müssen Zwangsarbeit verrichten. Viele wehren sich zwar mutig und schließen sich zu Widerstandsbewegungen zusammen. Doch deren Aufstände werden grausam niedergeschlagen. In manchen Regionen werden Europäer regelrecht abgeschlachtet. Auch hier frage ich: Kann man ein Land, das ein anderes okkupiert, noch als Demokratie bezeichnen? Wenn es die dort lebenden Menschen unterdrückt? Offensichtlich nicht. Wenn eine Demokratie dies tut, hört sie im selben Moment auf, eine Demokratie zu sein. Sie verwandelt sich in eine Diktatur, in der der eine Teil etwas zu sagen hat und der andere unterdrückt wird. Die demokratischen Verfassungen des Westens entstanden während des Kolonialismus. Der westliche Kolonialismus und Imperialismus dauerte zum Teil bis in die 1970er-Jahre des letzten Jahrhunderts. So lange also hatte die autoritäre Herrschaft im Westen Bestand. Für mich existiert sie bis heute fort. Das sollte eigentlich auch nicht überraschen, denn es gab praktisch keine Aufarbeitung der Verbrechen.«

»Wirklich nicht?«

»Was würde denn deiner Meinung nach zu einer Aufarbeitung gehören?«

Eine Kultur der Straflosigkeit

»Ich denke, dass die ehemaligen Kolonialherren sich öffentlich entschuldigen sollten. Sie müssen eine Entschädigung für das Unrecht leisten. Zuerst bei den Menschen, die gefoltert und vergewaltigt wurden. Deren Eltern und Geschwister ermordet wurden. Sie sollten öffentlich darüber debattieren, wie es dazu kommen konnte. Was die tieferen Ursachen sind, damit so etwas nicht noch einmal passieren kann. Sie könnten Erinnerungsorte und Mahnmale errichten. Vor allem aber sollten sie die Verbrechen durch ihre Gerichte aufarbeiten. Diejenigen, die für die Verbrechen verantwortlich waren, die Politiker, Generale und Folterknechte sollten bestraft werden.«

»Das sind Schritte, die Deutschland nach dem Nationalsozialismus gegangen ist, wenn auch sehr schleppend und unvollständig. Allzu viele Nazis und Kollaborateure kamen ungeschoren oder mit lächerlichen Strafen davon. Besonders, wenn sie in der Politik und Wirtschaft gut vernetzt waren. Was den Kolonialismus betrifft, gab es praktisch keine juristische Aufarbeitung. Ich nenne dir ein paar Beispiele: Frankreichs koloniale Vergangenheit ist in den Medien eher eine Randerscheinung, nur der Algerienkrieg, bei dem 400.000 Algerier starben, kommt hin und wieder in die Schlagzeilen. Doch offiziell entschuldigt hat sich Frankreich bei Algerien bis heute nicht, von einer Wiedergutmachung ganz zu schweigen. Der französische Präsident Charles de Gaulle, der das Schlachten mit zu verantworten hatte, wird bis heute hoch verehrt. Die Verbrechen in anderen afrikanischen Ländern sind praktisch vergessen. In Belgien, dessen König Leopold II. den Massenmord von acht bis zehn Millionen Kongolesen zu verantworten hat, sieht es nicht anders aus. In Brüssel ist die EU-Kommission von Orten umgeben, die immer noch an ihn erinnern, als wäre er ein ehrenwerter König gewesen. In England wird das britische Empire häufig noch immer mit Nostalgie bedacht, aber es war mindestens so kriminell wie das französische. Nicht anders sieht es in den Niederlanden, Spanien und Portugal aus, das erst 1975 die letzte Kolonie aufgab. In Deutschland gab es nur wegen seiner schwersten Verbrechen in Namibia eine zähe Aufarbeitung, die von den betroffenen Völkern noch immer als unzureichend kritisiert wird. Auch Italien hat seine kolonialen Verbrechen weitgehend verdrängt. General Graziani, auch als ›Schlächter von Äthiopien‹ bekannt, wurde vor einigen Jahren ein Ehrenmal in seinem Heimatort errichtet. In den USA liegen viele koloniale oder imperiale Verbrechen ebenso unaufgearbeitet in der Vergangenheit.«

»Mir scheint, diese Verdrängung ist eine schwere Hypothek für eine Gesellschaft«, bemerkte ich. »Der Rassismus wird fortleben in den Vorstellungen über die ehemaligen

Unterworfenen. Sie werden immer noch Anlass irrationaler Phantasien und von Gefühlen des Abscheus sein.«

»Es wäre schon viel gewonnen, wenn der Westen aufhören würde, uns weiter zu schädigen. Das ist das mindeste. Aber nicht einmal das ist passiert.«

»Du meinst also, der Kolonialismus besteht immer noch fort?

»Ja. Meine Science-Fiction-Geschichte hat noch ein weiteres Kapitel. Meinst du denn, die Glänzenden haben sie sich einfach geschlagen gegeben?«

»Nachdem sie sich nicht mal entschuldigt haben, eher nicht.«

»Wenn du mich fragst, wurde der Kolonialismus nach seinem offiziellen Ende auf indirekte Weise fortgeführt. Der Welthandel ist für mich zutiefst ungerecht. Ich glaube aber, es ist mehr als nur der Welthandel: Wer einen eigenen Weg gehen wollte, wurde Westen weiterhin gewaltsam bestraft. Ich glaube, dass das auch heute noch geschieht, obwohl es geleugnet wird.«

Demokratie braucht Befreiung vom Imperialismus – der marxistische Internationalismus

»Das wäre sehr bestürzend«, antwortete ich. »Darüber sollten wir gleich noch diskutieren. Gerade auch was den Welthandel betrifft, kommen wir damit nach dem Kosmopolitismus und Kommunitarismus zu einer dritten Position: dem marxistischen Internationalismus. Der ungerechte Welthandel wird auch von Philosophen des Liberalismus wie Thomas Pogge beklagt. Besonders hervorgehoben hat ihn in Europa aber die Arbeiterbewegung und die politische Theorie des Marxismus. Damit sind nicht nur Karl Marx und Friedrich Engels gemeint, sondern auch viele andere Richtungen, die aus dem Marxismus hervorgegangen sind.

Für viele Arbeiterinnen war klar, dass die Menschen in den Kolonien ihr Schicksal teilen: Sie werden von ihren Staaten und den kapitalistischen Unternehmen ausgebeutet. Sie sind wie sie rechtlose Arbeiter ohne soziale Sicherheiten, nur dass es ihnen noch schlechter geht. Eine bekannte Parole lautet: ›Proletarier aller Länder, vereinigt euch!‹«

»Den Spruch habe ich schon mal gehört, für mich hört er sich heute aber reichlich verstaubt an.«

»Wer diese Sprache gebraucht, wird im Westen sofort mit dem Sowjetkommunismus und Stalin in Verbindung gebracht. Lenin stand mit seiner autoritären Version des Kommunismus aber am rechten Rand der Bewegung. Rosa Luxemburg wollte Demokratie, gerade auch in der Wirtschaft. Um dieses Ziel zu erreichen, war für sie eine internationale Bewegung notwendig. Gegen die ungleich mächtigeren Kapitalisten und den Staat, der sie schützt, müssen sich die Arbeiterbewegungen aller Länder gegenseitig unterstützen. Darum ist für Internationalisten dieser Tradition auch Migration meist kein Problem. Im Gegenteil: Wir sind zur Solidarität mit allen unterdrückten Menschen verpflichtet. Sie teilen unser Schicksal. Wir werden von den Unternehmern auch gegeneinander ausgespielt: Entweder ihr akzeptiert unsere Löhne oder wir ziehen unsere Fabrik in billigere Länder ab. Wenn aber alle ausgebeuteten Nationen zusammenarbeiten, kann der Imperialismus beendet werden. Gemeinsam sind wir in der Lage, den Kapitalismus zu besiegen. Viele Internationalisten stehen für eine basisdemokratische, transnationale Demokratie in Europa, wie die Partei DiEM25. Auch für Internationalisten besteht der Kolonialismus bis heute fort. Heute ist es die extreme Form des Marktfundamentalismus, die den globalen Süden ungeheuer schädigt. Das wird übrigens auch von manchen kapitalistischen Theorien wie dem Postkeynesianismus so gesehen.«

»Warum?«

»Die westlichen Industrienationen«, fuhr ich fort, »haben den Marktfundamentalismus im internationalen Handel durchgesetzt, besonders seit den 1980er-Jahren. Dafür haben sie die internationalen Handelsinstitutionen genutzt. Also die Welthandelsorganisation, den Internationalen Währungsfonds und die Weltbank. Die Zölle der Entwicklungsländer wurden niedrig gehalten. Deshalb konnten sie mit hoch technisierten und sehr billigen Produkten überschwemmt werden, denen sie nichts entgegenzusetzen hatten. Das hat ihre Chancen untergraben, eigene Industrien aufzubauen. Die reichsten Länder verlangten von den Entwicklungsländern aber auch, den Marktfundamentalismus innerhalb ihrer Staaten einzuführen. Die Wirtschaft sollte privatisiert werden und der Staat sich raushalten. Ausgaben für Sozialhilfe, Bildung, Gesundheit oder Hilfen für die Landwirtschaft wurden zurückgefahren. Doch für den zügigen Aufbau einer Industrie ist gerade die Tätigkeit des Staates notwendig. Er muss wichtige Investitionen anstoßen und die Konkurrenz mit Zöllen fernhalten, bis die eigenen Unternehmen wettbewerbsfähig sind. Das haben die Staaten im Westen und in Ostasien getan.«

»Darüber hast du mit Sophies Freund Jakob gesprochen«, sagte Leon.[16]

»Ja. Heute gibt es beispielsweise in der Elfenbeinküste immer noch Hunger, obwohl die Kakaoproduktion für die großen Konzerne verstärkt wurde. Am wichtigsten wäre aber eine eigenständige Landwirtschaft und eine gute Gesundheitsversorgung. Das kann durch staatliche Lenkung zügig aufgebaut werden – was nicht bedeutet, Markt oder Privateigentum abschaffen zu müssen.«

»Die größte Tragödie ist für mich ohne Frage Krieg«, sagte Tafari. »In Afrika wie im Nahen Osten sind in den letzten zwanzig Jahren Millionen von Menschen umgekommen. Warum? Handelt es sich um selbst verschuldete Konflikte oder haben sie immer noch etwas mit dem Kolonialismus zu tun?«

»Dann reden wir jetzt über Krieg und wie er verhindert werden kann. Wir hatten ja bereits festgestellt, dass es im Kosmopolitismus und Partikularismus unterschiedliche Lösungsvorschläge für dieses Problem gibt.«

»Da hätte ich eine gute Überleitung«, fuhr Tafari fort. »Dann versteht ihr noch besser, warum ich in der Stunde so wütend wurde.«

»Das würden wir gerne erfahren!«

Wo stehen Parteien und Medien?

egalitär	←——→	elitär
	Welche Größe sollte die Demokratie in Europa haben?	
Kleinstaaterei mit genossenschaftlichem Friedensvertrag		politische Union
	Wie direkt sollte die Demokratie in der EU sein?	
direkte Demokratie	Nur Legislative gesetzgebend (EU-Parlament)	Exekutive mit gesetzgebender Macht (EU-Kommission)

Positionen, Begriffe, Argumente

Im **Kosmopolitismus** wird der Mensch als Weltbürger gedeutet, dessen politischer Einfluss über den Nationalstaat hinausgehen sollte.

- Wenn Menschen sich zu Gemeinschaften zusammenschließen, hat dies Auswirkungen auf andere Menschen. Zu diesen Auswirkungen können Ausbeutung, Umweltverschmutzung und Krieg gehören.
- Alle Menschen auf der Welt sind aufeinander bezogen. Sie haben das gleiche Recht, auf die Weltpolitik einzuwirken. Deshalb sollte Demokratie transnational bzw. global organisiert werden.
- Die Zwänge des Welthandels beschränken die Gestaltungsmöglichkeiten von Demokratien. Ein transnationaler Großstaat oder ein Weltstaat hat mehr Gestaltungsmacht.
- Durch Gewaltenteilung (Parlament, Justiz, Regierung und Subsidiarität) und eine demokratische Weltöffentlichkeit kann ein autokratischer Weltstaat verhindert werden.
- Für viele Vertreter des Kosmopolitismus nimmt der Westen durch seine etablierten Demokratien, seine technologische Entwicklung, seine innovative Wirtschaftsordnung und seinen Einsatz gegen Autokratien eine Vorbildrolle in der Welt ein.

Der **Kommunitarismus** betont die Eingebundenheit des Menschen in Gemeinschaften mit historisch gewachsenen Traditionen.

- Der Liberalismus formuliert abstrakte Werte. Erst in einer realen Gemeinschaft bekommen Werte jedoch einen konkreten Sinn.
- Demokratie ist von einer Gemeinschaft abhängig, die durch gemeinsame Werte und gewachsene Traditionen verbunden ist.
- Je größer ein Staat ist, desto komplexer werden die Probleme, die er bewältigen muss. Regional organisierte Wirtschaften sind resilienter.
- Je größer der Staat, desto größer ist der Abstand zwischen den Bürgern und den politischen Funktionsträgern. Mittelgroße Staaten haben durchschnittlich bessere Demokratiewerte.
- Partikularismus ist nicht gleichbedeutend mit Nationalismus. Dem Kommunitarismus kommt es nicht auf das heilige Volk, sondern auf die demokratische Gemeinschaft an. Sie kann wie in den USA aus Menschen unterschiedlicher Ethnien zusammengewachsen sein, was aber viel Zeit benötigt.
- Demokratie sollte im nationalen Maßstab organisiert werden, verbunden mit einer Friedensordnung und intensivem kulturellen Austausch.

Der **marxistische Internationalismus** steht für den Kampf gegen die globale Ausbeutung des Menschen durch den Imperialismus.

- Der Kolonialismus und Imperialismus bedeuteten für zahllose Menschen im globalen Süden Sklaverei, Ausbeutung, Folter und Krieg. Eine Vergangenheitsbewältigung hat praktisch nicht stattgefunden.
- Nach seinem offiziellen Ende wurde der Kolonialismus auf indirekte Weise fortgeführt. Die vom Westen dominierten Welthandelsorganisationen benachteiligen die ehemaligen Kolonien bis heute.
- Die vom Westen durchgesetzte Wirtschaftspolitik läuft auf eine Fortsetzung der Ausbeutung hinaus: Rechtlose, billige Arbeit ohne soziale Sicherheiten und der Raub von Ressourcen. Die ehemaligen Kolonien dienen zudem als Absatzmärkte für Industrieprodukte aus reichen Industrienationen, die eine eigenständige Industrialisierung beschränken.
- Westliche Arbeitnehmer und Gewerkschaften sollen mit den Ausgebeuteten des globalen Südens solidarisch sein. Der Imperialismus muss durch eine internationale Bewegung bekämpft werden.

6. Frieden und Demokratie

»Fünfzig, sechzig Jahre sind für euch weit weg«, begann Tafari zögernd, »aber für meine Familie nicht. Es gibt Europäer, die noch Erinnerungen an den Zweiten Weltkrieg haben und der ist 80 Jahre her. Später Geborene erinnern sich an das, was ihnen ihre Eltern oder Großeltern berichtet haben.«

»Das stimmt. Meine Mutter hatte keinen Großvater, weil er im Zweiten Weltkrieg umgekommen ist. Als wir in der Schule darüber gesprochen haben, hat sie mir Briefe von ihm gezeigt, die er an der Front geschrieben hat.«

»Erinnerungen an den Zweiten Weltkrieg wurden mir auch vermittelt«, antwortete Tafari. »Das mag euch vielleicht verwundern, aber viele Kameruner haben im Zweiten Weltkrieg gekämpft, auch weil ihnen Bürgerrechte versprochen wurden. Kamerun stand damals unter französischer und britischer Kolonialherrschaft. 25.000 von ihnen kamen um, ermordet von der Wehrmacht. Was war der Lohn der Heimkehrer? Wurden sie wie andere Veteranen entschädigt und geehrt? Nein. Frankreichs Antwort war ein Triumph des Rassismus. Versuchten die Veteranen in Frankreich Fuß zu fassen, schlugen ihnen Vorurteile und Ausgrenzung entgegen und viele kehrten nach Kamerun zurück. War ihnen dort nicht Freiheit versprochen worden? Doch Frankreich dachte nicht im Traum daran, sein Kolonialreich aufzugeben. Deshalb kam es zu Rebellionen, angeführt von denen, die für Frankreich alles riskiert hatten. Aber als sie endlich soweit waren und Kamerun unabhängig werden sollte, wollte Frankreich bestimmen, wer an die Macht kommt. Wie andere Volksgruppen wehrten wir uns dagegen. Deshalb begann Frankreich einen brutalen Krieg gegen uns zu führen – gegen die, die Frankreich geholfen hatten, Deutschland zu besiegen. 300.000 Menschen kamen um. Manche sagen auch, es waren 600.000 oder eine Million. Sie bombardierten uns mit Giftgas. Es war ein Völkermord. Viele aus den Familien meiner Eltern kamen um. Mein Großvater wurde gefoltert, aber er überlebte. Glaubst du, er hat noch eine Chance, jemals Gerechtigkeit zu erfahren? Das kannst du vergessen. Frankreich hat sich nie entschuldigt. Deutschland, das uns zuerst kolonisiert hat, auch nicht. Jacques Chirac ist der einzige Präsident, der den Völkermord anerkannt hat, aber erst, als er aus dem Amt ausgeschieden war.«

»Davon habe ich noch nie gehört.«

»Das ist typisch für Europa. Aber das ist längst nicht alles. Die Unabhängigkeit blieb ein Schein. Kameruns Präsidenten sind französische Puppen, die autoritär schalten und walten. Paul Biya regiert seit über 40 Jahren und die Wahlen sind nur Scheinwahlen. Während die Regierung kritische Journalisten ins Gefängnis wirft oder ermordet, werden die Ressourcen und die Bevölkerung Kameruns nach wie vor von Frankreich und dessen Konzernen ausgebeutet. Kamerun ist immer noch eine Kolonie Frankreichs. Dieser Wahnsinn ist Realität. In der Schule in Kamerun haben wir Bücher, die uns eine eurozentrische Sicht auf die Welt vermitteln. Wir lernen vor allem europäische Geschichte, während uns ein großer Teil unserer eigenen Geschichte verborgen bleibt. Überhaupt ist unter Frankreichs Herrschaft viel von unserer Identität verloren gegangen.

Frankreichs Handelspolitik blockiert unsere Entwicklung. Wir werden mit gefrorenen Geflügelresten aus Europa überschwemmt, die so billig sind, dass sie unsere eigene Produktion kaputt machen. In Kamerun gibt es keine Krankenversicherung für die Bevölkerung, von einer allgemeinen Sozialhilfe ganz zu schweigen. Wenn du Krebs bekommst und kein Geld hast, kannst du dich von der Welt verabschieden. Wegen dieser trostlosen Perspektive machen sich junge Menschen nach Europa auf, obwohl viele auf dem Weg umkommen. Man kann in der Sahara verdursten, in einem Foltergefängnis im Maghreb landen oder im Mittelmeer ertrinken. Die meisten Frauen, die durch den Maghreb gehen, werden vergewaltigt. Auch ohne diese Gefahren würden die allermeisten lieber in ihrer Heimat bleiben, wenn sie dort eine Perspektive hätten.«

»Gibt es denn in Afrika auch unabhängige Präsidenten, die sich gegen Frankreich wehren?«

»Das ist schwer. Frankreich hat sehr enge Verbindungen in die afrikanische Politik. Es besitzt einige Militärstützpunkte. Und es hat auch nach dem offiziellen Ende des Kolonialismus in Afrika immer wieder militärisch eingegriffen. Das von Frankreich dominierte Afrika wird auch als Françafrique bezeichnet.«

»Das alles hast du Müller erzählt?«

»Ja.«

»Hat sich Müller dann wenigstens entschuldigt?«

»Nein, ich musste noch mal nachlegen, bevor bei ihm der Groschen viel.«

»Was hast du gesagt?«

Müllers Schizophrenie

»Robin hat doch in der Stunde behauptet, wenn man anderen ewig die Schuld vorhält, lenkt man nur von den eigenen Problemen ab. Die koloniale Vergangenheit muss man irgendwann auf sich beruhen lassen. Und was sagt Müller dazu? Er nimmt ihn in Schutz und lässt uns die ganze Stunde über die Probleme Afrikas diskutieren. Kein Wort mehr von den Verbrechen des Kolonialismus. Aber neulich ging es in Geschichte auch um Menschen, die Gerechtigkeit wollten und sie nicht bekommen haben. Wir haben über die Sinti und Roma gesprochen. Über Zigeuner, wie man sie früher abfällig genannt hat. Wie die Nazis sie ausgebeutet und umgebracht haben. Und wie sie bei der Vergangenheitsbewältigung vernachlässigt wurden. Das hat Müller höchstpersönlich an die Tafel geschrieben. Ich habe Müller gefragt: ›Wie hätten Sie reagiert, wenn Robin in der Stunde dazu gesagt hätte, dass man die Vergangenheit irgendwann auf sich beruhen lassen soll? Die Sinti und Roma lenken damit nur von ihren eigenen Problemen ab.‹ Allen in der Klasse wäre sofort klar gewesen: das geht überhaupt nicht. Aber weil es um Afrika ging, ist keinem etwas aufgefallen.

Ich möchte die französischen Kolonialverbrechen nicht mit dem Holocaust vergleichen. Aber sie waren furchtbar genug. In Europa liegt darüber ein Mantel des Schweigens, durch den nur selten etwas dringt. Afrikaner sind dafür nicht wichtig genug. Aber die Europäer schaden sich damit auch selbst in vielerlei Weise. Wenn man sich damit nicht auseinandersetzt, versteht man die Welt nicht. Man kann auch nicht wirklich verstehen, warum Krieg geführt wird. Dabei ist Krieg heute zu einer Bedrohung für das Überleben der Menschheit geworden. Man sollte gründlich darüber nachdenken. Ich habe mir schon viele Gedanken darüber gemacht. Was würdet ihr dazu sagen? Wie kann man die Welt zu einem friedlicheren Ort machen?«

Theorien für den Frieden

»Wenn alle Staaten auf der Erde Demokratien sind vielleicht«, antwortete Alex. »Oder alle Staaten einigen sich auf ein großes Friedensbündnis. Oder durch eine friedliebende Macht, die so stark ist, dass sie jeden Krieg verhindern kann. Das könnte eine Weltmacht sein oder ein Weltstaat. Andererseits, wenn alle ein so gutes Verhältnis untereinander haben wie Deutschland und Frankreich heute, wird es keinen Krieg mehr geben. Alle Menschen auf der Welt sehen sich als Freunde an. Kein Soldat ist mehr breit, auf Freunde zu schießen. Vielleicht würde es auch was bringen, wenn man etwas gegen die Geldgier tut. Ist nicht die Gier ein wichtiges Motiv, Kriege zu beginnen?«

»Da hast du ein paar interessante Ideen formuliert, die man auch in der Wissenschaft findet«, erklärte ich. »Das Gebiet heißt ›Theorie der Internationalen Beziehungen‹. Es ist nach dem Ersten Weltkrieg entstanden. Die Katastrophe des Ersten Weltkriegs war auch ein wesentlicher Grund dafür: Wissenschaftliche Erkenntnisse über die internationale Politik sollten zu einer friedlicheren Welt beitragen. Eine treibende Kraft war der amerikanische Präsident Woodrow Wilson. Er hatte die Hoffnung, durch die internationale Diplomatie könnten in Zukunft Konflikte auf friedlichem Weg beigelegt werden.«

»Oder was Wilson unter einem friedlichen Weg verstand«, bemerkte Tafari. »In den USA hat er die Rassentrennung unterstützt und sich positiv über den Ku-Klux-Klan geäußert. So weit hat es nicht mal Trump gebracht. Südamerika wollte er ›belehren‹ wie man ›gute Männer‹ wählt. Er machte Haiti faktisch zu einer amerikanischen Kolonie. Ausgerechnet Haiti, das der erste Staat war, der sich von der Sklaverei befreit hatte. Dabei setzte er das amerikanische Militär ein. Das war sein ›friedlicher‹ Weg. Aber fahre fort, Lukas.«

»Wilsons Menschenbild und Weltsicht war im Westen weit verbreitet und da war auch die Politikwissenschaft leider keine Ausnahme. Jedenfalls wurden in Europa und in den USA einige Institute geschaffen, die sich mit dem Thema Frieden auseinandersetzten sollten. Kaum waren sie gegründet, brach unter den Wissenschaftlern eine Debatte zwischen Idealismus und Realismus aus. Die Idealisten sahen Chancen für eine friedlichere Welt, während die Realisten da sehr pessimistisch waren.«

»Was war der Grund für ihren Pessimismus?«

»Realisten betonen, dass es keinen Weltstaat gibt. Anders als innerhalb eines Staates, wo die Polizei für Sicherheit sorgt, herrscht in der Staatenwelt Anarchie. Es ist grundsätzlich immer möglich, dass ein Staat den anderen angreift. Deshalb versuchen Staaten, diese Gefahr durch militärische Stärke zu verringern. Realisten heben hervor, dass dies für alle Staatsformen gilt, ob es sich um Diktaturen oder um Demokratien handelt. Will man internationale Konflikte verstehen, muss man also vor allem darauf achten, ob Staaten sich gegenseitig als Bedrohung wahrgenommen haben. Großmächte haben eine deutlich bessere Position, weil sich nur wenige Staaten oder überhaupt kein Staat traut, sie anzugreifen. Kleinststaaten wie Andorra hingegen haben praktisch keine Chance, sich militärisch zu verteidigen. Viele Kleinststaaten investieren deshalb auch gar nicht in ihre militärische Sicherheit – sie besitzen keine Armee.«

»Was sagen Realisten zu den Vereinten Nationen oder Demokratie? Könnten die der Welt nicht den Frieden bringen?«

»Diese Hoffnung ist leider vergeblich. Die Vereinten Nationen haben einen gewissen Einfluss, letztlich sind es aber immer Staaten, die bestimmen, welche internationale Politik gemacht wird. Gerade gegen die mächtigsten Großmächte können sich die Vereinten Nationen kaum durchsetzen. Die mächtigsten Großmächte sind es vielmehr, die auch die Vereinten Nationen dominieren. Wenn Großmächte glauben, ihre Interessen nur gegen das Völkerrecht durchsetzen zu können, werden sie gegen das Völkerrecht verstoßen. Das ist immer wieder geschehen, auch von Seiten der USA. Demokratie ist letztlich kein dauerhafter Friedensgarant. Demokratien können sich in Autokratien verwandeln. Das ist immer wieder passiert. Es ist zudem praktisch unmöglich, die Demokratie weltweit durchzusetzen. Wenn man deshalb in die Souveränität anderer Staaten eingreift, muss man mit Widerstand rechnen. Das kann Konflikte erst recht heraufbeschwören. Auch dafür gibt es in der Geschichte zahlreiche Beispiele.«

»Dann gibt es keine Hoffnung?«

»Was einen dauerhaften Weltfrieden betrifft, sind Realisten sehr skeptisch. Nach dem Zerfall der Sowjetunion herrschte bei vielen Idealisten ein großer Optimismus. Sie sagten: Die liberale Demokratie hat sich weltweit verbreitet. Das Ende der Geschichte ist da und damit meinten sie, dass alle Staaten sich einander angeglichen haben und nicht mehr bekriegen werden. Diese Hoffnung hat sich nicht erfüllt: Russland und China haben einen anderen Weg eingeschlagen. In Indien droht ein autoritärer Nationalismus. Dieser Pessimismus bedeutet aber nicht, dass man gegen schreckliche Kriege nichts unternehmen kann.«

»Was schlagen sie vor?«

»Für Realisten ist besonders wichtig, sich in die Sicherheitslage eines anderen Staates hineinzuversetzen. Die Gegenseite zu verstehen ist viel schwerer als man denkt. Wenn man das jedoch tut, lassen sich eskalierende Spannungen vermeiden. Ein wichtiger Grundsatz ist dabei das Sicherheitsdilemma. Auch wenn man die eigene Aufrüstung als rein defensiv bewertet, kann die Gegenseite dies als Provokation wahrnehmen. Sie beginnt ebenfalls aufzurüsten. Das kann in einen Rüstungswettlauf münden, an dessen Ende sich die Sicherheit beider Staaten nicht verbessert, sondern verschlechtert. Realisten haben deshalb immer wieder vor unnötiger Aufrüstung und unnötigen Kriegen gewarnt. Im Falle des Ukrainekriegs hat unter anderen der Realist John Mearsheimer betont, dass man den Krieg nicht verstehen kann, ohne Russlands Sicherheitsinteressen zu berücksichtigen.«

»Und wie begründen Idealisten ihre Hoffnung auf eine friedlichere Welt?«

Demokratie schafft Frieden – der Liberalismus

»Unter anderem durch Demokratie. Sind Demokratien nicht friedfertiger als autoritäre Staaten? Kann eine Demokratisierung die Welt friedlicher machen? Diese Fragen haben schon Philosophen der Aufklärung bejaht. Die furchtbaren Kriege, die in Europa jahrhundertelang geführt wurden, waren für sie eine wichtige Motivation für Demokratie. Der bedeutendste Vordenker dieser Idee ist Immanuel Kant. Die Schrift, in der er seine Vision einer friedlichen Welt beschrieb, heißt bezeichnenderweise ›Zum ewigen Frieden‹. Zu Kants Lebzeiten waren die meisten Länder in Europa noch Monarchien. Warum glaubte er wohl, dass Demokratien friedfertiger sind als Monarchien?«

»Kriege bedeuten viel Leid: Todesopfer, Flüchtlinge, Krankheit, Hunger und Verwüstung. Außerdem sind Kriege sehr teuer: Der Sold, die Kanonen und Schiffe müssen bezahlt werden. All diese Lasten muss das Volk tragen, während der König fein raus ist. Der König hat seine Leibgarde und seinen Hofstaat. Er kann weiter nach Belieben Feste feiern, während die Soldaten im Schlamm stehen und ihre Familien in großer Sorge zurückbleiben. Würde man das Volk darüber entscheiden lassen, ob Krieg geführt werden soll, wäre die Antwort klar: Wir verzichten!«

»Das ist ein zentraler Gedanke Kants. Das Volk hat kein Interesse am Krieg. Diese Theorieschule nennt man auch Liberalismus. Im Liberalismus gibt es aber noch eine Reihe weitere Gründe, warum Demokratien friedfertiger sind.«

»Die da wären?«

»Demokratie bedeutet ja, dass das Volk das Sagen hat. Je mehr Einfluss die Bevölkerung auf die Politik hat, desto mehr wird sie für eine gleichere Verteilung des Vermögens sorgen. Jeder bekommt einen größeren Anteil vom Kuchen ab als in einem autoritären Staat, wo eine Oligarchie in die eigene Tasche wirtschaftet. Das schafft eine größere Zufriedenheit und wirkt einer Spaltung der Gesellschaft entgegen. Gleiches gilt für das Gefühl, mitbestimmen zu dürfen.«

»Klingt vernünftig. Und weiter?«

»Da sich das Volk selbst regiert, ist die Regierung nicht mehr auf einen Unterdrückungsapparat angewiesen. Das Militär beruht auf dem ›Staatsbürger in Uniform‹. In Österreich besteht das Militär fast ausschließlich aus Wehrpflichtigen und Reservisten. Das reduziert die Gefahr, dass der Militärapparat im eigenen Interesse agiert und den Militarismus fördert. Wenn es einen Konflikt mit einem anderen Staat gibt, wird das Problem in einer demokratischen Öffentlichkeit breit diskutiert. An der politischen Entscheidung für oder gegen einen Krieg sind verschiedene Gremien beteiligt, in denen bestimmte Verfahren eingehalten werden müssen.«

»Wenn es denn wirklich breit diskutiert wird.«

»Noch ein weiterer Punkt kommt hinzu: In einer Demokratie werden Konflikte durch bestimmte Regeln ausgetragen, die gewaltfrei sind. Dies hat eine erzieherische Wirkung. Die Lösung von Konflikten durch Diskussion und Abstimmung festigt die Haltung, dass Gewalt keine Lösung ist. Das haben beispielsweise liberale Politikwissenschaftler wie Ernst Otto Czempiel oder Bruce Russett vertreten.«

»Aber sind denn die Staaten, die gemeinhin als Demokratien bezeichnet werden, wirklich friedfertiger als autokratische Staaten?«

»Darüber gibt es in der Wissenschaft eine breite Diskussion. Es ist nicht leicht, das zu überprüfen. Manche halten den demokratischen Frieden für begründet. Die Geschichte zeige, dass Demokratien zumindest untereinander keinen oder äußerst selten Krieg führen. Dagegen wird unter anderem eingewandt, dass Demokratien wie die USA oder Großbritannien gegen Nichtdemokratien auch sehr brutale Kriege geführt haben. In indigenen Völkern existieren Wege der Entscheidungsfindung, die man demokratischer einstufen kann als im Westen. Trotzdem wurden sie im Kolonialismus unterworfen. Zwei weitere einflussreiche Ideen im Liberalismus sind internationale Institutionen und der internationale Handel. Beide sollen für den Frieden ebenfalls förderlich sein.«

»Warum soll Freihandel zu Frieden führen?«

Mit Verträgen und Handel zum Frieden

»Dafür werden unter anderem folgende Argumente angeführt: Freihandel soll nach Smith und Ricardo vorteilhaft für alle am Freihandel beteiligten Nationen sein. Diese Vorteile sind aber in gewisser Hinsicht davon abhängig, dass die Nationen untereinander Frieden wahren, denn Krieg würde die Handelsbeziehungen stören. Neben den Regierungen treten internationale Unternehmen, aber auch NGOs als einflussreiche Akteure auf, die andere Interessen als Staaten haben. Die internationalen Beziehungen werden also pluralistischer. Durch die Ausbreitung des Kapitalismus auf der Welt gibt es international ein viel engeres Netz von Beziehungen. Dadurch werden Staaten weniger autonom und das Bild einer anarchischen Staatenwelt, wie es vom Realismus vertreten wird, entspricht immer weniger der Realität.«

»Dann wäre es nur konsequent, Demokratie, friedenssichernde Institutionen und freien Handel auf der Welt zu verbreiten. Welchen Beitrag sollen internationale Institutionen leisten?«

»Um das zu verstehen, lohnt es sich, die Kuba-Krise anzuschauen. In der Kuba-Krise sind die Sowjetunion und die USA knapp dem Weltuntergang entkommen. Die Sowjetunion war dabei, Atomraketen auf Kuba zu stationieren, als Reaktion auf amerikanische Raketen in der Türkei. Die USA wollten das keinesfalls zulassen und blockierten die Seewege um Kuba. Es gab mehrere Zwischenfälle, die in einen Atomkrieg hätten münden können. Daraufhin wurden zwischen der Sowjetunion und den USA Verträge geschlossen, die die Gefahr eines Nuklearkrieges aufgrund von technischem und menschlichem Versagen minimieren sollten. Institutionen verringern die Unsicherheit. Um Institutionen zu schaffen müssen die beteiligten Mächte miteinander kommunizieren. Dadurch erhalten beide Seiten ein genaueres Bild voneinander. Sie können besser beurteilen, ob die Befürchtungen vor einem Betrug oder gar einer Aggression wirklich begründet sind.«

»Demokratie und internationale Institutionen sind nach dem Liberalismus also friedensfördernd.«

»Richtig. Die wichtigste Institution war für Kant das Völkerrecht. Entscheidende politische Entwicklungsschritte zum heutigen Völkerrecht erfolgten jeweils nach verheerenden Kriegen. Für das heutige Völkerrecht ist vor allem die Charta der Vereinten Nationen maßgebend, die nach den globalen Verheerungen des Zweiten Weltkriegs verabschiedet wurde und die die meisten Staaten heute unterzeichnet haben. Die Charta der Vereinten Nationen enthält sogar das Verbot der Androhung militärischer Gewalt. Die Charta beschränkt kriegerische Handlungen auf Selbstverteidigung oder kollektive Zwangsmaßnahmen der Vereinten Nationen, wenn der Weltfriede bedroht ist. Tatsächlich war sie wesentlich von Kants Schrift ›Zum ewigen Frieden‹ beeinflusst.«

»Und was ist unter ›kollektiven Zwangsmaßnahmen‹ zu verstehen?«

Liberaler Interventionismus

»Das wird heute heiß diskutiert. Kant war gegen militärische Interventionen in die inneren Angelegenheiten von Staaten. In der westlichen Politik hat man sich davon aber zunehmend verabschiedet.«

»Warum?«

»Wegen der Menschenrechte. Das ist das zentrale Argument. Soll man mitansehen, wenn Menschen in großer Zahl abgeschlachtet werden? Wenn ein Völkermord zu erwarten ist? Manche gehen noch weiter und sehen militärische Interventionen schon dann als berechtigt an, wenn das Ziel ist, einen Diktator zu stürzen und Demokratie zu schaffen. Das hat beispielsweise der amerikanische Präsident George W. Bush 2003 als Begründung für den Irakkrieg angeführt. Ein konkretes Beispiel für diese Tendenz in der internationalen Politik ist die Schutzverantwortung. Dabei handelt es sich um eine 2005 veröffentlichte Erklärung, die inzwischen die meisten Staaten unterschrieben haben. Nach dieser Erklärung besteht bei schwersten Menschenrechtsverletzungen, die zu Massensterben oder ethnischen Säuberungen führen, sogar die Pflicht zu einer Intervention in andere Staaten. Obwohl diese Erklärung noch nicht bedeutet, dass das Völkerrecht zu einer Intervention verpflichtet und sie völkerrechtlich ohne die Zustimmung des UN-Sicherheitsrats berechtigt ist, gab es früher eine größere Zurückhaltung, ob militärische Interventionen völkerrechtlich erlaubt sein sollten.«

»Wurde die Schutzverantwortung schon einmal angewandt?«

»Mehrmals. Am bekanntesten ist die Intervention der USA und Frankreich in Libyen im Jahr 2011. Sie wurde mit dem Konzept der Schutzverantwortung begründet. Eine wichtige Rolle für die Rechtfertigung von militärischen Interventionen spielt aber auch die Idee, die USA habe die Aufgabe eines Weltpolizisten, wenn Staaten gegen die Menschenrechte verstoßen.«

»Und warum ist sie dazu berechtigt?«

Der amerikanische Exzeptionalismus

»Weil die USA eine Ausnahmestellung in der Welt haben. Man nennt diese Vorstellung auch Exzeptionalismus. Er ist in der Geschichte ein verbreitetes Denkmuster. Es gab ihn im europäischen Kolonialismus ebenso wie im sowjetischen oder chinesischen Kommunismus. Über den europäischen Exzeptionalismus hat Tafari schon gesprochen. Die zentrale Begründung ist: Die USA sind ein Vorreiter und ein Vorbild für Freiheit, Demokratie und Menschenrechte. Diese Idee existierte bereits bei den frühen englischen Siedlern im 17. Jahrhundert. Der zweite Gouverneur der Kolonie in Massachusetts predigte: ›Wir müssen davon ausgehen, dass wir wie eine Stadt auf dem Hügel sein sollen. Die Blicke aller Menschen richten sich auf uns.‹ Das bezieht sich auf die Bergpredigt im Neuen Testament, wo Jesus sagt: ›Ihr seid das Licht der Welt. Eine Stadt, die auf einem Berg liegt, kann nicht verborgen bleiben.‹«

»Was sie nicht davon abhielt, Afrikaner zu versklaven und Völkermord an den indianischen Ureinwohnern zu begehen«, bemerkte Tafari.

»Die religiöse Begründung dieses Exzeptionalismus haben auch amerikanische Präsidenten angeführt. William McKinley, der die Philippinen okkupieren ließ, oder George W. Bush haben Kriege auch mit dem Verweis auf das Christentum oder Gott gerechtfertigt. Besonders verbreitet ist aber die Begründung durch Demokratie und Menschenrechte. Ob konservativ oder liberal, in Washington wird der amerikanische Exzeptionalismus von fast allen geteilt. Sie befürworten eine unipolare Welt, in der die USA die einzige Weltmacht ist. Die Demokratie muss weltweit verteidigt und imperiale Mächte wie Russland und China eingedämmt werden.«

»Bei so einer großen Zustimmung muss sich das in der Außenpolitik zeigen.«

»Natürlich. Die Militärausgaben der USA übersteigen die anderer Großmächte um ein Vielfaches. Das amerikanische Verteidigungsministerium listet 172 Länder auf, in denen amerikanische Soldaten stationiert sind. Auch die Militäreinsätze der USA in anderen Staaten sind sehr zahlreich: 400 seit seiner Gründung und etwa 100 seit dem Ende des Kalten Krieges.«

»Und was spricht nach Kant dagegen, in anderen Staaten militärisch einzugreifen?«

Kein Frieden ohne Achtung der Souveränität anderer Staaten

»Für Kant hat jedes Volk das natürliche Recht, selbst zu bestimmen, welche Gesetze es sich geben will. Das betrifft auch die Menschenrechte. Die Menschenrechte sind nicht wie die zehn Gebote vom Himmel gefallen. Ihre konkrete Bedeutung muss festgelegt werden und dies ist das Recht jedes Volkes. Jeder Mensch ist als von Natur aus Freier und Gleicher dazu berechtigt, in einer Demokratie die Verfassung mitzubestimmen. Deshalb können verschiedene Völker auch unterschiedliche Verfassungen haben. Dass die Bedeutung der Menschenrechte auch im Westen keineswegs eindeutig ist, zeigt das Beispiel der Todesstrafe: in Europa ist sie verboten, in einigen Staaten der USA jedoch nicht. Der Versuch, ein bestimmtes Verständnis der Menschenrechte von außen aufzuzwingen, verstößt also in einem wesentlichen Punkt gegen die Menschenrechte selbst.

Eine Intervention bringt die große Gefahr mit sich, dass das Land in einem Chaos versinkt, das noch schlimmer ist als die Diktatur. Genau das passierte nach der Intervention in Libyen, die zudem 50.000 Todesopfer forderte. Darüber hinaus sind undemokratische Nationen für Kant nicht einfach Länder, denen man eine andere Rechtsordnung überstülpen darf. Sie sind vielmehr als Nationen anzusehen, die sich auf dem Weg zur Demokratie befinden – auch wenn dieser Weg langwierig und steinig ist. Das war auch in Europa so. Wie erfolgversprechend wäre es, wenn Europa in den USA intervenieren würde – wenn es die Macht dazu hätte – um der Praxis der Todesstrafe ein Ende zu setzen? Welchen Effekt hätte dies auf die konservativen Teile der Bevölkerung?«

»Das würde alles nur noch schlimmer machen und in einem furchtbaren Krieg enden.«

»Ein Interventionsrecht würde nach Kant zudem die Souveränität aller Staaten unsicher machen. Interventionen wie die in Libyen liefern für Diktaturen wie Nordkorea oder den Iran gute Gründe, sich umgehend atomar zu bewaffnen.«

»Um sich vor Interventionen zu schützen.«

»Richtig. Darüber hinaus besteht aber auch folgendes Problem: Es ist offensichtlich, dass dieses Interventionsrecht nur bei den Staaten zur Anwendung käme, die nicht stark genug wären, sich zu widersetzen. Ebenso ist es wahrscheinlich, dass bei Staaten Ausnahmen gemacht würden, die aus wirtschaftlichen oder strategischen Gründen als Bündnispartner wichtig sind. Obwohl Saudi-Arabien zu den repressivsten Regimen gehört, haben die USA immer wieder ihre freundschaftliche Verbundenheit betont. Die Staatenwelt ist zu ungleich, um das Interventionsrecht angemessen durchsetzen zu können. Eine Willkürordnung wäre die Folge.«

»Aber kann man denn einem Völkermord tatenlos zusehen? Wäre es nicht doch besser, wenn eine solche Intervention rechtlich vorgesehen wäre?«

»Nein, nicht für Kant. Für ihn ist die Gewalt zwar nicht völlig undenkbar. Wenn es wirklich um einen Völkermord geht, bliebe aber nur eine extreme Möglichkeit: eine Intervention entgegen dem Völkerrecht.«

»Das spricht aus meiner Sicht für eine völkerrechtliche Regelung.«

»Kant sieht darin die Gefahr, dass eine solche Intervention dann als gerechtfertigt angesehen würde. Krieg ist für Kant aber immer in höchstem Maße ungerecht. Krieg darf keinen Anschein von Rechtfertigung erhalten. Andere Philosophen haben wiederum darauf hingewiesen, dass der Interventionismus gerade auch für die eigene Demokratie eine Gefahr sein kann. Auf dieses Problem hat bereits der griechische Historiker Thukydides aufmerksam gemacht. Für ihn hatte der peloponnesische Krieg negative Auswirkungen auf die athenische Demokratie. Umgekehrt wirken sich friedliche Mittel positiv auf die Demokratie aus.«

»Warum?«

Gewalt und Demokratie

»Zu den negativen Folgen werden gezählt: Im Kriegsgebiet verfliegen moralische Regeln der Gesellschaft allzu leicht. Soldaten müssen töten. Sie gewöhnen sich daran, dass Gewalt ein notwendiges Mittel zur Konfliktlösung ist. Immer wieder kommt es zu Kriegsverbrechen wie Folter, Vergewaltigung und Mord. Diese Erfahrung bringen die Soldaten mit nach Hause. Wenn sie Kriegsverbrechen begangen haben und diese nicht geahndet werden, liegt die

Schlussfolgerung nahe, dass brutale Gewalt O. K. ist. Wenn der Krieg nicht wie erwartet läuft, gerät die Regierung unter Druck. Sie wird geneigt sein, ihre Macht gegenüber der Bevölkerung auszudehnen, um den Krieg erfolgreich zu Ende führen zu können. Oppositionellen wird mit weniger Toleranz begegnet. Sie wird versuchen, die Bevölkerung zu manipulieren, indem sie Rückschläge und Kriegsverbrechen verheimlicht. Das führt aber dazu, dass die Bevölkerung ihre demokratische Kontrollfunktion nicht mehr ausüben kann. Es kommt sowohl in der Bevölkerung als auch in der politischen Führung zu einem Realitätsverlust.«

»Man redet sich die Sache schön.«

»Sozusagen. Außerdem entstehen in der Gesellschaft Abhängigkeiten. Um Interventionen durchführen zu können, braucht man die entsprechenden Waffen. Heute gibt es viele private Sicherheitsdienste für Militäreinsätze. Es entstehen Karrieren und Aktienportfolios, die dann besonders lukrativ sind, wenn es Krieg gibt. Das kann einen Schneeballeffekt haben: Krieg führt zu einer Militarisierung der Gesellschaft und diese, nicht zuletzt durch den Lobbyismus, wiederum zu Krieg usw. Zudem widerspricht es der Demokratie, wenn die Regierung übermächtig wird. Das Militär kann ja auch gegen die eigene Bevölkerung eingesetzt werden. Diese Gefahren hat der amerikanische Politikwissenschaftler Sheldon Wolin hervorgehoben.«

»Und warum sollen friedliche Mittel positiv für die Demokratie sein?«

»Einmal natürlich, weil die negativen Effekte wegfallen. Andererseits wird ziviler Widerstand zu den Formen gezählt, wie Demokratie gelebt werden kann. Ziviler Widerstand kann Menschen verbinden. Fast alle können daran teilnehmen, auch Alte, Kinder und Menschen mit Behinderungen.«

»Kann man denn damit etwas bewirken?«

»Es gab in der Geschichte immer wieder Fälle, in denen ziviler Widerstand zum Erfolg geführt hat. Man denke nur an Mahatma Gandhi oder Martin Luther King. Nach einer Studie ist ziviler Widerstand gegen eine Diktatur sogar doppelt so effektiv wie gewaltsamer Widerstand.«[17]

»Ich befürchte aber, dass die Regierungen nicht sehr viel Interesse an diesem Konzept haben. Wer Macht hat und reich ist, dem könnte es bei der Vorstellung ungemütlich werden, dass die Bevölkerung regelmäßig übt, wie man Proteste am effektivsten durchführt.«

»Damit kommen wir zu der dritten Theorietradition, für die Reichtum und insbesondere der Kapitalismus einen entscheidenden Einfluss auf die internationalen Beziehungen haben. Wenn wir verstehen wollen, wie die internationalen Beziehungen funktionieren, auf wen müssen wir demnach schauen?«

Putsche für Profite – kapitalismuskritische Theorie

»Auf den Einfluss von Unternehmern und ihren Lobbyisten. Aber welches Interesse sollten Unternehmer an der Außenpolitik haben?«

»Ich gebe dir ein Beispiel: Wie von Tafari schon angesprochen, begaben sich England, Frankreich, Deutschland und andere europäische Staaten im Laufe des 19. Jahrhunderts in ein Wettrennen um die Aufteilung der Welt. Auch die USA schlossen sich diesem imperialistischen Wettrennen an. Allerdings recht spät, als der Großteil der Welt bereits von Europa unterworfen worden war. Umso mehr bemühten sie sich, noch verfügbare Regionen unter ihre Kontrolle zu bekommen, wofür sie auch einen Krieg mit Spanien riskierten. Sie annektierten vor allem Inseln oder Inselstaaten im Pazifik oder Atlantik: die Philippinen, Hawaii, Ostsamoa, Guam, die Wakeinseln, die Midwayinseln und Puerto Rico. Auch

Kuba wurde praktisch ein Protektorat der USA. Warum taten sie dies? Einen großen Einfluss auf diese Entwicklung hatten die als ›die 400‹ bekannten Oligarchen der US-Industrie, in deren Interesse das Militär immer wieder intervenierte. Der damals bekannte Oberst Smedley Butler beurteilte diese Aktivitäten als Verbrechen für den Kapitalismus. Ich lese euch eben aus dem Internet ein Zitat von ihm vor:

›Ich habe geholfen, Mexiko, insbesondere Tampico, für die amerikanischen Ölinteressen zu sichern. Ich habe geholfen, Haiti und Kuba so zu unterdrücken, dass die Jungs von der National City Bank dort ihre Gewinne abschöpfen konnten. Ich habe bei der Vergewaltigung von einem halben Dutzend mittelamerikanischer Republiken zum Nutzen der Wall Street mitgemacht. Die Liste der Verbrechen ist lang. Von 1909 bis 1912 habe ich geholfen, Nicaragua für das internationale Bankhaus Brown Brothers zu säubern. 1916 habe ich den amerikanischen Zuckerbaronen die Dominikanische Republik serviert. In China habe ich mit dafür gesorgt, dass Standard Oil ungestört seinen Geschäften nachgehen konnte. In diesen Jahren hatte ich, wie die Jungs in den Hinterzimmern sagen würden, eine prächtige Gangsterbande am Laufen. Wenn ich so zurückblicke, glaube ich, dass ich Al Capone ein paar Tipps hätte geben können. Er schaffte es gerade einmal, mit seiner Bande in drei Bezirken zu operieren. Ich operierte auf drei Kontinenten.‹[18]

Und? Welches Interesse könnten Unternehmer demnach an Außenpolitik haben?«

»Ich denke mir das so: Durch das Militär haben Unternehmer viel leichteres Spiel, Profite im Ausland zu machen. Mit Hilfe des Militärs kann man unliebsame Regierungen, die den Unternehmern Steine in den Weg legen, unter Druck setzen oder stürzen. Die Unternehmer kommen dann leichter an die Rohstoffe ran und können die Arbeiter einfacher mit Hungerlöhnen ausbeuten.«

»Welchen Einfluss hat der Kapitalismus demnach auf die internationalen Beziehungen?«

»Er führt zu Ausbeutung und Krieg.«

»Kapitalismuskritische Theorien der internationalen Beziehungen haben ihren Ursprung im Marxismus, wobei es auch viele andere Einflüsse gibt. Diese Theorien dürfen nicht mit dem Parteimarxismus der Sowjetunion in einen Topf geworfen werden. Einflussreiche Vertreter gab und gibt es auch im Westen, wie die US-Amerikaner Immanuel Wallerstein und Noam Chomsky oder der Kanadier Robert W. Cox.«

»Ich frage mich, wie der Einfluss des Kapitalismus auf die internationalen Beziehungen nachgewiesen wird. Das Zitat von Smedley Butler würde mir nicht genügen.«

»Indem man in die Archive geht und das überprüft. Ein bekanntes Beispiel betrifft ein amerikanisches Unternehmen, das heute Chiquita heißt.«

Staatsstreich in Guatemala

»Das die Bananen verkauft? ›Chiquita‹ klingt für mich aber eher nach einem Unternehmen aus Lateinamerika.«

»Aus Lateinamerika kommen die Bananen, das Unternehmen stammt aber aus den USA. Es hieß früher United Fruit Company. Die United Fruit Company startete in den USA zu Beginn der 1950er-Jahre eine politische Kampagne. Die Kampagne richtete sich gegen die demokratisch gewählte Regierung Guatemalas. United Fruit besaß damals große Flächen in Guatemala, von denen sie aber nur einen kleinen Teil für Bananenplantagen nutzte. Guatemalas Präsident Árbenz verstaatlichte jedoch die Landgüter, wobei er die von United Fruits genutzten Flächen unangetastet lies. Árbenz gewährte den Arbeitern zudem Streikrechte, die sie vorher nicht besessen hatten.«

»Was United Fruit nicht gefallen haben dürfte.«

»Die United Fruit Company investierte daraufhin eine halbe Million Dollar, um die Politik in Washington zu beeinflussen. Sie bezahlte damit Lobbyisten und eine Medienkampagne, die sie dem Begründer der PR-Industrie, Edward Bernays, anvertraute. Wie Historiker aufgezeigt haben, kam ihr dabei ein Netzwerk an persönlichen Verbindungen zu Politikern der demokratischen und republikanischen Partei zugute. Außenminister John Foster Dulles beispielsweise war in einer Kanzlei tätig gewesen, die Verträge für das Unternehmen mit Guatemala ausgehandelt hatte. Sein Bruder Allen Dulles, Chef der CIA, war Mitglied des Direktoriums gewesen. Letztendlich genehmigte Präsident Eisenhower eine verdeckte Operation der CIA, durch die Árbenz gestürzt wurde. An seine Stelle trat der rechtsgerichtete Diktator Castillo Armas. Guatemala verharrte danach vierzig Jahre in Diktaturen, denen zehntausende Menschen zum Opfer fielen.«

»Es geht also um den Einfluss auf die Medien und Verbindungen in die Politik.«

»Natürlich kam dem Unternehmen noch ein anderer Umstand entgegen: Die amerikanische Außenpolitik witterte damals nämlich überall die ›rote Gefahr‹. Guatemala, so befürchtete man, könnte zu einem kommunistischen Staat werden und den Einflussbereich der Sowjetunion vergrößern.«

»Aber dann war vielleicht das der entscheidende Grund für die Operation und nicht die Verbindungen zur United Fruit Company.«

Außenpolitik und ideologischer Konsens

»Aus der Sicht Noam Chomskys war die Reaktion Washingtons übertrieben, wenn nicht hysterisch. Denn Árbenz war Sozialdemokrat und die kommunistische Partei unbedeutend. Aber selbst wenn der Antikommunismus der entscheidende Grund war, spricht dieser Fall noch nicht gegen die Theorie. Nach Antonio Gramsci gibt es nämlich noch ein anderes, viel subtileres Einfallstor des Kapitalismus in die Politik: Die Herstellung eines gesellschaftlichen Konsenses durch die Verbreitung einer Ideologie, die die Macht des Kapitals stützt. Diese Ideologie wird u. a. über die Medien verbreitet, aber auch durch persönliche Beziehungen. Die Weltsicht des Außenministers John Foster Dulles wurde demnach auch geprägt durch seine lange Karriere als Jurist, in der er große amerikanische Unternehmen international vertrat. Im Fall Guatemalas hat dieser ideologische Einfluss zu einer stark übertriebenen Reaktion geführt.«

»Aber könnten die Verbindungen der United Fruit Company in die Politik nicht ein Einzelfall sein?«

Liberaler Internationalismus als Neokolonialismus

»Aus der Sicht der kapitalismuskritischen Theorie handelt es sich um keinen Einzelfall, sondern um einen systematischen Einfluss, der bis heute fortbesteht. Er betrifft gerade die ehemaligen Kolonialmächte. Der Kolonialismus wurde auf indirekte Weise fortgeführt. Durch die Regeln im internationalen Handel, durch die Verbreitung des Neoliberalismus, durch Bestechung, im Zweifelsfall aber auch durch Staatsstreich und Krieg. Während Großbritannien lange die führende koloniale Macht war, wurde es spätestens nach dem Zweiten Weltkrieg von den USA abgelöst. Die USA hatten schon viel früher begonnen, ihre imperiale Macht nicht durch Okkupation, sondern auf anderen Wegen durchzusetzen. Woodrow Wilson machte Haiti nicht zu einer offiziellen Kolonie der USA, sondern setzte militärische und ökonomische Macht ein, um dort mitzubestimmen. Auf die Françeafrique hat Tafari schon hingewiesen.«

»Frankreich soll seit dem offiziellen Ende des Kolonialismus über fünfzig Mal in Afrika militärisch eingegriffen haben«, ergänzte Tafari.

»Einen viel größeren Einfluss auf den globalen Süden besitzen die USA, die weltweit hunderte von Militärstützpunkten haben. Nur die USA können harte internationale Sanktionen gegen einen Staat durchsetzen. Diese militärische und wirtschaftliche Macht nützt Profitinteressen: Amerikanische Konzerne kontrollieren einen erheblichen Teil der Weltwirtschaft. Chomsky nennt für die 2010er-Jahre einen Anteil von etwa fünfzig Prozent. Dass die Ökonomie eine wichtige Rolle spielt, lässt sich auch daran erkennen, dass es gerade Staaten sind, die eine neoliberale Wirtschaftspolitik ablehnen, gegen die die USA, Frankreich oder Großbritannien Maßnahmen ergreifen. Dies betraf in jüngerer Zeit beispielsweise Venezuela. John Bolton, ein einflussreicher amerikanischer Außenpolitiker, bekannte in einem Interview für *CNN*, dass die USA versucht hatten, in Venezuela einen Staatsstreich durchzuführen. Eines der am stärksten von den USA sanktionierten Länder ist Kuba. Der Irak und Libyen, die eine sozialistische Orientierung hatten, wurden bekriegt. Ein großer Teil der von den USA, Großbritannien und Frankreich militärisch unterstützten Länder im globalen Süden sind hingegen Diktaturen oder haben sehr schlechte Demokratiewerte. Sie fügen sich aber den westlichen ökonomischen und geopolitischen Interessen.

Dieser Gegensatz betrifft nach Chomsky auch Russland: Für Jelzin griffen die USA in den Wahlkampf ein, obwohl er autoritär regierte und das russische Parlament mit Panzern beschießen ließ, weil es sich weigerte, den von den USA gewünschten neoliberalen Reformen zuzustimmen. Putins Kleptokratie wandte sich zwar nicht vom Neoliberalismus ab, legte US-amerikanischen Konzernen aber Steine in den Weg und lehnte den unipolaren Anspruch der USA ab. Putins Stern begann in Washington schon früh zu sinken. So aggressiv wie die USA ihre ökonomischen Interessen und ihren unipolaren Anspruch verteidigen, ist es für Chomsky naheliegend, dass russische Sicherheitsinteressen für die Erklärung und Beendigung des Ukrainekriegs die zentrale Rolle spielen. Der saudischen Diktatur wiederum, die ökonomisch ein enger Partner ist, lieferten die USA Waffen für viele Milliarden Dollar, obwohl sie im Jemen ebenfalls einen verheerenden Krieg führt und dort Gebiete besetzt hält.«[19]

»Aber wie kommt dieser systematische Einfluss zustande?«

Konzerne und Außenpolitik

»Kapitalismuskritische Politologen haben das untersucht. Eine neuere Studie beispielsweise betrifft die letzten drei Präsidentschaften vor Trump, also jene von Bill Clinton, George W. Bush und Barack Obama.[20] Die Wissenschaftler kommen zu dem Schluss, dass es nicht nur sehr enge Verbindungen mit der Privatwirtschaft gab, sondern dass die für die Außenpolitik entscheidenden Politiker selbst Teil des Kapitals sind.«

»Wie soll ich mir das vorstellen?«

»Von jeweils 30 für die Außenpolitik wichtigen Politikern hatten unter Clinton 25, unter Bush 27 und unter Obama 23 vor oder nach ihrem Amt Verbindungen zu Unternehmen der Privatwirtschaft. ›Verbindung‹ bedeutet dabei nicht nur ein Besuch auf einer Unternehmensfeier. Diese Politiker waren vielmehr in einem Unternehmen als Führungskraft, Direktor, Berater oder, im Falle einer Kanzlei, als Partner tätig. Meistens hatten diese Politiker nicht nur eine, sondern mehrere solcher Verbindungen. Eine gewisse Bekanntheit erlangte der ehemalige Verteidigungsminister Rumsfeld mit 14 solcher Verbindungen. Rumsfeld wird jedoch von Clintons CIA-Direktor Woolsey mit 36 Verbindungen noch einmal deutlich übertroffen. Die Unternehmen dieser Verbindungen sind zudem mehrheitlich international organisiert. Hinzu kommen die Verbindungen dieser Politikerinnen zu zahlreichen privatwirtschaftlich finanzierten Thinktanks und anderen Instituten, die mit Außenpolitik befasst sind. Bei den Geldgebern handelt es sich zu einem großen Teil um international agierende Konzerne – Finanzen, Energie, Rüstung und andere Branchen.«

»Da könnte man schon auf den Gedanken kommen, ein paar Großkapitalisten ziehen im Hintergrund die Fäden.«

»Die Verbindungen zwischen Politik und Privatwirtschaft sind sehr komplex. Eine solche Verschwörung lässt sich daraus keineswegs ableiten. Das Ergebnis ist vielmehr so zu verstehen: Zweifellos haben die großen internationalen Konzerne einander widersprechende Interessen. Es gibt aber auch erhebliche Überschneidungen. Sie haben kein Interesse an Staaten, die ihnen den Zugang zu ihren Märkten verwehren. Sie sind vielmehr an Staaten interessiert, in denen die Löhne niedrig sind, in denen sie wenig Steuern bezahlen müssen und in denen sie nicht befürchten müssen, dass ihr Land oder ihre Minen verstaatlicht werden. Über die verschiedenen personellen Verbindungen üben diese gemeinsamen Interessen einen starken Einfluss auf die grundlegende Strategie der Außenpolitik aus.«

»Was bedeutet das für den Frieden? Ist die kapitalismuskritische Theorie eher pessimistisch wie der Realismus oder optimistisch wie der Liberalismus?«

Kein Frieden ohne Verringerung der Ungleichheit

»Die kapitalismuskritische Theorie teilt den Optimismus mit dem Liberalismus. Der Liberalismus lässt aus ihrer Sicht die Rolle der Wirtschaft aber weitgehend unterbelichtet.

Der Kapitalismus hat eine Tendenz zur Expansion, für die die Souveränität anderer Staaten ein Hindernis ist. Er beschränkt nicht nur im Westen, sondern gerade auch im globalen Süden Demokratie. Die Vorteile von Demokratie für den Frieden kommen somit nicht zum Tragen, wie eine Verringerung der Ungleichheit und damit von sozialen Spannungen, auch durch eine wirksame demokratische Mitbestimmung. Ebenso eine freie, demokratische Diskussion über die Außenpolitik, die Einübung gewaltfreier Lösungen von Konflikten und ein von der Bevölkerung kontrollierter Militärapparat. Wichtig für den Frieden ist folglich eine Überwindung oder zumindest eine Eindämmung des Kapitalismus.«

»Und was ist mit dem Kampf zwischen Großmächten, den der Realismus für unausweichlich hält? Was ist, wenn sich die Welt nicht dem amerikanischen Modell liberaler Demokratie anschließt, wie vom liberalen Internationalismus gewünscht?«

»Auch das sind nach Robert Cox Konzepte, die der Macht des Kapitals nutzen. Der Realismus festigt die bestehenden Verhältnisse und der liberale Internationalismus dient Profitinteressen.

Unipolarität, Bipolarität oder Multipolarität bedeuten jeweils weltweite Spannungen. Für den indischen Historiker Vijay Prashad ist das aber nicht zwingend. Im größten Teil der Geschichte sei Macht regional konzentriert gewesen, trotz eines weitreichenden Handels. Manches spreche dafür, dass wir dahin wieder zurückkehren und dies sei für den Weltfrieden wünschenswert. Einzige Weltmacht zu sein sei ein unrealistisches Ziel geworden, das heute von keiner anderen Großmacht verfolgt werde, auch von China nicht.«

Als ich mit meinem Überblick fertig war, diskutierten wir noch lange über aktuelle Konflikte und ihre Bewertung aus der Sicht verschiedener Theorien. Dann kamen wir auf die Bürgerinitiative zu sprechen. Tafari hatte großes Interesse, mitzumachen. Das war uns sehr willkommen. Martin hatte uns erklärt, dass wir unbedingt mehr Mitstreiter finden müssen. Seine Strategie hatte uns überzeugt: Wenn wir acht Leute zusammen haben, sollen wir von Wohnung zu Wohnung gehen und die Mieter auf unsere Initiative aufmerksam machen. Wir würden sie fragen, ob sie selbst bereit sind, in Gruppen andere Mieter anzusprechen. Mit diesem Schneeballverfahren hätten wir eine Chance. Er schien Recht zu haben. Viele fanden ihre Situation untragbar und waren gerne bereit, mitzumachen.

Wo stehen Parteien und Medien?

egalitär ◄——————————► elitär

Wie ist die westliche Welthandelspolitik zu bewerten?

neokoloniale Ausbeutung	wohlstandsfördernder Freihandel

Sind militärische Mittel moralisch legitim?

radikaler Pazifismus	pragmatischer Pazifismus	Lehre vom gerechten Krieg	(amerikanischer) Exzeptionalismus

Sind militärische Mittel moralisch legitim?

regional	multipolar	bipolar	unipolar (USA)

Positionen, Begriffe, Argumente

Der **Realismus** ist hinsichtlich eines dauerhaften Weltfriedens pessimistisch.

- Nach dem Realismus orientiert sich das Handeln aller Staaten untereinander vorrangig an Macht bzw. militärischer Sicherheit. Dies gilt für Autokratien genauso wie für Demokratien. Da es keinen Weltstaat gibt, der wie die Polizei für Sicherheit sorgt, ist die Sicherheit zwischen Staaten latent gefährdet. Ein wichtiger Grundsatz des Realismus ist das Sicherheitsdilemma: Obwohl man mit Aufrüstung keine aggressive Politik verfolgt, nimmt ein anderer Staat dies als Gefahr für die eigene Sicherheit wahr und beginnt ebenfalls aufzurüsten.

Aus der Sicht des **Liberalismus** ist Demokratie eine entscheidende Voraussetzung für den Weltfrieden.

- Demokratien sind friedfertiger als Autokratien, weil das Volk, anders als die politischen Eliten, kein Interesse hat, die Lasten eines Kriegs zu tragen. Als weitere Vorteile gelten: Geringere soziale Spannungen durch demokratische Mitbestimmung und eine geringere Ungleichheit. Eine offene Diskussion der Außenpolitik, die irrationalen Entscheidungen vorbeugt. Die Einübung in gewaltlose Verfahren der Konfliktlösung und ein in der Bevölkerung verankerter Militärapparat.
- Als friedensfördernd gelten nach dem regulatorischen Liberalismus internationale Institutionen wie Rüstungskontrollverträge oder die Vereinten Nationen. Solche Institutionen besitzen Verfahren zur Konfliktbeilegung, fördern die Kommunikation und verringern dadurch die Unsicherheit zwischen Staaten.
- Für den wirtschaftlichen Liberalismus ist der internationale Handel förderlich für den Frieden. Er trägt zur Verständigung bei und schafft Abhängigkeiten, die Kriege sehr kostspielig werden lassen.
- Nach dem liberalen Internationalismus sollen Demokratie und freie Märkte auf der Welt verbreitet werden. Bei schweren Menschenrechtsverletzungen hat die internationale Staatengemeinschaft das Recht oder sogar die Pflicht, militärisch in anderen Staaten einzugreifen.
- Nach dem amerikanischen Exzeptionalismus hat die USA durch ihre Ausnahmestellung im Hinblick auf Demokratie, Menschenrechte und ihre militärische Macht die Aufgabe, Demokratie und freie Märkte zu verbreiten, wenn nötig auch mit militärischen Mitteln.
- Einen zurückhaltenderen Liberalismus hat Immanuel Kant vertreten. Ein Recht zur militärischen Intervention hat mehr Nachteile als Vorteile. Ein Recht zur militärischen Intervention würde die Souveränität aller Staaten unsicher machen. Demokratie kann anderen Staaten nicht aufgezwungen werden, sie müssen sie selbstständig entwickeln.

Sich in einem Bürgerkrieg auf eine Seite zu schlagen, kann den Konflikt verstärken.

- Für Sheldon Wolin ist internationales militärisches Engagement auch mit Nachteilen für die eigene Demokratie verbunden: Die Ausübung von Gewalt wird in die eigene Bevölkerung hineingetragen. Es entsteht in der Regierung eine Tendenz zur Intransparenz und Intoleranz gegenüber kritischen bzw. oppositionellen Meinungen. In der Wirtschaft (der Rüstungsindustrie) bilden sich Abhängigkeiten, die die Neigung in der Politik verstärken, Konflikte militärisch zu lösen.

Kapitalismuskritischen Theorien zur Folge ist der Kapitalismus eine entscheidende Ursache von Kriegen.

- Entscheidend für die Außenpolitik von Staaten ist ihr Wirtschaftssystem. Der Kapitalismus führt zu einer expansiven Außenpolitik, die den Profitinteressen des Kapitals dient. Dabei geht es um Rohstoffe, billige Arbeitskräfte und Absatzmärkte.
- Zur Sicherstellung dieser Profite gibt es verschiedene Methoden: der Sturz von unliebsamen Regierungen, die Kontrolle der Wirtschaft durch internationale Institutionen und die weltweite Verbreitung der neoliberalen Ideologie.
- Eine solche Außenpolitik hat Ausbeutung und Krieg zur Folge. Es gilt deshalb, den Kapitalismus zu überwinden oder zumindest einzudämmen.

7. Medien und Demokratie

Leon: »Sie tun ja gerade so, als wollten wir die DDR zurück!«

Ich setzte mich mit Martin an einen Tisch, an dem bereits fünf Personen saßen, von denen ich aber nur Mareike aus meiner Parallelklasse kannte. Mir schien der Saal von einer positiven Stimmung getragen und als ich in die Gesichter schaute, die um mich saßen, empfand ich eine freudige Erwartung, der ich in dieser Art noch nie begegnet war.

»Finde ich toll, dass endlich was passiert«, begann eine Frau mit grauen Locken. »Ich wohne jetzt schon seit zwanzig Jahren bei Pandom. Die Miete ist kaum noch bezahlbar, obwohl der Zustand sich laufend verschlechtert hat.«

»Da haben Sie völlig recht«, fiel eine ältere Frau ein, deren resoluter Ton mich beeindruckte. »Ich habe mich schon oft gefragt, warum wehren wir uns eigentlich nicht gegen diese Halsabschneiderei? Es ist eine Schande, dass wir das so lange hingenommen haben.«

»Na ja«, bemerkte ein rundlicher Herr mit Fistelstimme, »wer bringt schon die Erfahrung mit, eine Bürgerinitiative zu organisieren? Wenige, sehr wenige!«

»Ich kenne ja meine Nachbarn kaum«, ergänzte die Gelockte. »Wenn die müde von der Arbeit kommen, denke ich, lass die bloß in Frieden. Jetzt sehe ich sie hier im Saal sitzen. So kann man sich täuschen!«

»Ich gebe zu, ich habe mich davon auch abschrecken lassen«, erwiderte die resolute Dame, »aber dass zwei Jugendliche das jetzt auf die Beine gestellt haben, hat mich dann doch beschämt. Also große Klasse!«, rief sie aus, während sie sich mir zuwandte. Die anderen nickten freundlich. Daraufhin stellten wir uns einander vor. Die meisten nannten nur ihren Vornamen, der Mann mit der Fistelstimme aber führte sogar seinen Doktortitel an. Es stellte sich heraus, dass er Professor für Chemie an der Fachhochschule war. »Ein Professor!«, rief die resolute Dame, die sich Hedwig nannte, anerkennend aus. »Ach, dann können Sie ja das Protokoll schreiben«, und schob ihm süffisant lächelnd die Papiere hin, die er bereitwillig entgegennahm. Als letztes stellte sich ein flott gekleideter Mann mittleren Alters vor, der neben mir saß und bisher geschwiegen hatte.

»Johannes Mehring«, begann er zurückhaltend, »ich muss bekennen, dass ich nicht als Teilnehmer hier bin. Ich bin vom *Stadtanzeiger* und möchte einen Bericht über die Veranstaltung schreiben. Wenn Sie nichts dagegen haben, würde ich gerne etwas zuhören und Ihnen hier und da eine Frage stellen.«

Wir hatten nichts dagegen.

»Im Gegenteil«, betonte Martin, »gute Presse können wir nur gebrauchen.«

»Wenn sie denn gut ist«, warf Hedwig ein, »nichts gegen Sie Herr Mehring, aber mein verstorbener Mann war Künstler und die Journalisten, die in seine Ausstellungen kamen, also wie die seine Werke mal rauf und mal runtergeschrieben haben – ich fand das schon sehr willkürlich.«

»Machen Sie sich da bitte keine Sorgen«, antwortete Mehring beflissen, »ich werde die Initiative nicht bewerten, sondern lediglich Ihre Motive und Ihre Ziele beschreiben. Da sind wir sehr um Objektivität bemüht.«

Da beugte sich der Professor vor und hob seinen Arm, als habe er etwas besonders Wichtiges zu sagen: »Herr Mehring, wenn Sie erlauben, würde ich Sie als Journalist in diesem Zusammenhang gerne etwas fragen. Wir haben hier ja mit Missständen zu tun, die entstanden sind, weil kommunale Wohnungen privatisiert wurden und die Stadt sich aus dem sozialen Wohnungsbau zurückgezogen hat.

Wenn ich mich an die Zeit vor zwanzig, dreißig Jahren erinnere, war das eine Politik, die von den Medien mehr oder weniger einhellig gelobt wurde. Auch vom *Stadtanzeiger*.«

»Daran kann ich mich auch noch sehr gut erinnern«, ergänzte die Gelockte, die Linda hieß, »privatisieren, privatisieren, privatisieren. Das war doch damals in aller Munde.«

»Das stimmt nicht ganz«, setzte Martin entgegen, »meine Gewerkschaftszeitung hat da nicht mitgemacht. Wir haben immer wieder davor gewarnt.«

»Eben deshalb frage ich mich«, fuhr der Professor fort, »wie so eine weitgehende Einhelligkeit zustande kommt. Verstehen Sie mich nicht falsch, aber ich habe mich schon manchmal gefragt: Sind das die Verleger oder Chefredakteure, die Einfluss nehmen und Gegenstimmen abwehren?«

»Das kann ich nicht bestätigen«, antwortete Mehring, »das war damals vielleicht der Geist der Zeit. Sicher gibt es redaktionelle Gründe, warum das eine oder andere Thema vom Chefredakteur auch mal abgelehnt wird. Aber dass es in der Zeitung eine Zensur gibt, nein. Wir Redakteure sind bei unserer Arbeit frei.«

»Das heißt, Sie könnten auch einen Artikel über Stalin als großen Staatsmann schreiben?«, fragte Martin etwas herausfordernd.

»Nein, aber das ist ja auch Unsinn. Es muss sich natürlich schon in einem vernünftigen Rahmen bewegen.«

»Und wer bestimmt diesen vernünftigen Rahmen?«, hakte Martin nach.

»Das weiß man doch«, entgegnete Mehring. »Es ist doch unbestreitbar, dass Stalin ein brutaler Diktator war.«

»Gut«, sagte Hedwig eifrig, »wenn das so ist, dann mache ich Ihnen jetzt einen Vorschlag. Wir fassen unsere Beratungen in einem Text zusammen und diesen Text veröffentlichen Sie als Meinungsbeitrag von Bürgern unserer Stadt. Was sagen Sie dazu?«

»Das ist eine gute Idee«, antwortete Mehring. »Stimmen von Bürgern bieten wir immer wieder gerne Raum.«

Daraufhin begannen wir uns mit der Wohnpolitik auseinanderzusetzen. Meine Mitschülerin Mareike wollte wissen, wie das Ganze aus der Perspektive der Wohnungskonzerne aussah: Was hatten sie für ein Geschäftsmodell und wie hatte es sich durchgesetzt? Martin erklärte es ihr:

»Im Kern geht es natürlich darum, Rendite zu erwirtschaften. Zu Beginn der Entwicklung hatten Private Equity Fonds massenweise Wohnungen gekauft, um sie wenig später zu einem höheren Preis wieder zu verkaufen. Aus ihnen sind teilweise die großen Wohnimmobiliengesellschaften wie Pandom entstanden. Deren Geschäftsmodell beruht aber darauf, die Wohnungen überwiegend zu behalten. Die Rendite kann man auch durch Mieterhöhungen vergrößern. Das hatten Private Equity Fonds natürlich auch bereits genutzt. Mieten darf man erhöhen, wenn man modernisiert. Das haben die Immobiliengesellschaften nicht zuletzt in Vierteln getan, in denen sie hunderte Wohnungen gekauft haben. Dadurch erhöht sich aber die durchschnittliche Miete in einem Viertel. Und dann ist der Staat, d. h. die Sozialhilfe, durchaus bereit, für Sozialwohnungen mehr zu bezahlen. Dieses Geld landet dann ebenfalls in den Händen von Immobiliengesellschaften, die den Kommunen vor allem Sozialwohnungen abgekauft haben.«

»Die kaufen also Sozialwohnungen, drücken die Mieten nach oben und kassieren dann vom Sozialamt?«, fragte Mareike.

»Es gibt Stadtteile, in denen das so gelaufen ist. Die Rendite lässt sich aber auch erhöhen, indem man die Ausgaben senkt. Man lässt die Gebäude verkommen. Denn wegen Instandhaltungen darf die Miete nicht erhöht werden. Es gibt aber noch eine andere Möglichkeit: Steuern sparen. Die Konzerne sind mit den Steuertricks natürlich bestens vertraut und leider bietet auch das Baurecht interessante Schlupflöcher.«

»Und welche?«

»Normalerweise muss man Steuern bezahlen, wenn man eine Wohnung oder ein Haus kauft. Wenn man es aber nur zu 95 % kauft, entfällt die Steuer. Und das nutzen die Konzerne in großem Stil. Nach ein paar Jahren kaufen sie die restlichen 5 %, für die sie ebenfalls keine Steuern bezahlen müssen. Leider hat ihre Lobby enge Verbindungen in die große Politik, die sich sträubt, das zu ändern.«

»Das habe ich ja gar nicht gewusst!«, rief Hedwig. »Wenn also ein kleiner Bürger eine Wohnung kauft, zahlt er tausende Euro an Grunderwerbssteuer. Wenn es aber die Großen machen, können sie sich davor drücken. Und die Politik spielt mit. Das ist doch unglaubliche Schamlosigkeit!«

»Und den Armen wirft man vor, Sozialschmarotzer zu sein«, warf Linda ein. »Das ist aber noch nicht alles, einen Moment!« Sie wandte uns ihren ausladenden Lockenschopf zu, unter dem sie zu verschwinden schien, und holte aus ihrer Tasche eine dicke Mappe hervor. »Wo wir gerade beim Sparen von Ausgaben sind!« Sie öffnete die Mappe, in der sich ein Stapel von Dokumenten befand. »Da hätte ich eine wahre Horrorgeschichte beizutragen.«

Es stellte sich heraus, dass Linda in der Verwaltung von Pandom gearbeitet hatte. Auch bei Pandom hatten Angestellte versucht, einen Tarifvertrag auszuhandeln und waren auf scharfen Widerstand gestoßen. Ihre Geschichte erinnerte mich an die meines Vaters und wenn das Unternehmen auch weniger skrupellos vorgegangen war als Rasch, erschienen uns die Methoden als sehr aggressiv. Wir stellten fest, dass viele Menschen in unserem Land schlechten Arbeitsbedingungen machtlos ausgesetzt waren. Auch Journalisten arbeiteten oft unter prekären Bedingungen, pflichtete Herr Mehring bei. Daraufhin diskutierten wir verschiedene Lösungsansätze und kamen auf unser eigentliches Thema zurück. Wie konnte die Wohnsituation verbessert werden? Wir einigten uns auf den Vorschlag, dass die Stadt großen Unternehmen ihre Wohnungen durch eine Verordnung wieder abkauft und ihre frühere Wohnungspolitik fortsetzt, denn die war viel mehr am Gemeinwohl orientiert gewesen. Dann fehlte noch der Meinungsbeitrag für die Zeitung.

»Ich erkläre mich bereit, den Text für die Zeitung auszuformulieren, wenn Sie mir das Protokoll überlassen«, sagte Hedwig und wandte sich an den Professor. Doch zu unserer Überraschung war der Professor mit dem Text schon fertig. Natürlich wollten wir ihn vorgelesen haben. Sein Text beschrieb unsere Wohnsituation ausführlich und der Professor hatte sich nicht gescheut, unsere teils scharfen Worte einzuflechten. Ich beschränke mich darauf, die letzten beiden Absätze wiederzugeben:

Pandom hat aber nicht nur die Mieter ausgenommen, sondern auch seine Angestellten. Um Tarifverträge zu verhindern, scheute sich das Unternehmen nicht, rabiate Methoden des Union Bustings einzusetzen. Die Angestellten wurden systematisch unter Druck gesetzt, man drohte ihnen mit Kündigungen, Outsourcing und der Verlegung von Standorten. Dem Betriebsrat gelang es letztlich nicht, einen Tarifvertrag durchzusetzen.

Unter Missständen wie diesen haben tausende von Menschen in unserem Land zu leiden. Sie werden schlecht entlohnt und müssen davon auch noch hohe Mieten bezahlen. Ihr Verlust dient der Bereicherung weniger. Gegen dieses Sozialschmarotzertum müssen wir geschlossen vorgehen. Wir fordern: Private Wohnungsgesellschaften mit über 2000 Wohnungen sollen vergesellschaftet werden. Außerdem setzen wir uns dafür ein, dass größere Unternehmen grundsätzlich zu einem Tarifvertrag verpflichtet werden. Die Arbeitnehmerklasse hat ein besseres Leben verdient.

»Das haben Sie sehr schön zusammengefasst«, lobte Hedwig den Professor. »Finden Sie nicht auch, Herr Mehring?«

»Durchaus, durchaus«, antwortete Mehring zurückhaltend, der etwas Farbe verloren zu haben schien. »Man könnte den Text hier und da stilistisch vielleicht noch etwas glätten und das Wort ›Arbeitnehmerklasse‹ ist mir so nicht geläufig. Vielleicht schreiben Sie einfach nur ›Arbeitnehmer‹ und streichen das Wort ›Klasse‹.«

»Das würde ich nicht machen«, entgegnete Linda. »Ich wollte damit betonen, dass die Angestellten Interessen teilen, für die sie sich gemeinsam einsetzen sollten.«

»Da haben Sie sicher recht, aber ›Arbeitnehmerklasse‹ klingt ja schon sehr nach Sozialismus«, hielt Mehring ihr entgegen. »Sie wissen schon, Arbeiterklasse, Klassenkampf, Diktatur des Proletariats ...«

»Ach, und das ist dann schon nicht mehr in Ihrem vernünftigen Rahmen, wenn ein Wort so einen Anklang hat?«, erwiderte Linda etwas vorwurfsvoll.

»Machen wir uns nichts vor, wir wissen doch alle, wohin der Sozialismus geführt hat.«

»Na hören Sie mal!«, rief Hedwig empört, »Sie tun ja gerade so als wollten wir die DDR wieder errichten. Ich finde, Linda hat Recht. Wir sind alle zu Einzelkämpfern geworden und es ist fast schon ein Wunder, dass wir hier zusammengefunden haben. Arbeitnehmer haben gemeinsame Interessen, das kann man heutzutage nicht genug betonen. Sonst ändert sich doch nichts. Oder greife ich hier jemandem vor?« Wir verneinten dies. »Also«, schloss Hedwig entschieden, »›Arbeitnehmerklasse‹ bleibt.«

»Na gut«, erwiderte Mehring und erhob sich, während er den Text und seine Notizen in seine Tasche schob, »ich will sehen, was ich für Sie tun kann. Ich danke auf jeden Fall für Ihre Offenheit und wünsche Ihnen mit der Initiative viel Erfolg.« Er deutete eine Verbeugung an und steuerte auf Lukas und Tafari zu, die auf der Saalbühne das Plenum vorbereiteten, mit dem die Veranstaltung abschloss.

Unser Text wurde nicht abgedruckt. Dafür erhielt ich wenige Tage später von Mehring eine Mail, in der er sich dafür entschuldigte. Er habe einen ausführlichen Bericht geschrieben, unseren Meinungsbeitrag aber leider nicht mehr »platzieren« können. Was meinte er damit? Hatte der Chefredakteur ähnlich reagiert wie er? Oder gab es andere Themen, die wichtiger waren? Aber was konnte so wichtig gewesen sein? Im Lokalteil waren die üblichen Themen vertreten. Konnte es vielleicht sein, dass manche Themen nicht oder kaum vorkamen, weil sie in Mehrings Rahmen nicht »vernünftig« genug waren? Ich beschloss, eine Nachtschicht einzulegen und graste im Internet die großen Zeitungen nach meinen Themen ab. Zuerst suchte ich nach Berichten über Union Busting, konnte aber praktisch keinen Artikel darüber finden. Das überraschte mich sehr, denn in Martins Gewerkschaftszeitung waren viele Fälle belegt und diese Fälle waren alles andere als langweilig. Dann suchte ich nach Berichten über Gewerkschaften und Streiks. Darüber wurde zwar oft berichtet, mir fiel aber auf, dass die Kommentare überwiegend kritisch ausfielen. Eine Stärkung des Tarifrechts oder der Gewerkschaften wurde fast nirgends befürwortet. Ich bekam beim Lesen regelrecht das Gefühl, Gewerkschaften seien irgendwie etwas Unangenehmes, wenn nicht Gefährliches. Eher ein notwendiges Übel als wichtiger Ort demokratischer Gestaltung. Was hatte es damit auf sich? Über Medien hatten wir bisher eher am Rande diskutiert. Ich wollte mehr darüber erfahren. Offensichtlich war das ein äußerst wichtiges Thema, zu dem auch viele philosophische Aspekte gehörten. Auch die anderen hatten dieses Bedürfnis. Also beschlossen wir, uns zu informieren. Wir besorgten uns Literatur und sprachen mit

Sophie und anderen Lehrerinnen darüber. Dann trafen wir uns bei Lukas, um zu diskutieren.

Keine Demokratie ohne Information

»Mir scheint fast, wir sind jetzt auf das wichtigste von allen Themen gestoßen«, begann ich.

»Warum?«, wollte Lukas wissen.

»Weil alles, was zur Demokratie gehört, damit zu tun hat, dass Menschen Informationen weitergeben. Ohne Informationen kann es auch keine Meinungen geben. Und Meinungen sind die Basis für politische Entscheidungen. Wenn dieser Informationsfluss gestört ist, dann ist auch die Demokratie beschädigt. Wenn wichtige Informationen unterdrückt werden, machen sich die Menschen ein falsches Bild von der Politik. Wenn man seine Meinung nicht sagen kann, weil man sonst ins Gefängnis kommt, wird die eigene Meinung keinen politischen Einfluss ausüben können. Deshalb betrifft unser Thema nicht nur die Zeitungen und das Fernsehen, sondern alle Gelegenheiten, in denen Informationen weitergegeben werden, die politisch von Bedeutung sind. Wenn ich bei der Arbeit oder im Verein Angst haben muss, meine Meinung zu sagen, ist die Demokratie gestört.«

»Oder wenn Sozialhilfeempfänger kaum Chancen haben, dass sie Beachtung finden«, ergänzte Alex. »Ich habe jedenfalls nicht das Gefühl, dass wir vorkommen.«

»Die Medien sind also Teil eines größeren Bereichs: der Öffentlichkeit«, fuhr ich fort. »Dazu gehören neben den Medien alle Orte, an denen kommuniziert wird, auch die Schule. Wir reden in den Klassen ja auch über Politik. Sogar auf dem Schulhof kommt das vor, wenn auch eher selten. Manchmal werden Politiker oder Sozialwissenschaftler eingeladen, mit denen wir über Politik diskutieren.«

»Deshalb wundert es mich, dass dieses Thema in der Schule nicht behandelt wird«, merkte Alex an. »Jedenfalls soweit ich mich erinnern kann. Wir lernen etwas über Medienkompetenz. Aber damit meinen sie Cybermobbing und Privatsphäre. Wir haben über rechte Hetze und Verschwörungstheorien gesprochen und wie man sie erkennt. Ein weiteres Thema war Wikipedia, das wissenschaftliche Standards nicht erfüllt. Aber die Öffentlichkeit selbst nicht. Wir haben keine Kriterien behandelt, die alle Medien, auch die Leitmedien betreffen. Obwohl wir ja immer wieder Zeitungsartikel lesen und die Schule eine Zeitung bestellt hat.«

Der Sinn von Öffentlichkeit: Transparenz, Überprüfung, Legitimität und Orientierung

»Dann sollten wir zuerst mal über den tieferen Sinn von Medien und der Öffentlichkeit nachdenken«, sagte Lukas. »Das war mein Part. Einen Punkt hast du eben genannt, Alex: Du fühlst dich nicht repräsentiert. Ist das nicht ein wichtiger Aspekt von Demokratie?«

»Klar! Jeder Mensch sollte in einer Demokratie gleich viel zählen«, bestätigte Alex. »Allerdings sieht jeder die Welt ein bisschen anders und dass alle ihre Meinung in der Zeitung schreiben, ist völlig unmöglich. Bei 80 Millionen Menschen wäre das jeden Tag eine ganze Bibliothek.«

»Dann verkleinern wir die Demokratie mal auf die Größe einer Dorfgemeinschaft und überlegen erst mal, welche Regeln hier gelten sollten. Wie würdest du das sehen, wenn ein Dorf beispielsweise über ein Windrad abstimmt?«

»Wenn sich das Dorf dazu in einer Versammlung trifft, sollte natürlich jeder die Möglichkeit haben, seine Meinung dazu zu sagen«, antwortete Alex. »Ich denke, jeder Dorfbewohner hat ein Recht dazu. Wenn die Dorfbewohner sich darüber offen austauschen, hätte das aber auch einige

Vorteile. Sie würden mitbekommen, was die anderen denken. Sie würden erfahren, für wen das Windrad vielleicht einen besonderen Nachteil hat und warum. Der eine oder andere wird seine Meinung dann vielleicht ändern. Das gesammelte Wissen könnte dazu beitragen, dass eine bessere Entscheidung gefällt wird, als wenn nur der Dorfvorsteher und der Windradbetreiber ihren Standpunkt erklären.«

»Mir scheint«, ergänzte ich, »durch die Diskussion bekommt die Abstimmung auch eine höhere Legitimität. Wenn das Verfahren für die Dorfbewohner undurchsichtig ist, werden sie das Gefühl haben, dass ihnen die Entscheidung für das Windrad übergestülpt wurde. Wenn der Dorfvorsteher wichtige Informationen unterschlägt, ist die Abstimmung offensichtlich illegitim. Wurde das Problem von allen ausführlich diskutiert, haben die Dorfbewohner außerdem für die Zukunft eine Orientierung, was die anderen denken und wo die Meinung der Mehrheit hingeht.«

»Sehr schön«, lobte Lukas. »Das ist schon eine ganze Reihe an Gesichtspunkten zu der Frage, welchen Sinn Medien in einer Demokratie haben. Das Beispiel der Dorfgemeinschaft zeigt: Bei Medien geht es um mehr als nur die Möglichkeit, an Informationen zu kommen. Es geht um die Demokratie selbst: Einen gemeinsamen Raum, in dem Informationen ausgetauscht werden können und auch sollen. In diesem Raum werden Probleme benannt, Lösungen diskutiert und Entscheidungen vorbereitet. Es herrscht Meinungsfreiheit. Die Dorfversammlung ermöglicht Transparenz, sofern niemand ausgeschlossen wird und keiner Nachteile befürchten muss, wenn er seine Meinung sagt. Sie ermöglicht aber auch, die eigene Meinung zu überprüfen und zu ändern, wenn sie sich als fragwürdig herausstellt. Am Ende der Versammlung haben die Beteiligten eine Orientierung über die Meinung der anderen. Wenn der Dorfvorsteher und der Windradbetreiber das Dorf hingegen belügen und ihnen Informationen vorenthalten, nimmt die Demokratie Schaden. Die Öffentlichkeit kann aber auch auf andere Weise beschädigt werden.«

»Wie?«, wollte Lukas wissen.

Störungen demokratischer Öffentlichkeit und Habermas' Ideal

»Indem man andere gar nicht erst zu Wort kommen lässt«, erklärte Alex. »Oder indem man ihnen ihr Ansehen nimmt. Man erklärt sie für asozial, verrückt oder Schlimmeres. Die Ansichten von jemandem, der zum Dorfdeppen erklärt wurde, werden die andern nicht ernst nehmen, wenn sie ihm überhaupt zuhören. Fragwürdig finde ich auch Manipulation. Es gibt eine Menge Tricks, wie man andere manipulieren kann. Außerdem könnten sich einige nicht trauen, ihre Meinung zu sagen.«

»Und warum sollte das so sein?«

»Weil sie von anderen abhängig sind. Jeder Mensch ist von anderen abhängig. Anerkennung ist so wichtig wie das tägliche Brot. Manchmal traut man sich ja nicht mal einem Freund die eigene Meinung zu sagen, weil man keine Lust auf seine abwehrende Reaktion hat. Wenn man beim Kaffeekränzchen sitzt, ist es angenehmer, wenn die Meinungen harmonieren. Man passt sich an. Das nennt man Gruppendenken. Man könnte aber auch gravierendere Nachteile bekommen, wenn man seine Meinung sagt. Wenn jemand beim Dorfvorsteher angestellt ist, hält man sich mit manchen Meinungen vielleicht besser zurück. Er könnte einem schlimmstenfalls kündigen. Wer Macht hat im Dorf, ist womöglich in der Lage, andere zum Schweigen zu bringen.«

»Wie also sollten sich die Dorfbewohner verhalten?«

»Ich denke, es handelt sich um dieselben Regeln, die unsere Lehrerin uns beigebracht hat. Man nimmt den anderen ernst, lässt ihn ausreden, hört ihm zu, sagt selbst nicht die Unwahrheit, beleidigt nicht, manipuliert nicht, sondern ist an einem sachlichen Austausch interessiert. Wer in der Klasse viel Anerkennung besitzt, sollte seine Macht nicht ausnutzen.«

»Gibt es so ein Ideal auch in der Philosophie?«

»Ja. Besonders bekannt ist die Position von Jürgen Habermas. Er hat einige Regeln begründet, die in einem Dialog gelten sollen, in dem es darum geht, Handlungen zu planen. Ich nenne ein paar von ihnen: Niemand darf lügen. Man darf nur behaupten, woran man auch selbst glaubt. Die gebrauchten Worte sollen nicht in verschiedenen Bedeutungen verwendet werden. Sonst reden die Menschen aneinander vorbei. Beides kann zur Manipulation genutzt werden. Weiterhin müssen alle Beteiligten die gleiche Chance haben, sich zu äußern. Jeder darf auch ein Thema zur Sprache bringen. Der Dialog muss frei von Macht sein. Abhängigkeiten dürfen keine Rolle spielen. Sonst kann es eben zu Schweigen und Anpassung kommen. Sind diese und weitere Regeln erfüllt, kann es zu etwas kommen, das sehr vorteilhaft ist: Die besten Argumente setzen sich durch. Wenn die Beteiligten offen für Argumente sind und nicht befürchten müssen, manipuliert zu werden, lassen sie sich auch von einem Standpunkt überzeugen, den sie anfangs abgelehnt haben. Das hat Habermas ›zwanglosen Zwang des besseren Arguments‹ genannt. Wenn also Menschen nach diesen Regeln ein Gespräch führen, gewinnen sie Erkenntnis.«

»Das klingt nach einem Ideal, dem die Realität oft weit hinterherhinkt.«

»Natürlich. Schau dir an, wie in den Talkshows diskutiert wird. An das Ideal wird man wohl nie ganz herankommen. Selbst unter Freunden. Was nicht heißt, dass wir es nicht anstreben sollten.«

»In einer Massendemokratie werden sicher noch weitere Probleme hinzukommen«, bemerkte ich. »Es gibt sehr viel mehr Menschen und Themen, die oft erheblich komplexer sind. Wahrscheinlich muss man die Ansprüche an den Diskurs deutlich reduzieren.«

»Ja«, fuhr Alex fort. »Und weil die Themen wesentlich komplexer sind und man nur sehr begrenzt eigenständig recherchieren kann, ist es viel leichter, Menschen zu manipulieren. In der Geschichte wurden unzählige Propagandamethoden entwickelt, mit denen man Menschen von sinnlosen Kriegen überzeugen kann.«

»Wie sollte man die Öffentlichkeit also in einer Massendemokratie organisieren?«, fragte ich. »Welche Rolle haben die Medien? Das war mein Part.«

»Dann schieß los«, forderte Tafari mich auf.

Medien als Spiegel der Gesellschaft – das liberale Modell

»Vergleichsweise geringe Ansprüche stellt das liberale Modell von Öffentlichkeit. Es steht in enger Verbindung mit dem liberalen, repräsentativen Modell von Demokratie. Die Gesellschaft einer Massendemokratie kann sich nicht zum Dialog versammeln, es gibt aber einen Ersatz: das Parlament. Das Parlament ist sozusagen die stellvertretende Dorfversammlung für die Bevölkerung einer Demokratie. Da sie demokratisch gewählt sind, haben ihr Diskurs und ihre Entscheidungen demokratische Legitimität.«

»Soll man also auf die Medien verzichten?«

»Nein, natürlich nicht. Die Bürger sollten sich informieren und ihre Meinung sagen können. In den Medien kommt es nach dem liberalen Modell aber nicht auf den Dialog an. Für Bruce Ackermann ist es vernünftig, wenn Bürger ihre Meinungen primär auf ihre eigenen Überlegungen gründen. Habermas' Kriterien eines idealen Dialogs sind in der Realität kaum erfüllbar, auch kann man sich darüber streiten, was einen idealen Dialog ausmacht. Ob die Bürger sich also überhaupt äußern, Argumente anführen oder aufeinander eingehen, bleibt ihnen überlassen.«

»Welche Funktion hat die Öffentlichkeit dann?«

»Die Bürger sollten zunächst einmal die Chance haben, ihre Meinung mitzuteilen. Auch ohne idealen Dialog hat die Öffentlichkeit nach Ackerman verschiedene Vorteile: Wenn die verschiedenen Gesellschaftsgruppen ihre Meinung öffentlich machen, können sie erkennen, wer welche Meinung vertritt und wie häufig die Meinungen vertreten werden. Die Öffentlichkeit soll also ein Spiegel der politischen Positionen in der Gesellschaft bilden. Der Spiegel ermöglicht auch, zu erkennen, welche Kompromisse möglich sind. Und das ist doch schon einiges. Die Vorteile eines Dialogs sind immer noch dadurch gegeben, dass er im Parlament geführt werden kann.«

»Und was ist, wenn das Parlament einen ganz anderen Dialog führt, als es die Bevölkerung tun würde?«

Herrschaftsfreier Dialog – das diskursive Modell

»Das ist für Habermas ein wichtiges Problem. Für ihn hat die Zivilgesellschaft die Aufgabe, zu verhindern, dass sich das politische Zentrum von der Bevölkerung abkoppelt. Wenn dies geschieht, muss die Peripherie der Gesellschaft auf das Zentrum Druck ausüben. Das Zentrum soll zugleich für diesen Druck offen sein.«

»Aber wie soll dieser Druck zustande kommen? Selbst wenn ich mich mit einem Plakat vor das Parlament stelle, wird das wenig bewirken.«

»Das hängt davon ab, wie gut die Bürgerinnen untereinander vernetzt sind. Wenn sie gut vernetzt sind, haben sie nach Habermas auch gute Chancen auf das Zentrum einzuwirken.«

»Gut vernetzt ist sicher der ADAC oder der Verband der Automobilindustrie. Sie haben gute Chancen, sich Gehör zu verschaffen.«

»Das sieht auch Habermas so. Er spricht von einer Vermachtung der Öffentlichkeit. Besondere Chancen für eine demokratische Öffentlichkeit sieht er deshalb in zivilgesellschaftlichen Gruppen, die sich spontan bilden, nur wenig durchorganisiert sind und einen offenen und gleichberechtigten Austausch pflegen. Die Qualität der Öffentlichkeit hängt für Habermas also auch davon ob, in welchem Maße ein machtfreier Dialog geführt wird. Im Unterschied zu einem vermachteten Mediensystem ist in der Zivilgesellschaft eher zu erwarten, dass ein freier Austausch von Argumenten stattfindet, der sich einem Konsens annähert. Die Beteiligung der Zivilgesellschaft ist für Habermas ein notwendiger Bestandteil einer demokratischen Öffentlichkeit. Er betont, dass eine Öffentlichkeit, die bestimmte Gruppen ausschließt, überhaupt keine Öffentlichkeit ist.«

»Wie schon gesagt«, betonte Alex, »mir scheint, dass sozial abgehängte Menschen aus der Öffentlichkeit praktisch völlig rausgeflogen sind. Viele haben sich leider damit abgefunden. Umgekehrt sehe ich, gerade was soziale Probleme angeht, bei der großen Mehrheit ziemlich angepasste Meinungen. Müssten wir sonst nicht besser dran sein?«

Kontingenz und Konflikt sichtbar machen – das radikaldemokratische Modell

»Diese Probleme werden von radikaldemokratischen Philosophinnen wie Chantal Mouffe betont«, erklärte ich. »Nehmen wir noch einmal die Dorfgemeinschaft als Beispiel. Angenommen, in dem Dorf hatten über mehrere Jahrzehnte evangelikale Pastoren einen großen Einfluss. Das hat tiefe Spuren in den Überzeugungen der Dorfbewohner hinterlassen. Die Pastoren haben ihre Haltung zur Homosexualität, zum Kapitalismus oder zur Obrigkeit stark beeinflusst. Dass sie diese Überzeugungen haben, ist aber in gewisser Weise Zufall. Es hätte auch anders sein können. Hätte es den evangelikalen Einfluss nicht gegeben, hätten sie wahrscheinlich andere Überzeugungen gehabt. Diese Zufälligkeit nennt man auch Kontingenz. Da sie sich nie ernsthaft mit Alternativen auseinandergesetzt haben, nehmen sie ihre Haltung aber als selbstverständlich hin. In dem Dorf leben allerdings auch ein paar Menschen, die darunter leiden. Wenn sie eine andersartige Meinung äußern, werden sie angesehen, als kämen sie vom Mars. Deshalb haben sie vorgezogen zu schweigen. Der Konsens im Dorf ist also nur ein scheinbarer. Tatsächlich sind ihre Chancen, die anderen zu überzeugen, gering. Deren religiös geprägten Meinungen sind zu tief in ihnen verankert. Der Konsens im Dorf lässt sich somit gar nicht herstellen.«

»Wie soll man damit umgehen?«

»Aus radikaldemokratischer Sicht ist Demokratie nie ein fertiges Gebäude von Institutionen, sondern immer im Kommen. Eine demokratische Haltung beinhaltet also, anzuerkennen, dass Demokratie auch ganz anders sein könnte. In der Öffentlichkeit sollte man gerade den Akteuren, die politisch wenig Einfluss haben, die Chance geben, an ihr teilzuhaben. Es geht in der Öffentlichkeit nicht oder nicht primär darum, Konsens herzustellen, sondern Konflikte auszutragen oder überhaupt erst sichtbar zu machen. Die Dorfbewohner sollten also Offenheit zeigen, wenn jemand ihren selbstverständlichen Wahrheiten radikal widerspricht. Sie sollten sich darüber im Klaren sein, dass ihre Überzeugungen durch Zufälle zustande gekommen sein könnten.«

»Diese Offenheit vermisse ich«, bemerkte Alex. »Ich habe das Gefühl, dass man heute auf abweichende Meinungen schnell mit Wut reagiert, wenn nicht mit Hass.«

Probleme der Öffentlichkeit heute

»Wenn sich die Leute nur noch anschreien und hassen, ist das ein Problem für die Demokratie«, sagte Lukas. »Das gilt als aktuelles Problem unserer Öffentlichkeit. Siehe Hasskommentare in den sozialen Medien. Fake News und Verschwörungstheorien gelten als Problem, weil sie zu irrationalen Entscheidungen führen und das Vertrauen in die demokratischen Institutionen untergraben. Rassismus widerspricht ebenfalls demokratischen Werten und bedeutet Leid für dessen Opfer. Gleiches gilt für die Diskriminierung von Frauen und sexuellen Minderheiten, wie sie in der Abkürzung LGBTQIA2S+ zusammengefasst sind. Als weiteres Problem wird Propaganda aus dem Ausland genannt, vor allem aus Russland, aber auch China. Für andere sind die Leitmedien wiederum ein Problem: Von Gegnern der Flüchtlingspolitik und anderen werden sie sogar als ›Lügenpresse‹ bezeichnet. Dann gibt es das Phänomen, dass Menschen nur noch Meinungen und Medien an sich heranlassen, die ihrer Haltung entsprechen. Das nennt man eine Filterblase.«

»Wie soll man mit diesen Problemen umgehen?«

»Vielleicht beschränken wir uns zunächst auf das Thema Kompetenz. Wir hatten ja gesagt, dass eine demokratische Öffentlichkeit auch zu Erkenntnis beiträgt. Aber es gibt so viele Wissensgebiete, dass man eigentlich jeden als Laien bezeichnen muss. Wie soll eine Öffentlichkeit darauf reagieren?«

»Hier kann man in der Sozialwissenschaft zwei Tendenzen unterscheiden«, antwortete Tafari. »Eine Tendenz zu eher elitären Lösungen und eine Tendenz zu eher egalitären Lösungen. Das gilt auch für die anderen angesprochenen Probleme. Man kann das auch bei den Positionen erkennen, die wir eben besprochen haben. Für Habermas ist die Vermachtung der Öffentlichkeit ein größeres Problem als für Ackermann. Deshalb hält Habermas die flachen Hierarchien in der Zivilgesellschaft für besonders wichtig.«

»Da würde mich zunächst mal interessieren, wie vermachetet die Medien sind.«

Die Vermachtung der Öffentlichkeit

»Dazu gibt es eine Reihe von Untersuchungen. Eine wichtige ist der öffentlich in Auftrag gegebene Medienkonzentrationsbericht. Ich nenne zunächst mal die zehn größten Medienunternehmen in Deutschland. Das sind der Reihe nach: Bertelsmann, ARD, ProSiebenSat.1 SE, Axel Springer, Hubert Burda Media, Bauer Media Group, ZDF, Ströer SE & Co. KG, Medien Union GmbH, Verlagsgruppe Georg von Holzbrinck. Bertelsmann hat einen Umsatz von über 17 Milliarden, Holzbrinck von über 1,4 Milliarden. Hinzu kommen ausländische Medienunternehmen, die in Deutschland ebenfalls eine große Rolle spielen. Dazu gehören natürlich allen voran die Digitalkonzerne Apple, Alphabet mit Google und Youtube und Meta mit Facebook, Instagram und WhatsApp. Netflix sollte auch genannt werden. *ARD* und *ZDF* sind öffentlich, also im Prinzip im Besitz aller Bürgerinnen und Bürger. Hier wäre zu fragen, wer über die Einstellung von Intendanten, Redakteuren und Journalisten und über die Inhalte entscheidet. Welchen Einfluss haben die einfachen Bürgerinnen hier im Vergleich zu Menschen mit ökonomischer oder politischer Macht? Bei den anderen handelt es sich um private Unternehmen, die im Besitz von Aktionären oder Gesellschaftern sind.«

»Wie soll ich mir das vorstellen?«, fragte ich.

»Schau dir den Medienkonzentrationsbericht an. Im Springer-Verlag hält Friede Springer über verschiedene Zwischengesellschaften den größten Anteil der Aktien des Springer-Verlags. Hinzu kommen dessen Enkel Axel Sven Springer und Ariane M. Springer, der Vorstandsvorsitzende Matthias Döpfner sowie das Investmentunternehmen KKR, das fast 50 Prozent der Aktien besitzt.«

»Und wer besitzt KKR?«

»Investoren und andere Investmentfirmen. Die bekanntesten und größten sind Black Rock und Vanguard, zwei amerikanische Unternehmen.«

»Und wer besitzt Black Rock und Vanguard?«

»Andere Investmentfirmen, unter anderem Vanguard und Black Rock, die von sich gegenseitig Aktien besitzen. Bei Apple, Alphabet, Meta usw. ist das ähnlich wie bei Springer.«

»Wir halten Anteile in keiner Investmentfirma«, bemerkte Alex. »Wir sind da folglich nicht vertreten und bei Tafaris Familie wird das nicht anders sein.«

»Korrekt! In den Armenvierteln in Kamerun hält auch keiner Anteile, um nur die Ärmsten zu nennen. Aber die Medien im globalen Süden sind oft auch in den Händen von Investmentfirmen, häufig aus dem Westen. In armen Ländern wird so die westliche Sicht auf die Welt verbreitet.«

»Was verkaufen Konzerne wie Springer und Bertelsmann?«

»Relativ bekannt ist, welche der größten Zeitungen und Sender diesen Konzernen gehören. *Bild* und *Die Welt* gehören Springer. *RTL* und *n-tv* Bertelsmann. Das ist aber nur ein Teil der Produktpalette. Zu Springer gehören insgesamt 24 Printmedien, natürlich alle Bild-Magazine, verschiedene Musikmagazine wie *Rolling Stone* und andere Sparten. Außerdem die entsprechenden Onlineausgaben.

Bertelsmann ist hier noch wesentlich größer: *Brigitte, chefkoch, GEO, P. M., Schöner Wohnen, stern* – um nur wenige Beispiele zu nennen.«

»Wie sieht es bei den Tageszeitungen aus?«

»Bei den Tageszeitungen gibt es nur private Anbieter, genauso wie bei den Publikumszeitschriften wie *Spiegel* oder *Focus*. Die zehn größten Verlagsgruppen im Zeitungsmarkt haben dabei einen Anteil von etwa 58 Prozent.[21] Am meisten wird die *Bild*-Zeitung gelesen, mit einem Anteil von etwa 20 Prozent der verkauften Exemplare.«

»Warum lesen gerade weniger gebildete und ärmere Menschen eine Zeitung, die Milliardären gehört? Ich befürchte, Realschülerinnen werden darüber nie etwas erfahren.«

»Der Vermögensunterschied der Mittelschicht zu den superreichen Verlegern und Aktionären ihrer Zeitungen ist aber kaum geringer. Im Zeitungsmarkt ist die Verlagsgruppe um die *Stuttgarter Zeitung* am größten, die an über dreißig Zeitungen beteiligt ist, überwiegend mit hundert Prozent. Meist sind es Lokalzeitungen in Städten und ländlichen Regionen mit hohen Auflagen: *Stuttgarter Zeitung, Stuttgarter Rundschau, Haller Tagblatt, Esslinger Zeitung, Reutlinger Nachrichten, Hohenloher Tagblatt, Die Rheinpfalz, Lausitzer Rundschau, Frankenpost* usw.

Im Fernsehen haben die Privaten einen Zuschaueranteil von 51 Prozent. Die Öffentlich-rechtlichen entsprechend 49 Prozent. Bei den Radiosendern haben die Öffentlich-rechtlichen eine Mehrheit von 54 Prozent. Beim Onlineangebot sind die Öffentlich-rechtlichen durch *tagesschau.de* oder *ndr.de* auch vertreten. Für die Meinungsbildung hat das Internet nach dem Medienkonzentrationsbericht inzwischen knapp das größte Gewicht vor dem Fernsehen. Die Öffentlich-rechtlichen haben dabei einen Anteil von etwa zehn Prozent. Bertelsmann alleine kommt ebenfalls auf etwa 10 Prozent. Die vier Portale mit dem größten Nutzeranteil sind web.de und gmx.de, chip.de und t-online.de mit jeweils zwischen drei bis vier Prozent.«

»Wem gehören diese Portale?«

»Chip.de gehört der Familie Burda, t-online.de der Familie Ströer. web.de und gmx.de gehören zu 1&1 und 1&1 der United Internet AG, die mehrheitlich Ralph Dommermuth gehört. Auch sie verfügen über Vermögen von hunderten Millionen oder mehreren Milliarden.«

»Und werden wahrscheinlich keine Vorstellung haben, wie wir leben und mit keinen Arbeitslosen oder Leiharbeitern regelmäßig ein Bier trinken gehen. Allerdings bedeutet das trotzdem noch nicht, dass die Redakteure in ihrer Arbeit nicht frei sind. Aber zurück zu unserer Ausgangsfrage: Was spricht für elitäre, was für egalitäre Institutionen in der Öffentlichkeit?«

Expertengremien als Lenker einer rationalen Öffentlichkeit – Walter Lippmann

»Ein einflussreicher Vertreter einer elitären Lösung war Walter Lippmann. In der Demokratietheorie wird er dem Elitismus bzw. der Elitendemokratie zugeordnet«, erklärte Tafari.

»Darüber hatte ich mit Sophie gesprochen«, sagte Lukas.

»Hast du uns erzählt. Walter Lippmann gilt als meistgelesener amerikanischer Journalist und Schriftsteller des 20. Jahrhunderts. Lippmann untersuchte die Frage, auf welche Weise Demokratie in einer modernen Massengesellschaft möglich ist. Dabei berücksichtigte er insbesondere die Rolle der Medien. Lippmann stellte die Diagnose, dass die meisten Menschen kaum in der Lage sind, sich eine angemessene Vorstellung von der politischen Wirklichkeit zu machen.«

»Sie schauen nicht über ihren Gartenzaun hinaus.«

»Sozusagen. Für Lippmann befinden sie sich in einer Art Gehäuse, einer simplen Pseudo-Umwelt. Hier helfen auch die Medien nicht weiter. Sie vermitteln kein wirklichkeitsgetreues Bild der Welt, sondern wählen Informationen in einer verzerrenden Weise aus. Ihre Auswahl und Darstellung von Informationen bringen die öffentliche Meinung hervor. Zwar könnten die Bürger sich aus eigener Initiative um ein wirklichkeitsnäheres Bild bemühen, hätten daran aber wenig Interesse. Die politische Elite, die an den Quellen der Informationen sitzt und am ehesten in der Lage ist, die Wirklichkeit zu verstehen, sollte deshalb die öffentliche Meinung formen. Lippmann spricht sich für Institute aus, die diese Rolle übernehmen sollen. Diese Institute sollen über die Medien den Bürgern eine Meinung vermitteln, die man verantworten kann.«

»Also neben Parlament und Verfassungsgericht noch mehr Expertengremien? Aber wer garantiert, dass in diesen Expertengremien tatsächlich verantwortliche Menschen landen?«

»Über Schumpeters Antwort hatten wir schon gesprochen: Im Wettbewerb um politische Ämter setzen sich die besten durch. Lippmann wollte für die Meinungsführer eine besondere Ausbildung, außerdem sollten sie von den ›unwissenden und aufdringlichen Außenseitern‹, d. h. der großen Mehrheit, geschützt werden.«

»Was spricht für eine egalitäre Organisation?«

Ohne Wirtschaftsdemokratie keine demokratische Öffentlichkeit

»Die Folgen sozialer Ungleichheit und des Kapitalismus. Dieses Argument findet sich im klassischen Marxismus und anderen kapitalismuskritischen Strömungen, aber auch bei dem liberalen, amerikanischen Philosophen John Dewey. Dewey war ein Zeitgenosse Lippmanns, mit dem er eine Debatte darüber führte. Er sah ein grundlegendes Problem der Öffentlichkeit darin, dass Menschen große Schwierigkeiten haben, sich in Menschen aus anderen sozialen Milieus hineinzuversetzen. Das gilt nicht zuletzt für Expertengruppen: Welche Probleme politische Entscheidungen für die Unterschicht mit sich bringen und ob die Schwachen sie als Demütigung empfinden, wird von studierten Experten allzu oft falsch eingeschätzt – wenn sie sich überhaupt darum bemühen, mit ihnen zu sprechen und sich in sie hineinzuversetzen. Die Öffentlichkeit darf deshalb nicht von Expertengremien dominiert werden. Wenn die Massen keine Chance haben, von den Experten wirklich wahrgenommen zu werden, wird Demokratie zur Oligarchie. Damit meinte Dewey natürlich nicht, dass eine Bäckergesellin in Klimafragen die gleiche Kompetenz hat wie ein Wissenschaftler, sondern dass in sozialen Fragen alle einen Anteil an der Öffentlichkeit haben müssen. Eine demokratische Öffentlichkeit ist für Dewey selbst wiederum der Kern von Demokratie.

Demokratie sah Dewey in der amerikanischen Gesellschaft aber nur sehr unvollkommen verwirklicht. Für ihn war die Politik seiner Zeit ›der Schatten des Großkapitals‹. Und in diesem Schatten stehen nach Dewey auch die Verleger und Herausgeber der Zeitungen. Er schrieb: ›Das Zeitungsgeschäft ist ein Geschäft. Warum sollte man dann erwarten, dass die Manager dieses Geschäfts sich anders verhalten als die Führer und Handlanger des Großkapitals: namentlich, behaupten dass eine Wirtschaft, die privaten Profiten dient, der beste Weg ist, soziale und öffentliche Dienste zu leisten, und *ihre* spezielle Ware von diesem Standpunkt aus auswählen und behandeln?‹[22] Um die Demokratie zu erneuern, müsse man insbesondere die Wirtschaft demokratisieren. Wie das aussehen könnte, darüber haben wir schon gesprochen.«

»Wie wird das in der marxistischen Tradition bewertet?«

»Die kapitalistische Wirtschaft beeinflusst unsere gesamte Art, wie wir denken. Marx selbst hat das in ein berühmtes Wort gefasst: ›Das Sein bestimmt das Bewusstsein.‹ Damit ist unter anderem gemeint, dass die tatsächlichen Herrschaftsverhältnisse in unserer Gesellschaft – das Sein – bestimmen, wie wir denken, also unser Bewusstsein. Reiche Unternehmer haben eine viel größere Macht als einfache Arbeiter. Würden alle Arbeiter denken: Wir sollten uns vereinen, um die Wirtschaft demokratisch gestalten zu können, käme dies einem völligen Machtverlust für die Unternehmer gleich. Die reichen Unternehmer haben aber einen ungleich größeren Einfluss auf die Kommunikation in der Gesellschaft. Das führt dazu, dass wir ihre Überzeugungen übernehmen. Wir übernehmen diejenigen Überzeugungen, die die bestehenden Herrschaftsverhältnisse stützen – meist ohne uns dessen bewusst zu sein.«

»Welche Überzeugungen zum Beispiel?«

»Wir sehen uns in der Wirtschaft primär als Einzelkämpfer. Wir müssen einen guten Job bekommen, damit wir konsumieren und im Wettbewerb um Statussymbole mithalten können. Dass die Wirtschaft nicht demokratisch organisiert ist, fällt uns nicht mal auf.«

»Und wie übt der Kapitalismus diesen Einfluss auf unser Denken aus? Wie soll das funktionieren?«

»Innerhalb der kapitalismuskritischen Tradition haben unter anderen Antonio Gramsci und Noam Chomsky einflussreiche Theorien entwickelt. Antonio Gramsci war ein marxistischer Philosoph, der von den italienischen Faschisten über zehn Jahre gefangen gehalten wurde.«

»Wir hatten beim Thema Frieden schon kurz über ihn gesprochen.«

»Ja. Im Gefängnis machte er sich viele Gedanken, warum sich der Kapitalismus im Westen halten konnte. Eine seiner Antworten war, dass die herrschenden Klassen in der Lage sind, ihre Macht durch Zwang und durch eine kulturelle Hegemonie auszuüben. Zwang üben sie durch den Staat aus. Die Hegemonie durch ihren Einfluss auf die Politik, die Medien und die Wissenschaft. Eine wichtige Rolle spielen dabei Intellektuelle, die sozusagen ›mitspielen‹ und Rechtfertigungen für die Macht der herrschenden Klassen produzieren oder sie zumindest nicht groß in Frage stellen. Je mehr es den herrschenden Klassen gelingt, dass die unterdrückten Klassen ihre Herrschaft tolerieren oder anerkennen, desto weniger ist es notwendig, sie durch Zwang zu unterdrücken. Das passiert nach Gramsci nicht nur national, sondern auch international. Innerhalb einer Gruppe von Staaten hat ein Staat eine Hegemonie. Das nennt Gramsci den ›historischen Block‹. Was seine eigene Zeit betrifft meinte er damit die USA, die eine Hegemonie über Westeuropa und Japan ausüben. Die USA stabilisieren damit nicht nur ihre eigene Vorherrschaft, sondern auch die Macht der herrschenden Klassen in den westeuropäischen Staaten und Japan.«

»Ich bin mir aber immer noch nicht im Klaren wie die herrschenden Klassen konkret ihre Macht über Meinungen in den Medien ausüben.«

»Darauf gibt das Propagandamodell von Noam Chomsky eine Antwort. Nach Chomsky sind es fünf Filter, wegen derer die privaten Medien so berichten, dass es den bestehenden Herrschaftsverhältnissen nützt. Ein großer Teil an Informationen und Meinungen, die für den Kapitalismus nachteilig sein könnten, wird durch diese Filter nicht oder nur sehr bedingt durchgelassen. Chomsky betont, dass diese Filter ohne Zwang funktionieren. Der erste Filter sind die Besitzer der Medienunternehmen. Sie bestimmen nicht zuletzt, wer eingestellt und entlassen wird. Und es ist klar, dass sie niemanden als Chefredakteur einstellen, der sich lautstark für die Umwandlung kapitalistischer Unternehmen in Genossenschaften ausspricht. Damit würden sie sich selbst schaden. Das Ziel der Unternehmer ist Profit. Also werden sie dafür sorgen, dass dieses Ziel nicht gefährdet wird. Dabei muss man bedenken, dass Medienunternehmen sehr oft nicht nur einer Unternehmerfamilie, sondern auch großen Investmentfirmen oder Investoren gehören.

Der zweite Filter sind die Inserenten. Sie wollen nicht nur, dass ihre Werbung geschaltet wird, sie wollen Menschen, die ihren Profitinteressen positiv gegenüberstehen. Diese Interessen teilen sie mit den Medienunternehmern. Die Medienunternehmen verkaufen den Inserenten also nicht nur Platz für Anzeigen, sondern ein entsprechend indoktriniertes Publikum. Der dritte Filter ist die Regierung. Obwohl Medienkonzerne eigentlich die Aufgabe haben, von der Regierung Distanz zu bewahren, sind sie voneinander abhängig und haben überschneidende Interessen. Zum Beispiel erhalten sie von der Regierung Informationen und geben dafür Regierungsvertretern durch Interviews erheblichen Raum, ihre Meinungen zu verbreiten.

Der vierte Filter heißt ›Flak‹, was wörtlich Flugabwehrkanone bedeutet. Damit sind Aktionen gemeint, die sich gegen Kritiker der Herrschaftsverhältnisse richten. Besonders wenn sie immer bekannter werden. Journalisten sind verwundbar und die Regierung oder Unternehmen können sie leicht unter Druck setzen. Auch für die Medienkonzerne ist es ein Leichtes, beispielsweise kritische Wissenschaftler zu diffamieren. Also hält man sich besser zurück.

Der fünfte Filter schließlich ist die Kontrastideologie, eine Art Feinbild. Mit dem Feindbild kann man sich selbst als gut darstellen und von sozialen Problemen ablenken. Im Kalten Krieg war das der Antikommunismus. Der Kommunismus ist für kapitalistische Medienunternehmen wie das Kapital allgemein natürlich auch der ›worst case‹. Chomsky will damit nicht den Sowjetkommunismus verteidigen, den er für totalitär hielt. Antikommunismus als Propagandainstrument bedeutet vielmehr, dass man jeden Versuch, die Wirtschaft demokratischer und gerechter zu machen, mit dem Sowjetkommunismus in einen Topf wirft. Seit dem Ende der Sowjetunion hat der islamistische Terror die Funktion eines Feindbilds übernommen, das ebenfalls zur Ablenkung geeignet ist.«

»Welche Rolle hat denn der Antikommunismus in der Öffentlichkeit gespielt?«

Der McCarthyismus – Einschränkung der Meinungsfreiheit durch sozialen Druck

»Besonders stark war der Antikommunismus in der McCarthy-Ära präsent«, erklärte Tafari. »Diese Zeit zeigt, dass man Meinungsfreiheit nicht nur durch Zensur einschränken kann. Häufig wird dies aber nicht gesehen: Einschränkung von Meinungsfreiheit gibt es in Diktaturen, die Zensur ausüben und Journalistinnen verfolgen oder gar ermorden, aber nicht bei uns im Westen. Auch in einer Gesellschaft ohne staatliche Zensur kann die Freiheit, seine Meinung zu sagen, sehr beschränkt sein. Ein bekanntes Beispiel ist der McCarthyismus.«

»Wie soll ich mir das vorstellen?«

»Zu Beginn des Kalten Krieges warfen die Republikaner den Demokraten vor, zu weich gegenüber dem Kommunismus gewesen zu sein oder sogar mit ihm zu sympathisieren. Um diesem Vorwurf zu entkräften ließ Präsident Truman die Loyalität staatlicher Angestellter überprüfen.

Anfang der 1950er-Jahre nutzte der republikanische Senator Joseph McCarthy dann den bereits verbreitenden Antikommunismus als Masche, um seine Interessen durchzusetzen. Er begann mit der Unterstellung, das Außenministerium sei voller Kommunisten – ohne irgendeinen Beweis dafür zu haben. Mit seinen Verdächtigungen gegen angebliche Kommunisten und seinen Anschuldigungen, zu weich gegenüber dem Kommunismus zu sein, war er aber überaus erfolgreich. Die Demokraten gaben dem Druck nach und entließen hunderte Bedienstete, teils hervorragende Spezialisten.«

»Und warum soll das die Redefreiheit beschränkt haben?«, hakte Alex nach.

»Wenn Beamte einfach wegen Unterstellungen entlassen werden, wird sehr man vorsichtig mit dem, was man sagt. Ins Visier gerieten nicht nur offene Befürworter von Lenin oder Stalin. Auch nicht lediglich Befürworter eines demokratischen Sozialismus. Für Anschuldigungen genügte es, den Kommunismus nicht als die Inkarnation des Bösen schlechthin zu werten oder Bereitschaft zu Kompromissen oder Verhandlungen mit der Sowjetunion oder China zu zeigen. Dieser Druck blieb nicht nur auf Washington beschränkt, sondern breitete sich im ganzen Land aus. Einfache Angestellte, Künstler, Sportler, Lehrer oder Wissenschaftler standen in der Gefahr, entlassen oder ausgegrenzt zu werden. Und viele wurden es auch. Manche berühmten Künstler wie Charlie Chaplin wurden des Landes verwiesen. Albert Einstein bemerkte dazu, der McCarthyismus habe ›den demokratischen Charakter unserer Gesellschaft in einem beträchtlichen Ausmaß untergraben‹. Er würde als junger Mann heute eher Klempner oder Händler werden, ›um die bescheidene Unabhängigkeit zu haben, die unter den gegenwärtigen Umständen noch möglich ist‹.

Am McCarthyismus beteiligten sich auch die CIA und besonders das FBI auf illegale Weise. Das Programm des FBI hieß COINTELPRO. Sie ließen politische Gruppen unterwandern, verbreiteten falsche Anschuldigungen, um Personen zu diffamieren, fälschten Beweise in Verhandlungen gegen angebliche Kommunisten und arrangierten die Ermordung des Black-Panther-Aktivisten Fred Hampton.«

»Um Meinungen zu unterdrücken, kann man neben direkter Zensur also auch großen sozialen Druck aufbauen.«

»Ja. Menschen bekommen Angst, scheel angeschaut, diffamiert, ausgegrenzt oder angezeigt zu werden, berufliche Nachteile zu erleiden oder in die Armut abzurutschen. Sie trauen sich nicht mehr, ihre Meinungen offen zu äußern. Die Nachwirkungen des amerikanischen Antikommunismus im Kalten Krieg und besonders der McCarthy-Ära bestehen bis heute fort, wie mir scheint: Man spürt immer noch das Tabu, wenn man sich vorstellt, man bezeichnet sich vor anderen als Kommunist.«

»Wenn ich das richtig sehe, war der McCarthyismus eine Art Kampagne. Was bedeutet das Propagandamodell für die Art der Berichterstattung im Allgemeinen?«

Das Propagandamodell und das Spektrum politischer Debatten

»Wenn es bei Themen um die Macht der herrschenden Klassen geht, dominiert ihre Sichtweise. Das gilt für die ökonomische Verteilung, für die Macht in Unternehmen, für eine elitäre Konzeption von Demokratie und in der Außenpolitik für die Hegemonie der USA. Chomsky sieht also die Medien beim Spektrum der Positionen, die wir behandelt haben, auf der rechten Seite. Nicht im Sinne von rassistisch, sondern im Sinne von elitär oder autoritär. Die Debatten werden nach Chomsky dabei innerhalb eines Bereichs auf der rechten

Seite scharf begrenzt. Weiter links wird in den Mainstreammedien keine Debatte geführt.«

»Aber man liest doch schon mal einen Artikel über Postwachstumsökonomie oder eine Kritik an der amerikanischen Kriegsführung.«

»Schon mal heißt eher selten. Man kann über eine Erhöhung des Spitzensteuersatzes um wenige Prozent debattieren. Eine intensive Diskussion um eine Erhöhung auf 80 % ist hingegen undenkbar. Man kann darüber debattieren, ob man die private Altersvorsorge erweitern soll, es gibt aber nie eine ernste Debatte darüber, ob die private Altersvorsorge überhaupt berechtigt ist und man sie durch eine gesetzliche Vorsorge ersetzen sollte. Dadurch entsteht einerseits der Eindruck, dass Debatten geführt werden, andererseits werden Position, die außerhalb dieser Begrenzung stehen, als absurd angesehen, weil man sich an diese Begrenzung so gewöhnt hat.«

»Gibt es dazu auch empirische Studien?«

»Zunächst einmal werden die Unterschiede deutlich, wenn man die Nachrichten und Kommentare von Medienkonzernen mit Medien vergleicht, die kapitalismuskritisch oder gewerkschaftsnah sind. In der Weimarer Republik gab es noch viele gedruckte Zeitungen, die sich an Arbeiter richteten. Heute existieren diese Zeitungen fast alle nicht mehr. Ausgestorben sind diese Orientierungen aber dennoch nicht. Es gibt einige Onlinezeitungen mit vergleichbarer Ausrichtung: Für eine Stärkung von Arbeitnehmerrechten, Ablehnung des Neoliberalismus oder auch des Kapitalismus, für eine gerechtere Welthandelsordnung, gegen Neokolonialismus, für friedliche Konfliktlösungen und gegen den interventionistischen Exzeptionalismus des Westens.«

»Kann man denn an Beispielen zeigen, dass sich deren Berichterstattung von den Leitmedien deutlich abhebt?«

»Ja. Nehmen wir die *New York Times*. Sie ist weltweit die bekannteste Zeitung der Leitmedien. Ihr wird großer Einfluss auf die Berichterstattung in den USA zugeschrieben. Wenn man beispielsweise ihre Berichterstattung vor verschiedenen Kriegen mit den gewerkschaftsnahen Onlinezeitungen vergleicht, wird man erhebliche Unterschiede feststellen.«

»Welche Kriege?«

»Der Vietnamkrieg, der zweite Golfkrieg, der Afghanistankrieg, der dritte Golfkrieg oder die Intervention in Libyen.«

»Und welche Position wurde in der *New York Times* vertreten?«

»Dass das Handeln der amerikanischen Regierung, eine militärische Intervention zu beginnen, grundsätzlich unterstützenswert ist. Zumindest ist das das Ergebnis verschiedener Studien – ich hatte ja nicht die Zeit, mich durch die Jahrgänge an Zeitungsausgaben zu arbeiten.[23] Ein Jahr nach dem Ausbruch des Irakkriegs von George W. Bush bekannte die *New York Times* selbst, dass sie die Begründung der amerikanischen Regierung, die auf Lügen beruhte, unkritisch übernommen hatte. Es gab unter anderem praktisch keine Debatte darüber, ob der irakische Diktator Saddam Hussein wirklich eine Verbindung zur al-Qaida hatte. Aber auch vor dem Vietnamkrieg, dem ersten Golfkrieg und der Intervention in Libyen war das so.«

»Und wie berichteten die gewerkschaftsnahen Onlinezeitungen?«

»Sie gingen zu den Äußerungen der Regierung auf Distanz und sprachen sich für friedliche Mittel der Konfliktlösung aus. Auch dazu gibt es Studien.[24] Man kann sich aber auch leicht selbst überzeugen, wenn man Artikel aus den entsprechenden Jahren liest, beispielsweise in truthout.org, progressive.org, oder commondreams.org, um nur ein paar zu nennen. Auch antiwar.com hat über diese Kriege grundlegend anders berichtet, wobei man antiwar.com nicht als gewerkschaftsnah bezeichnen kann. Die Seite wurde von prokapitalistischen Libertären gegründet, die in der Libertarian Party aktiv waren.«

»Wie gehen Vertreter des Mainstreams mit einer solchen Kritik um?«

»Aus der Sicht des Mainstreams sind viele Positionen weiter links des Spektrums eben unrealistisch oder unverantwortlich. Sie bestreiten wie die *New York Times* nicht, dass sie manchmal Fehler machen. Insgesamt loben sie die hohe Qualität des westlichen Journalismus. Für seine Journalistinnen spricht ihr hervorragende Ausbildung, ihre internationale Erfahrung und ihre gute Vernetzung.[25] Häufig können sie auch ein Studium oder eine Promotion in einem Fachgebiet vorweisen. Journalisten besitzen traditionell ein Berufsethos, zu dem gründliche Recherche, Wahrhaftigkeit und kritische Distanz zur Politik gehört. In Deutschland gibt es den Deutschen Presserat, dem gerade auch die großen Zeitungen angehören, die damit dessen Pressekodex zugestimmt haben. Zum Pressekodex gehört eine Liste von Verhaltensregeln, von denen Wahrhaftigkeit und Achtung der Menschenwürde sowie Sorgfalt ganz oben stehen.«

»Ich denke, dann sollten wir uns jetzt mal gemeinsam Zeit nehmen, verschiedene Zeitungen zu lesen. Nehmen wir zwei, drei unserer Themen und vergleichen, wie darüber berichtet wird. Wir schreiben die Argumente heraus und prüfen die Quellen.«

»Das klingt nach einer guten Idee. Am besten, wir fangen mit unserer eigenen Initiative an.«

Positionen, Begriffe, Argumente

Als Sinn der Öffentlichkeit in einer Demokratie werden u. a. **Transparenz**, **Überprüfung**, **Legitimität** und **Orientierung** genannt. Die Öffentlichkeit kann beeinträchtigt oder untergraben werden, wenn öffentlich relevante Informationen geheim gehalten werden, wenn manipuliert wird, wenn die Öffentlichkeit vermachtet ist und bestimmte Meinungen unterdrückt oder aus Sorge vor negativen Konsequenzen zurückgehalten werden. Laut **Jürgen Habermas** sollte ein öffentlicher Diskurs einer Reihe von Regeln folgen. Dazu gehört, die Wahrheit zu sagen, die gleiche Chance für alle Diskursbeteiligten, zu sprechen und Themen einzubringen, und die Machtfreiheit des Diskurses. Ziel ist ein Konsens, in dem sich die besten Argumente durchsetzen.
Wie sollte die Öffentlichkeit in einer Massendemokratie mit Medien organisiert sein?

- Nach dem liberalen Modell von **Bruce Ackermann** ist das Parlament ein zentrales Element des öffentlichen Diskurses, das durch seine Wahl Legitimität besitzt. Über das Parlament hinaus soll die Öffentlichkeit einen Spiegel der Meinungen bieten, der die Grundlage für Kompromisse ist. Ein Diskurs ist nicht notwendig. Habermas' Ideal ist nicht erfüllbar, zudem lässt sich darüber streiten, was einen idealen Dialog ausmacht.
- **Jürgen Habermas** macht in seinem diskursiven Modell auf die Vermachtung der Öffentlichkeit aufmerksam und die Gefahr, dass sich das politische Zentrum von der Bevölkerung abkoppelt. Eine Chance, dem gegenzusteuern, sieht er insbesondere in spontan gebildeten Gruppen der Zivilgesellschaft mit flachen Hierarchien.
- Laut dem radikaldemokratischen Modell (**Chantal Mouffe**) ist das Vorhandensein dominanter Meinungen in der Öffentlichkeit von Zufällen abhängig. Dominante Positionen wirken sich negativ auf Akteure aus, die politisch wenig Einfluss haben. Deshalb sollte diesen die Chance gegeben werden, an der Öffentlichkeit teilzuhaben. Ein Diskurs, der zu einem Konsens führt, ist nicht zu erwarten.

Wie sollte mit Problemen der Öffentlichkeit wie mangelnde Kompetenz umgegangen werden?

- Nach **Walter Lippmann** leben die meisten Menschen politisch in einer Pseudo-Umwelt, die sich von der Wirklichkeit gravierend unterscheidet. Auch die Medien wählen Informationen in verzerrender Weise aus. Deshalb muss die politische Elite durch Institute die Meinung der Bevölkerung lenken.
- Die Öffentlichkeit darf **John Dewey** zur Folge nicht von Expertengremien dominiert werden. Expertengruppen stehen in der Gefahr, sich

von der sozialen Wirklichkeit abzukoppeln und haben folglich falsche Vorstellungen von der sozialen Realität, nicht zuletzt der Unterschicht. Eine demokratische Öffentlichkeit bedarf einer Wirtschaftsdemokratie. Nach **Antonio Gramsci** üben die herrschenden Klassen des Kapitalismus eine Hegemonie über die Öffentlichkeit aus und bedienen sich des Staates, um ihre Herrschaft durch Zwang aufrechtzuerhalten. Je mehr es den herrschenden Klassen gelingt, dass die unterdrückten Klassen ihre Herrschaft tolerieren oder anerkennen, desto weniger ist es notwendig, sie durch Zwang zu unterdrücken. Diese Hegemonie kommt laut **Noam Chomsky** auch ohne Zwang innerhalb der Medienindustrie zustande. Fünf Filter sorgen dafür, dass Meinungen, die den herrschenden Klassen widersprechen, im Mainstream weitgehend undebattiert bleiben.

8. Statt einem Nachwort

Lukas: »Bildung muss frei sein!«

Einige Wochen nach unserer Diskussion über Medien wartete ich mit Leon vor dem Sekretariat auf Tafari, der dort etwas wegen der Schulzeitung zu klären hatte. Auf einmal stand Koch neben uns und strahlte Leon wie ein König an. »Herzlichen Glückwunsch!«, rief er und schüttelte Leon die Hand, der beinahe peinlich berührt von dessen plötzlichem Sympathieausbruch war. »Super Leistung. Das ist auch für unsere Schule ein toller Erfolg!«, setzte er nach, aber Leon konnte sich beim besten Willen keinen Reim darauf machen. »Der Essaywettbewerb, Leon. Schon vergessen?«, erklärte er schließlich fast etwas enttäuscht. »Du hast mit Saphira den ersten Preis gewonnen.« Da grinste Leon auf einmal wie ein Honigkuchenpferd und wir machten eine kleine Tanzeinlage. Zu dem Wettbewerb hatte unsere Deutschlehrerin Leon vor einiger Zeit ermuntert. Unsere philosophischen Erkundungen waren auch im Unterricht nicht verborgen geblieben und Frau Blum war eine besonders gelungene Erörterung Leons aufgefallen. Leon hatte gerne mitgemacht, obwohl er die vielen Wettbewerbe an der Schule inzwischen kritisch sah. In diesem Wettbewerb hatte er aber die Chance gesehen, seine Gedanken in die Öffentlichkeit zu tragen. Das Thema deckte sich ganz mit unseren neuen Interessen: *Was bedeutet eine zukunftsfähige Wirtschaft?*

Herr Koch hatte es schon wieder eilig, rief uns aber im Weggehen immer noch begeistert zu: »Die Essays müsst ihr unbedingt beim ›Innovation Day‹ vortragen. Wenigstens in gekürzter Fassung. Ich spreche mit Herrn Pfeiffer, damit er die Beiträge aufnimmt.«

Ich freute mich total für Leon und dass er für seine Gedanken ein solches Forum bekam. Der Innovation Day war einer der Highlights des Schuljahrs, zumindest aus der Sicht von Koch. Manchmal kam es mir vor, als sei ein erheblicher Teil des Schullebens nur dazu da, um diesen Tag vorzubereiten. Am Innovation Day stellten unsere AGs und andere Schülergruppen ihre Projekte vor. Man konnte verrückte Roboter programmieren, Gummibärchen explodieren lassen, aber auch testweise mit millionenschweren Aktienpaketen handeln oder einem geladenen Dozenten über Social Media Marketing lauschen. Der »Hauptact« war für Koch aber die Abendveranstaltung, die für die Öffentlichkeit bestimmt war und in den Zeitungen angekündigt wurde. Dort saßen dann auch Eltern, Sponsoren und Pressevertreter in der geschmückten Aula, um die beeindruckendsten Leistungen zu bewundern. Preisträger von Wettbewerben waren Koch da natürlich besonders willkommen. Wenn er auf die Bühne stieg, um den Erfolgreichen zu gratulieren, schien seine schwere Gestalt beinahe zu schweben vor lauter Euphorie.

Einen Tag vor der Veranstaltung ging ich mit Leon zum Lehrerzimmer, um Herrn Pfeiffer zu fragen, wann er mit seinem Vortrag dran sei. Herr Pfeiffer machte jedoch ein verdutztes Gesicht und antwortete, seine Rede sei aus dem Programm gestrichen worden.

»Gestrichen?«, stammelte Leon erschrocken. »Und was ist mit Saphira? Darf sie vortragen?«

»Nein. Herr Koch fand die Veranstaltung mit den Essays zu lang.«

»Wann hat Koch denn das entschieden?«, hakte Leon ungläubig nach.

»Letzte Woche. Er wollte dich eigentlich informieren, aber das hat er offenbar vergessen. Tut mir wirklich leid.«

Wir beschlossen, sofort zu Herrn Koch zu gehen und

stürmten zum Sekretariat. Wir hatten Glück, er hatte Zeit und bat uns an seinen Besprechungstisch.

»Da ist in der Kommunikation etwas schiefgelaufen, das hätte nicht passieren dürfen«, begann er entschuldigend. »Ich habe mit Herrn Pfeiffer hin und her überlegt, aber die Veranstaltung wäre einfach zu lang geworden.«

»Aber Sie waren doch so begeistert von Leons Preis«, hielt ich ihm entgegen.

»Das bin ich immer noch, aber das heißt nicht, dass andere nicht ebenfalls tolle Leistungen erbracht haben.«

»Und warum dann gerade Leon?«

»Ihr sollt das nicht persönlich nehmen, irgendeinen Beitrag musste ich ja streichen.« Etwas zögernd fügte er hinzu: »Die Veranstaltung ist ja doch eher mathematisch-naturwissenschaftlich ausgerichtet als politisch.«

Was wollte er damit sagen? Der Innovation Day hatte keine besondere Ausrichtung. Es war für alle Fächer gleichermaßen offen und auch wenn MINT-Projekte den größten Anteil hatten, waren auch künstlerische Erfolge willkommen. Der MINT-Schwerpunkt hatte auch damit zu tun, dass die Schule viel Technik gesponsert bekam, vor allem von Raschs Stiftung: Laborgeräte, 3D-Drucker, Tablets ... Raschs Stiftung?

»Haben Sie Leons Text gelesen?«

»Habe ich«, antwortete er trocken.

»Und?«

»Der Text ist sprachlich ohne Zweifel gut geschrieben, anschaulich, prägnant ...«

»Und inhaltlich? Herr Koch, könnte es vielleicht sein, dass Sie einfach Herrn Rasch nicht vergraulen wollen?«

Herr Koch zog ein überraschtes Gesicht, als hätten wir einen Springteufel aus der Schachtel gelassen, merkte aber sofort, dass es nicht überzeugend aussah. Es passte auch nicht zu ihm, denn er war kein unaufrichtiger Schulleiter.

Er wurde auf einmal sehr ernst, stand auf und ging zum Fenster.

»Wisst Ihr, was ein Schulleiter als Jahresbudget so zur Verfügung hat? Fünfzehntausend Euro. Das mag für euch vielleicht nach viel Geld klingen, tatsächlich ist es aber sehr wenig. Ich muss davon die Ausstattung für alle Fächer, Reparaturen, Kopiergeld usw. bezahlen. Natürlich ist die Stadt manchmal auch bereit, zusätzliche Ausgaben zu übernehmen. Aber ich komme da regelmäßig an meine Grenzen. Die Stadt ist pleite. Eigentlich müsste die Turnhalle schon seit Jahren renoviert werden. Das würde weit über eine Million kosten. Da überlege ich mir gut, ob ich Herrn Maaßen von der Schulverwaltung ständig mit meinen Rechnungen nerve oder ob ich nach anderen Quellen suche. Herrn Rasch ist die Bildung ein großes Anliegen und er hat für unsere Schule immer ein offenes Ohr. Ihr könnt auch nicht bestreiten, dass er viel für unsere Schule und unsere Stadt getan hat.«

Ich sah Leon an, in dessen Kopf sich ein ganzes Knäuel von Knoten gebildet zu haben schien. Wie sollte er Koch seinen Standpunkt erklären? Wie sollte er erklären, was das Schicksal seiner Familie mit einem System zu tun hatte, in dem Rasch so ungeheuer reich werden konnte?

»Wir sehen das anders«, antwortete ich, »Bildung muss frei sein. Bildung darf nicht in Abhängigkeit von Leuten mit viel Geld geraten, die eine bestimmte politische Agenda verfolgen.«

»Das verstehe ich«, antwortete Koch, »und das unterstütze ich auch. Aber macht es denn so einen großen Unterschied, wenn Leon morgen auf den Vortrag verzichtet? Davon wird die Welt auch nicht untergehen. Du kannst deinen Essay ja auch bei einer anderen Gelegenheit vortragen.«

Koch sprach mit einer Entschiedenheit, die bedeutete, dass hier nichts mehr zu gewinnen war. Ich war fassungslos. Da bemerkte ich erschrocken, dass Leon glasige Augen hatte und auf den Boden starrte, um es zu verbergen. Koch bemühte sich, ihn aufzumuntern, schlug ihm sogar einen politischen Nachmittag für die ganze Oberstufe vor. Aber Leon schüttelte nur mit dem Kopf. Vermutlich dachte Koch, er sei einfach enttäuscht, weil er sich so darauf gefreut hatte. Aber es war viel mehr als das. Es war, weil Kochs Absage den unzähligen Situationen glich, in denen Leons Familie vom gesellschaftlichen Leben ausgeschlossen blieb und sie wurde ausgeschlossen, weil sie arm war. Es war, weil viele Menschen in unserem Land in unzähligen Situationen genauso gehandelt hatten: Sie hatten die Armen entweder vergessen oder, wenn sie mit ihnen konfrontiert waren, sich gesagt, dass es für dieses eine Mal keinen großen Unterschied macht. Dass die Welt davon nicht untergeht. Und deshalb war sie für Leons Familie immer wieder untergegangen. Ich machte noch einen Versuch, aber wenn Koch einmal einen Entschluss gefasst hatte, war er kaum noch davon abzubringen. Zumindest nicht von uns.

Am folgenden Abend setzten wir uns, vielleicht ein wenig aus Protest, in die letzte Reihe der Aula und warteten auf den Beginn der Veranstaltung. Der Bühnenrand war mit Blumensträußen geschmückt worden, hinter denen die Technik-AG mit den letzten Justierungen für die Schulband beschäftigt war. Der Saal füllte sich bereits, viele kamen festlich gekleidet, und die Anspannung für alle, die etwas vorzutragen hatten, wuchs. Wir hingegen versuchten uns mit einem Racinggame von unserem Frust abzulenken und hatten unsere Köpfe über unser Smartphone gebeugt.

»Ich habe das Programm geändert. Leon, du kannst nach der Eröffnung vortragen«, tönte da plötzlich eine tiefe Stimme über uns. Wir drehten uns ungläubig um: Koch stand hinter uns, etwas angestrengt lächelnd. In seiner Hand hielt er Leons Essay. Noch mehr staunte ich aber darüber, wer neben ihm stand: Es war Sophie! Sie musste ihn umgestimmt haben, denn natürlich hatte ich ihr sofort von Kochs Entscheidung berichtet. Wie hatte sie das nur geschafft? Was hatte sie vorgebracht? Aber das war jetzt egal. Sophie legte die Hand auf Leons Schulter, munterte ihn auf und setzte sich dann zu einer Gruppe von Lehrern nach vorne, die sie von früher noch kannte.

Wenig später wurde es leise im Saal. Herr Klassen, der Musiklehrer, hob die Hände, die Schulband spielte eine feurige »Copacabana« und brachte mit einigem Erfolg den Saal zum Mitschwingen. Koch stieg auf die Bühne, lobte die Musik und begann in aller Breite, sich für die »überwältigenden Anstrengungen« aller Beteiligten zu bedanken. Daraufhin bedankte er sich für die »überaus großzügige und unentbehrliche Unterstützung« der Sponsoren, besonders bei Herrn Rasch. Rasch war tatsächlich persönlich erschienen. Er saß in der ersten Reihe und folgte lächelnd Kochs Worten.

Dann waren schon die Essays dran. Koch kniff die Augenbrauen zusammen und stammelte etwas von »multiplen Krisen« und »existenziellen Herausforderungen«, zu deren Lösung wir brillante Ideen benötigen. Er sei hoffnungsvoll, wenn sich junge Menschen mit diesen Fragen intensiv auseinandersetzten und stolz, wenn sie dabei auch noch einen tollen Preis gewännen.

Saphira kam in einem schwarzen Business-Kleid auf die Bühne geschritten und trat an das Rednerpult. Sie starrte einen Moment konzentriert auf ihr Skript und wandte sich dann selbstbewusst lächelnd dem Publikum zu. Ihr Essay behandelte Ideen von Friedrich August von Hayek.

Saphira beschrieb den Markt anschaulich als Supercomputer, der die Informationen, die über Millionen von Menschen verteilt ist, verarbeitet. Der Mensch kann diese Informationen nicht überblicken. Er kann sich aber an den

Informationen orientieren, die dieser Supercomputer liefert: Das ist der Preis. Nach einigen Bemerkungen über die Erfolge der Marktwirtschaft kam sie auf aktuelle Probleme zu sprechen. Auf soziale Sicherung, auf Steuern und auf die Umweltpolitik. Bei all diesen Fragen, sagte sie, sei zunehmend eine Politik im Trend, Probleme durch Bürokratie und hohe Abgaben zu lösen. Sie sprach über das angekündigte Bürgergeld und warf die Frage auf, ob hier nicht einige Anreize für die berufliche Wiedereingliederung falsch gesetzt würden. Sie führte die gewachsenen Einkommenssteuern an und kritisierte wiederum falsche Leistungsanreize und den Verlust an internationaler Wettbewerbsfähigkeit. Sie kam auf die EU-Taxonomie zur Förderung von Nachhaltigkeit zu sprechen und problematisierte die zentralistisch entschiedenen Maßnahmen. Sie unterstrich noch einmal die Wichtigkeit der Themen und schloss mit den Worten, dass wir bei den anstehenden Herausforderungen Europas nicht vergessen dürfen, was uns vorangebracht hat: Freiheit, Eigentum und Wettbewerb.

Das Publikum applaudierte stürmisch und von der Schülerschaft strömte ein Schwall von Jubelrufen auf die Bühne, so eloquent wie sie gesprochen und so souverän wie sie die aufregende Situation gemeistert hatte. Koch gratulierte ihr freudestrahlend und Rasch, den jeder im Saal kannte, kam auf die Bühne geeilt, um ihr ebenfalls die Hand zu schütteln. »Ich bin hocherfreut, zu sehen«, rief er ins Mikrofon, »zu was für einem herausragenden Ergebnis eine exzellente Ausbildung und individuelle Leistung an dieser Schule führen.«

Dann war Leon an der Reihe. Man sah ihm eine gewisse Ehrfurcht an, als er in seinem Kapuzen-Sweatshirt vor das Rednerpult trat, das er eigentlich nicht vorgehabt hatte, anzuziehen. Zugleich lag etwas Bedeutungsvolles in seinem nachdenklichen Blick. Es wurde wieder still im Saal.

»Das hatte sich Yoldia anders vorgestellt«, begann Leon zurückhaltend. »Eigentlich hatte sie sich auf den Sommer immer gefreut. Im Sommer war ihr Tisch immer reich gedeckt gewesen. So richtig zum satt essen. Dafür hatte sie den einen oder anderen heißen Tag gerne in Kauf genommen. Mittlerweile bedeutet Sommer für sie aber Dauerstress. Es ist einfach viel zu heiß. So heiß, dass sie in ständiger Sorge ist, ob sie diesen Sommer überleben wird. Das wäre ein früher Tod, wo sie doch erst zehn Jahre alt ist und eigentlich noch ein paar Jahrzehnte vor sich hat. Außer natürlich, sie wird gefangen genommen und landet im Kochtopf ihres größten Feindes, dem Menschen.

Yoldia eightsi ist eine Muschel, die auf dem antarktischen Meeresboden lebt. Klimaerwärmung und Ozonloch machen ihr zunehmend zu schaffen – wie hunderttausenden ihrer Artgenossen. Eine Wirtschaft, die solche Folgen hat, kann nicht als zukunftsfähig bezeichnet werden. Wir müssen endlich anfangen, unseren Gürtel konsequent enger zu schnallen.«

Leon hielt kurz inne und bemerkte dann: »Ich befürchte, einige werden bereits hier genervt aufhören, zuzuhören.« Er blickte einen Moment vorsichtig durch den Saal. Was hatte Leon vor? An diesen Satz konnte ich mich nicht erinnern.

»Ist das nicht wieder eine dieser verbissenen Klimapredigten?«, fuhr er fort. »Was geht mich eine Muschel in der Antarktis an? Soll ich jetzt auch noch darüber nachdenken, ob Muscheln leiden können? Tut mir leid, aber so genau kann man nicht überall hinsehen. Wenn es um Menschen geht, O. K. Das ist was anderes. Aber wenn wir jetzt auch noch anfangen, uns wegen Muscheln den Kopf zu zerbrechen, wo kommen wir da hin?«

Er machte eine kleine Pause und wandte sich dann dem Publikum noch direkter zu.

»Ich muss zugeben, ich kann diese Reaktion verstehen. Viele sind sehr dünnhäutig geworden. Sie fühlen sich moralisiert, wenn nicht terrorisiert: Mit dir stimmt etwas nicht. Du bist nicht in Ordnung. Du darfst dir nichts mehr gönnen. Jeder unnötige Konsum trägt zum Leid dieser Kreaturen bei. Ich kann sogar ein wenig verstehen, wenn sie ungehalten reagieren: Lass mich bloß damit Ruhe.

An dieser Stelle möchte aber ich etwas zurückfragen: Wie sieht es mit dem Menschen aus? Ist das wirklich etwas anderes? Wenn ein Mensch unter Dauerstress steht und sich fragen muss, ob ihn das nicht ein paar Jahre seines Lebens kosten wird? Was meine Familie betrifft, habe ich nicht erlebt, dass das etwas anderes ist. Auch in diesem Bildungssystem, auch an dieser Schule nicht.«

Leon sprach deutlich, aber ohne anklagenden Unterton.

»Armut bedeutete für meine Familie Dauerstress. Von der Freiheit, für die unser Land angeblich steht, haben wir wenig mitbekommen. Freiheit bedeutete für meine Mutter, entscheiden zu können, ob sie uns Kindern neue Jacken kauft oder ob wir ohne knurrenden Magen ins Bett gehen können. Freiheit bedeutete für meinen Vater, zu entscheiden, ob er sich den ausbeuterischen Befehlen seines Chefs beugt oder ob er Psychoterror und eine Welle von Klagen riskiert, wenn er einen Betriebsrat gründet. Freiheit bedeutete für mich, zu entscheiden, ob ich meine Mutter bitte, mich wegen Bauchschmerzen von der Schule zu entschuldigen oder ob ich die Hänseleien wegen meiner Discounterklamotten ertrage. Heute sehen wir uns gezwungen, den Stadtteil zu verlassen, in dem wir aufgewachsen sind, damit wenige Profit aus den Wohnungen der Stadt schlagen können, die letztlich eine Sicherheit für alle von uns waren.«

Damit war Rasch angesprochen, was Koch, wie den meisten anderen, nicht verborgen blieb. Die Stille im Saal war jetzt mit den Händen zu greifen.

»Das sind wenige Beispiele einer langen Liste, von der fast alle hier, wie die Mehrheit in diesem Land, keine Vorstellung haben. Nicht weil es unmöglich ist, sich eine Vorstellung zu machen, sondern weil sie nicht hingesehen und nicht hingehört haben. Das hat mich oft wütend gemacht, weil ich glaube, dass es in unserer Gesellschaft Mitverantwortung gibt.

Aber ich möchte dieses Problem anders angehen. Ich kann sogar ein wenig verstehen, wenn jetzt manche vielleicht ähnlich wie auf die Muschel Yoldia reagieren: Hier will mich jemand moralisieren, wenn nicht terrorisieren. Dass ich Verständnis aufbringen kann, hat damit zu tun, dass wir alle seit Langem geplagt, wenn nicht terrorisiert werden, von einem Denken, das uns entmenschlicht hat. Es ist früh in uns eingedrungen, zu einer Zeit als wir uns noch nicht dagegen wehren konnten.

Das ist eine lange und traurige Geschichte, die weit zurückgeht. Es gibt viele Beispiele, die unter anderem das Geschlecht, den wahren Glauben, die Rasse oder das Vermögen betreffen. Es sind Verneinungen, die sich im Ausmaß unterscheiden, aber alle verstörend sind. Drei von ihnen greife ich heraus. Ich beschreibe sie auf ungewohnte Weise, weil sie mir von jemandem so erzählt wurden. Vielleicht hilft das, unsere Situation besser zu verstehen.«

Damit war ich gemeint und was mir meine Eltern über Leons Familie vermittelt hatten, als ich noch klein war.

»Vor tausendfünfhundert Jahren gab es einen Jungen, der seine Eltern gefragt hat, warum die Menschen auf dem Bildnis von Teufeln ins Feuer geworfen werden. Was haben sie ihm geantwortet? ›Das sind Ungläubigen, die Ketzer und die Heiden. Die müssen in die Hölle.‹ Er musste akzeptieren, dass man manche leiden lassen muss, obwohl sie nicht einmal etwas dafürkönnen. Dass es also auf ihn selbst als einem bedürftigen, leidensfähigen Wesen nicht ankommt.

Vor zweihundert Jahren gab es ein Mädchen, das seine Eltern gefragt hat, warum der Mann mit der brauen Haut in Ketten liegt und tiefe Löcher in die Erde graben muss. Was haben sie ihr geantwortet? ›Das ist kein Mensch, sondern ein Tier, das zur Sklaverei geboren ist.‹ Sie musste akzeptieren, dass man manche leiden lassen muss, obwohl sie nicht einmal etwas dafürkönnen. Dass es auf sie selbst als einem bedürftigen, leidensfähigen Wesen nicht ankommt. Vor zehn Jahren gab es ein Kind, das seine Eltern gefragt hat, warum der Nachbarjunge mit leerem Magen ins Bett gehen muss. Was haben sie ihm geantwortet? ›In unserem Land kann es jeder schaffen. Alle bekommen das zurück, was sie geleistet haben. Wer nicht arbeitet, soll auch nicht essen.‹ Es musste akzeptieren, dass man manche leiden lassen muss, obwohl sie nicht einmal etwas dafürkönnen. Dass es auf es selbst als einem bedürftigen, leidensfähigen Wesen nicht ankommt.

Vielleicht werden manche zunächst einwenden, dass sie sich an so ein Gespräch nicht erinnern können. Aber ich glaube, bei den meisten, die in dieser Leistungsgesellschaft aufwachsen, hat es zwischen den Zeilen stattgefunden. Sie werden gesehen und gehört, wenn sie auf den Stufen der Leistungsgesellschaft vorankommen. Zugleich spüren sie aber auch, was es für Folgen hat, würden sie von dieser Leiter fallen und in die Sozialhilfe abrutschen: Gegen eine bedrückende Beengtheit und Gefühle der Demütigung, der Verachtung und Ausgrenzung ankämpfen zu müssen. Auch gerade dann, wenn sie nichts dafürkönnen. Sie bemerken schnell, dass man auf die, die unten sind, nicht hinsehen und hinhören muss. Es ist abwegig, ja anrüchig, sich zu ihnen zu setzen und sich ihre Geschichte anzuhören. Manche Menschen können also pauschal verurteilt werden. Sie sind für ihre Situation allein selbst verantwortlich. Weil sie die geforderte Leistung verweigert haben.

Und das ist eine Gemeinsamkeit mit vielen anderen Ausgrenzungen unserer Geschichte: Man sah und hörte nicht hin. Verdächtigungen oder irrationale Fantasien genügten. Welche Erziehung die ›Leistungsverweigerer‹ und Prekären hatten, wie die Gesellschaft zu ihnen stand, ob Krankheit oder ein Versagen der Wirtschaftspolitik die Ursache war – Verdächtigungen und Hörensagen genügen. Dass sie keine oder schlecht bezahlte Arbeit haben, ist Beweis genug, dass sie schuldig sind. Und so hoch wie die Strafe ausfällt, muss es eine große Schuld sein. Selbst wer den Beweis der ›Unschuld‹ erbracht und vierzig Jahre gearbeitet hat, kann immer noch lebenslänglich bekommen und in Altersarmut bis zum Tod von der Teilhabe am gesellschaftlichen Leben ausgeschlossen sein und an der Tafel Schlange stehen müssen. Und die, die noch gar keinen Beweis erbringen können, weil sie Kinder sind, lässt man den Geschmack von Verachtung und Hoffnungslosigkeit von Anfang an kosten.

All das lesen sie zwischen den Zeilen und verstehen bewusst oder unbewusst, dass es auf sie selbst als bedürftige, leidensfähige Wesen nicht ankommt. Sie akzeptieren, dass man offensichtlich erst dann etwas ist, wenn man besser als andere ist, wenn man mehr als andere hat.

Dieses Arrangement haben wir akzeptiert. Auch viele derer, die unten stehen, haben es leider akzeptiert. Wir haben akzeptiert, dass es für unser Wohlbefinden genügt, zur Arbeit zu gehen – den ganzen Rest erledigt der Supercomputer. Wir haben akzeptiert, dass man auf den Preis achten muss, den der Supercomputer ausspuckt, und nicht auf den Menschen schauen darf und was wir als Gemeinschaft füreinander tun können. Und so haben wir gehandelt. Wir haben auf den Preis für die Aufbackbrötchen geschaut und nicht auf den Menschen. Auf die Arbeiterinnen, die mit mickrigem Gehalt und ohne Perspektive die monotone Schichtarbeit vor den heißen Öfen leisten. Wir haben auf den Preis für den Schokoriegel geschaut und nicht auf den Menschen. Auf das mit Würmern befallene Kind, das die Kakaofrucht vom Baum geholt hat. Dessen Großeltern von unseren Kolonisten gefoltert wurden und wofür seine Familie nie ein Wort der Entschuldigung gehört hat.

Doch das bedeutet nichts anderes, als dass wir uns selbst missachtet haben. Wären wir in dieser Lage, bräuchte niemand auf uns hinsehen und hinhören. Wir beruhigen uns damit, dass wir ja gesehen und gehört werden. Und zugleich spüren wir, dass es um eines Zufalls willen geschieht. Dass es eigentlich nicht um uns geht. Dass man auf uns selbst in der Tiefe gar nicht hinsieht und hinhört. Wir spüren, würden wir unsere Arbeit, unsere Leistungsfähigkeit, unser Geld und unser Eigentum verlieren, auch an Achtung der anderen verlieren. Dass es schwer für uns wird, uns selbst zu akzeptieren, wenn wir diese Etiketten nicht mehr vorweisen können. Gerade auch dann, wenn wir keine Schuld daran haben. Und deshalb sind wir getrieben, so viel Energie aufzuwenden, uns zu bestätigen und die Etiketten zu vermehren oder wenigsten zu erhalten. Damit wir vor uns wenigstens den Schein aufrechterhalten können, gesehen und gehört zu werden.

Aber eine Gesellschaft, die auf einer solchen Verneinung beruht, droht in Hass und Gewalt zu versinken. Wir sehen es in den USA, wo dieses Denken ohne Frage von besonderem Einfluss war. In manchen Kreisen werden alle genannten Verneinungen bis heute offen ausgesprochen: Die Ungläubigen sind zur ewigen Folter verdammt. Die Herrschaft gehört dem weißen Mann. Wer reich ist, den hat Gott selbst belohnt. In den USA wurde auch die Idee vom Supercomputer seit den 70er Jahren besonders radikal verfochten.

Warum haben die Menschen das akzeptiert? Vielleicht hat sich ihr Hamsterrad, mithalten zu müssen, schon zu schnell gedreht. Und dann hat sich ihr Hamsterrad immer schneller gedreht und sie haben immer weniger Abstand gehabt, um zu erkennen, dass man auf diesem Weg niemals ans Ziel kommt. Weil es unmöglich ist, der Verneinung zu entkommen, wenn der Weg auf einer Verneinung beruht. Wie sehr sie sich auch abgestrampelt haben, sie konnten nicht mithalten. Der Abstand zu denen, die angeblich etwas waren, wurde immer größer. Tatsächlich waren es unglaubliche siebenundvierzig Billionen, die den unteren neunzig Prozent seit dem Beginn der neoliberalen Revolution an Einkommen an die obersten zehn Prozent verloren gingen.[26]

Hier wird deutlich, um was es sich dabei unterm Strich handelt: Nicht um Liberalismus, sondern, wie Milliardär Warren Buffett bekannte, um Klassenkampf von oben. Ihre Chancen aber, etwas durch die Gemeinschaft ändern zu können, wurden immer geringer. Die Gewerkschaften wurden weitgehend zerschlagen und die Arbeitsplätze wanderten ins Ausland ab. Heute begegnet man Hoffnungslosigkeit, Verbitterung und Hass überall. Einige in den USA machen sich ernste Sorgen, ob das Land nicht in den Faschismus abdriftet.

Aber auch bei uns in Europa sind die Folgen dieser Verneinung allzu deutlich sichtbar. Auf Ablehnung, Verachtung, ja Hass stößt man schnell und auf allen Seiten. Die Menschen können sich kaum mehr vorstellen, dass es auf etwas anderes ankommt, als zu haben: die richtige Meinung haben, auf der richtigen Seite stehen, Leistung, Erfolg und Geld vorweisen können. Die anderen aber, die ihr verzweifeltes Haben in Frage stellen, kann man nicht mehr ertragen. Sie sollen das Maul halten. Nicht zuletzt diejenigen, die uns auch noch Verzicht wegen einer Muschel im antarktischen Ozean abverlangen.

Ich denke, den Menschen einer Kultur, die über Jahrhunderte so verunsichert wurden, deren Kinder so tiefe Verneinungen eingeimpft bekommen haben, muss erst einmal gesagt werden, dass es auf sie ankommt, weil sie sind. Dass sie O. K. sind. Dass man auf sie sieht und auf sie hört. Und dass die Überwindung der Verneinungen nicht mit einer neuen Verneinung verbunden ist. Denn die sofortige und pauschale Ausgrenzung wegen einem Fehltritt bedeutet einmal mehr, den Menschen eben nicht zu sehen und zu hören. Aber wer aber kann uns das sagen? Wer ist in der Lage, uns zu bejahen?

Die Antwort ist, diese Menschen sind schon da. Wir müssen nur anfangen, unsere Angst zu überwinden, die tausendfachen Ablenkungen beiseitelegen und aufeinander zugehen. In den Gemeinschaften, in denen wir leben und in den Gemeinschaften, die bereits offen für uns sind. Gemeinschaften, in denen Menschen erleben, dass es auf sie ankommt, weil sie sind. Dass sie eine Stimme haben, die gehört wird und die Einfluss hat. In der Kommune, in der Stadt, im Land und darüber hinaus. Besonders aber in der Wirtschaft. Wir sollten uns dafür einsetzen, unsere Wirtschaft zu demokratisieren, die nicht Gemeinsinn, sondern Konkurrenzdenken fördert. Dazu wurden Gewerkschaften gegründet. Wir sollten für größere soziale Sicherheiten eintreten. Solange es einen sozialen Abstieg gibt, der mit existenzieller Unsicherheit, Demütigung und Verachtung verbunden ist, können wir nicht in wahrer Selbstachtung und in keiner freien Gesellschaft leben. Daran wird das Bürgergeld so gut wie nichts ändern.

›Und was ist mit Yoldia eightsi? Was ist mit den tausenden anderen Meeresarten, die durch unsere Wirtschaftsweise vom Untergang bedroht sind?‹, höre ich mahnend rufen. ›Was ist mit dem Menschen, der ebenfalls längst betroffen ist?‹ Vielleicht trägt auch hier zur Lösung bei, nicht einmal mehr zu verneinen, sondern Verneinungen zu überwinden.

Viele von uns haben nur wenig Bezug zur Natur. Die Natur erleben sie eher indirekt als ein Spielfeld, auf dem sie Sport treiben. Andere wiederum können aber gut nachvollziehen, was Naturverbundenheit bedeutet. Naturverbundenheit ist für sie sogar ein wichtiger Bestandteil ihres Lebens. Was bringt sie dazu?

In der Verbindung mit der Natur erhole ich meinen Körper und meinen Geist, das kann die Medizin bestätigen. Aber nicht nur das. Denn Verbundenheit geht ja gerade über mich hinaus. Ich stehe im Kontakt mit etwas anderem als mir selbst. In einer Freundschaft es ist gerade die Verbundenheit selbst, die Einheit, die besonders wertvoll für uns ist. Wertvoller als so vieles andere. Warum sollte das bei der Natur anders sein?

In vielen Kulturen hat die Natur diese Bedeutung: Die Natur, auch Mutter Erde genannt, ist eine Gemeinschaft, eine noch größere Gemeinschaft als die menschliche, die sie mit umfasst. Sie haben diese Verbundenheit in Riten zum Ausdruck gebracht und pflegen sie von Kindheit an. Das ist uns in Europa weitgehend verloren gegangen, wo die Natur lediglich zur Bereicherung des Menschen da ist. Europäer haben auf Kulturen wie diese heruntergeschaut und sie zerstört. Und doch hatte die Verbundenheit mit der Natur auch bei uns Fürsprecher. Einer von ihnen war Franz von Assisi. Er hat Tiere, Pflanzen und Berge nicht als Objekte der Bereicherung angesehen, sondern sie nicht weniger als seine Brüder und Schwestern angesprochen. Könnte es sich nicht lohnen, diese Verbundenheit wieder zu entdecken und zu leben? Könnte unsere Verneinung der Natur nicht ebenfalls bedeuten, dass wir letztlich uns selbst als bedürftige, leidensfähige Wesen verneinen?

Mit was wir verbunden sind, das bereichert uns und gibt uns Sinn. Mit was wir verbunden sind, mit dem wollen wir so leben, dass es uns nicht verloren geht. Nicht weil es uns eine lästige Pflicht auferlegt, sondern weil es ein Teil von uns ist.

Eine zukunftsfähige Wirtschaft ist also eine Wirtschaft, die nicht Verneinung und Trennung befördert, sondern in der Bejahung, Verbundenheit und Demokratie im Mittelpunkt stehen. In der es auf uns ankommt, weil wir sind. Und wir tun, was das Naheliegendste und Menschlichste ist für alle, die das verstanden haben: Wir schauen nicht zuerst auf den Preis, sondern zuallererst auf die Gemeinschaft. Wir schauen gerade auch auf die Schwachen, die Prekären, die Alten und die Kranken. Wir gehen zu ihnen und hören ihnen zu. Was ihre Geschichte ist und welche Sorgen sie heute haben. Sie sind wir. Ihre Verneinung ist unsere Verneinung, ihre Missachtung ist unsere Missachtung und ihre Verletzung ist unsere Verletzung. Und dann schauen wir, was wir als Gemeinschaft füreinander tun können. Gemeinschaft gibt uns die Stärke, Angst, Konkurrenzdenken und Hass zu überwinden und unseren Blick auf das zu weiten, was wir an Gemeinschaft mit der Natur verloren haben. Angesichts der Abgründe, vor denen wir stehen, tut es Not, dass wir uns wieder darauf besinnen. Vielen Dank.«

Leon bekam einen kräftigen Applaus, wenn auch nicht so stürmisch wie bei Saphira, aber bedeutungsvoller. Trotz einer gewissen Zurückhaltung wegen der Tabus, die er berührt hatte, spürte man Anerkennung dafür, dass er einen wunden Punkt getroffen hatte – wenn auch offen war, wie man mit seiner Vision umgehen wollte.

Herr Koch kam auf die Bühne geeilt und reichte Leon die Hand, wobei er ihm freundlich auf die Schulter klopfte. Dass Leon Dinge gesagt hatte, die für Rasch eine Provokation sein mussten, schien ihn jetzt nicht mehr zu stören. Rasch selbst blieb diesmal auf seinem Platz sitzen. Die Tatsache stand zu deutlich im Raum, dass Rasch am Schicksal von Leons Familie nicht unbeteiligt gewesen war.

Nach dem letzten Programmpunkt stand ich mit Leon, Mareike, Alex, Tafari und Sophie im Gang, um wie andere Grüppchen den Abend ausklingen zu lassen. Immer wieder kam jemand von den Vorübergehenden zu Leon, um ihm für seine Rede zu danken. Manche bezogen sich mehr auf seinen Mut oder die Rede allgemein – »super gemacht«, »hätte ich so nicht hinbekommen« –, andere lobten seine Worte, fanden sie wichtig oder fühlten sich davon berührt.

»Du hast ganz schön gezittert mit deinen Papieren, als du auf die Bühne gestiegen bist«, frotzelte Alex, zu Leon gewandt. »Aber dann hast du echt die Kurve gekriegt. Eines Tages landest du noch in der Politik.«

»Da würdest du eine große Lücke füllen«, pflichtete Sophie Alex bei. »Fast niemand dort oben weiß, wie es sich anfühlt, zu den sozial Schwachen zu gehören.«

»Mal sehen«, antwortete Leon ausweichend. »Aber denkt bloß nicht, dass ich dann für euch alles regle. So funktioniert das nicht.«

»Das stimmt«, bekräftigte Tafari, »Martin Luther King war nur einer von zehntausenden Mitstreitern. Sie alle haben die Veränderungen ermöglicht. Kaum jemand weiß übrigens, dass er später eine Bewegung für die sozial Schwachen angeführt hat, das Poor People Movement …«

»Hier ist eine Mitstreiterin«, hörten wir da plötzlich eine resolute Stimme in die Runde hereinrufen und einen Moment später stand Hedwig in unserer Mitte. Sie hatte sich für unsere Ideen sehr interessiert und wollte zu der Veranstaltung kommen. Leider hatte ich vergessen, ihr zu sagen, dass Koch Leons Rede gestrichen hatte. Wie dankbar war ich einmal mehr für Sophies Einsatz.

»Ich hab' mir doch gleich gedacht, dass in diesem Jungen ein Teufelskerl steckt«, rief Hedwig begeistert. »Kannst du mir die Rede ausdrucken? Ich möchte sie ein paar Leuten vorlesen.«

»Ich bringe sie zur nächsten Sitzung mit«, antwortete Leon dankbar.

»Das wäre toll. Wann trifft sich die Bürgerinitiative denn wieder?«, fragte sie, einen Schritt beiseitetretend. Sie schien sehr in Eile zu sein.

»Nächsten Dienstag«, antwortete ich bestimmt.

»Ja schön, dann sehen wir uns ja bald wieder.« Sie hob die Hand zum Abschied und wandte sich dem Ausgang zu. Dann drehte sich aber noch einmal um und rief mit beherzter Strenge: »Und lasst euch bloß nicht unterkriegen!«

Das wollten wir nicht. Aber wir hatten verstanden, dass man mit Gegenwind rechnen musste, wenn man seine Stimme für die Armen erhob. Seit ich Leon kennengelernt hatte, war ich damit in meinem eigenen Elternhaus konfrontiert gewesen. Auch in meiner Klasse hatten Alex und Leon unter Ressentiments zu leiden. Das Leistungsdenken unserer Gesellschaft machte vor den Pforten der Schule nicht Halt – ganz im Gegenteil.

Schaute man auf die Schule aus der Vogelperspektive, wurde einem bewusst, wie viel politischer Einfluss von Seiten derer kam, die viel hatten: Banken, Unternehmen und deren Stiftungen. Schon allein deshalb, weil sie in der Öffentlichkeit viel präsenter waren als die sozial Schwachen.

Sah man noch genauer hin, stellte man noch etwas Bemerkenswerteres fest: Es fiel niemandem auf. Hätte Rasch auch zu Leons Rede Stellung bezogen, hätten manche vielleicht gedacht: »Warum muss er zu allem seinen Senf beitragen?« Niemand aber hätte gefragt: Wenn schon eine Rede zugunsten von Hayek von einem superreichen Unternehmer gelobt wird, warum wird dann eine Rede für die sozial Schwachen nicht von einem Vertreter dieser Gruppe kommentiert? Von einer Gewerkschaftlerin? Dass es in der Wirtschaft an Demokratie mangelt, war ein Gedanke, der den meisten Schülerinnen wie Eltern überhaupt nicht in den Sinn kam, obwohl viele ihr ganzes Arbeitsleben damit zurechtkommen mussten.

Heute hatte sich diese Schieflage ein wenig zugunsten derer verschoben, die für mehr Gleichheit, Solidarität und Demokratie in der Wirtschaft waren. Auch in der Stadt hatte sich dieses Bild verändert, weil sich unsere Initiative herumgesprochen hatte. Vielen war bewusst geworden, dass etwas geschehen war, das ihnen gefehlt hatte: Sie waren sich als Menschen begegnet, die politisch etwas zu sagen haben. Als Menschen, die sich gegenseitig wahrnehmen, sich über ihre Sorgen austauschen und sich gemeinsam für Veränderung einsetzen: Hedwig, Linda, Mareike, Martin, der Professor und viele andere. Und allein dafür hatte es sich gelohnt.

Hinweis

Ein weiteres Kapitel wurde bereits vorab online auf *Makroskop* veröffentlicht: „Die zentralen Thesen, Themen und Irrtümer der Wirtschaftstheorien“. Es ist frei zugänglich: https://makroskop.eu/guide. Das Kapitel behandelt den Marktfundamentalismus in Form der Neoklassik und den Postkeynesianismus. Während die neoklassische Makroökonomie auf einem radikalen Atomismus beruht, ist der Postkeynesianismus eine holistische Theorie. Er entspricht der ganzheitlichen Sicht in der Demokratietheorie, der Wirtschaftsordnung aber auch der Naturphilosophie, wie sie in diesem Buch dargestellt wird. Aus der Sicht des Postkeynesianismus sind typisch marktradikale Argumente gegen größere soziale Sicherheiten empirisch unzulänglich.

Dank

Besonderer Dank gilt Paul Steinhardt, der mich vorbehaltlos ermutigt und das Buch in die Edition Makroskop aufgenommen hat. Ein großes Dankeschön geht an Annemarie, Anna Karch und Tim Neumann für ihre kritische Lektüre und viele hilfreiche Kommentare. Für wichtige Impulse zu verschiedenen Kapiteln danke ich Anna, Alina Bender, Rüdiger Bittner, Günther Grunert, Alexander Gürke, Rika Hallerbach, Leonie Hermes, Christian Krämer, Alexandra Max, Frank Meyer, Benedikt Petzold, Rainer, Ricardo Reicherz, Thomas Schöfer, Gottfried Schottky, Silke, Volker Weinzheimer und Daniel Wolf. Für Lektüre und Kommentierung einer früheren Version des Buchs bin ich Jacob Schaeffer und Friedrich Waaser † zu Dank verpflichtet. Das Buch wäre nicht möglich gewesen ohne Annas Freundschaft, Verständnis und Geduld. Danke dafür.

Anmerkungen

1 John Locke (1974): *Über die Regierung*. Übers.v. Dorothee Tidow, Stuttgart, S. 4f (II, § 4).

2 Benjamin Constant (2012): *Ecrits politiques – Commentaires sur Filangieri*. Hg. v. Kurt Kloocke und Antonio Trampus. Berlin/Boston, 2012 (Übers. d. Verf.).

3 Zitiert nach: Ellen Meiksins Wood (2010): *Demokratie contra Kapitalismus*. Köln/Karlsruhe, S. 217f.

4 Alexander Hamilton, James Madison, John Jay (1788/1789): *The Federalist Papers*. http://www.rwi.uzh.ch/elt-lst-kley/verfg/usa/de/pdf/Federalist_Papers_D_E.pdf, S. 5 (19. 6. 2020).

5 Ebd. S. 8.

6 Philip Pettit (2017): »Democracy before, in and after Schumpeter.« Critical Review, Vol 29, S. 2.

7 Herodot, Historien III, 80

8 Thukydides (2014): *Geschichte des Peloponnesischen Krieges*. Hg. v. Georg Peter Landmann, Berlin/Boston.

9 Franklin D. Roosevelt (1943): *Fireside Chat 6: On Government and Capitalism*. https://millercenter.org/the-presidency/presidential-speeches/september-30-1934-fireside-chat-6-government-and-capitalism, (8. 10. 2022).

10 James Madison (1791): *To Thomas Jefferson from James Madison, 8 August 1791*. https://founders.archives.gov/documents/Jefferson/01-22-02-0017 (8. 10. 2022, Übers. d. Verf.).

11 Rasch steht für den neoliberal-meritokratischen Unternehmer. Dass diese Äußerungen nicht aus der Luft gegriffen sind (»Kinder Gottesgeschenke«, »Kinder sind unsere Rohstoffe« etc.), zeigt das Gespräch von Markus Lanz mit dem Bauunternehmer Christoph Gröner: *Christoph Gröner für Kinder Grundeinkommen* (2018), https://www.youtube.com/watch?v=WvAQ-RSiqAo (15. 11. 2022).

12 Thomas von Aquin, Summa Theologica, II-II, q. 66, a. 7. Zitiert nach: *Die deutsche Thomas-Ausgabe*, Bd. 18, s. 211f.

13 Ebd.

14 Karl Marx: *Ökonomisch-philosophische Manuskripte aus dem Jahre 1844*. https://www.marxists.org/deutsch/archiv/marx-engels/1844/oek-phil/3-3_prod.htm (31. 05. 2023).

15 Zitiert nach: Gabor Maté und Daniel Maté (2023): Vom Mythos des Normalen. Wie unsere Gesellschaft uns krank macht und traumatisiert – Neue Wege zur Heilung. München, S. 146.

16 Dieser Dialog ist auf Makroskop unter dem Titel »Jakob erklärt Lukas Wirtschaft« erschienen: https://makroskop.eu/guide (12. 8. 2023).

17 Erica Chenoweth und Maria J. Stephan (2011): Why civil resistance works. The strategic logic of nonviolent conflict. New York.

18 Howard Zinn und Anthony Arnove (2004): Voices of a People's History of the United States. New York, S. 251f. Zitiert nach: Oliver Stone und Peter Kuznick (2016): Amerikas ungeschriebene Geschichte: Die Schattenseiten der Weltmacht. Berlin, S. 17f.

19 Annelle Sheline (2022): The Yemen War in Numbers: Saudi Escalation and U. S. Complicity.
QUINCY BRIEF NO. 22, https://quincyinst.org/report/the-yemen-war-in-numbers-saudi-escalation-and-u-s-complicity/ (16. 8. 2023).

20 Bastian van Apeldoorn und Nana de Graaff (2015): American Grand Strategy and Corporate Elite Networks: The Open Door since the End of the Cold War. London.

21 Horst Röper (2020): Tageszeitungen 2020: Schrumpfender Markt und sinkende Vielfalt. https://www.ard-media.de/fileadmin/user_upload/media-perspektiven/pdf/2020/0620_Roeper_20-07-20.pdf (27. 10. 2022).

22 John Dewey (2008): The Later Works of John Dewey, Volume 11, 1925–1953: Essays, Reviews, Trotsky Inquiry, Miscellany, and Liberalism and Social Action. Hg. Von Jo Ann Boydston, Illionis.

23 Howard Friel, Richard A. Falk, und Richard Falk (2004): The record of the paper: How the New York Times misreports US foreign policy. London/New York City.
Wendy Wyatt Barger: »True confessions of The New York Times: Making moral meaning from the discourse of flawed Iraq coverage.« International Journal of Applied Philosophy 19.1 (2005): 27–44.
Amy Gershkoff und Shana Kushner. »Shaping public opinion: The 9/11-Iraq connection in the Bush administration's rhetoric.« Perspectives on Politics 3.3 (2005): 525–537.
Ruurt Wiegant. »Apologies or Evasions: A Critical Look at the New York Times's and the Washington Post's Self-Criticism.« Aspeers 9 (2016).
Randy LaPrairie (2017). Libya, The New York Times, and a Propaganda Model of the Mass Media.
Amer Qasem und Adnan bin Hussein. »News Sources as a Propaganda Filter: The New York Times Coverage of Palestine and Kosovo Unilateral Approaches of Statehood Recognition.« Media Watch 10.3 (2019): 453–470.

24 Marianne Perez de Fransius. »Peace journalism case study: US media coverage of the Iraq War.« Journalism 15.1 (2014): 72–88.
Sandra Andersson (2019): Putting Peace in the Frame: Alternative US Media Framing of the War in Syria.

25 Petra Gerster, Christian Nürnberger (2017): Die Meinungsmaschine. Wie Informationen gemacht werden – und wem wir noch glauben können. Ludwig-Verlag, München.

26 Carter C. Price, Kathryn A. Edwards (2020): Trends in Income From 1975 to 2018. RAND Corporation, https://www.rand.org/pubs/working_papers/WRA516-1.html (20. 05. 2023).